台湾研究优秀成果奖获奖论文汇编

2010卷

全国台湾研究会
周志怀　主编

九州出版社
JIUZHOUPRESS

图书在版编目（CIP）数据

台湾研究优秀成果奖获奖论文汇编．2010卷/周志怀主编．—北京：九州出版社，2011.8

ISBN 978-7-5108-1117-3

Ⅰ.①台… Ⅱ.①周… Ⅲ.①台湾问题－文集 Ⅳ.①D618－53

中国版本图书馆CIP数据核字（2011）第174269号

台湾研究优秀成果奖获奖论文汇编（2010卷）

作　　者	周志怀　主编
出版发行	九州出版社
出 版 人	徐尚定
地　　址	北京市西城区阜外大街甲35号（100037）
发行电话	（010）68992190/2/3/5/6
网　　址	www.jiuzhoupress.com
电子信箱	jiuzhou@jiuzhoupress.com
印　　刷	三河市东方印刷有限公司
开　　本	720毫米×1020毫米　16开
印　　张	17
字　　数	277千字
版　　次	2011年8月第1版
印　　次	2011年8月第1次印刷
书　　号	978-7-5108-1117-3
定　　价	45.00元

前　　言

2010年度台湾研究优秀论文评奖结果，于2011年7月在北京揭晓。经评奖委员会委员对申报成果进行匿名评审并投票，评出2010年度台湾研究优秀论文一等奖1篇，二等奖4篇，三等奖17篇。

本次评奖委员会委员由北京大学教授饶戈平、厦门大学教授刘国深、上海国际问题研究院研究员杨剑、福建社会科学院研究员吴能远、中国社会科学院研究员张冠华、国务院台湾事务办公室研究局局长黄文涛和全国台湾研究会研究员周志怀等人组成。

经公示，以下论文荣获2010年度台湾研究优秀论文奖：

一等奖：

张　华　《1996年以来台湾地区领导人选举中的经济投票行为研究》

二等奖：（排名不分先后）

俞新天　《两岸关系中的文化认识问题》

周叶中　祝　捷　《两岸治理：一个形成中的结构》

李　秘　《两岸政治关系初探：政府继承的视角》

彭　莉　《论ECFA框架下两岸经贸争端解决机制的建构》

三等奖：（排名不分先后）

林　劲　《民进党意识形态的基本特征分析》

李祖基　《论雍正年间台湾“番”地开垦政策的变化—以［巡台录］为中心》

郑振清　《“本土化”与当代台湾政治转型的动力与进程》

段小梅　《两岸电子产品产业内贸易与产业分工》

童立群　《对外援助与两岸合作：现状与前景》

朱松岭　许崇德　易赛键　《“法理台独”理论根源之批判》

张文生　《两岸政治互信与台湾民众的政治认同》

李　鹏　《民族认同、利益联结与两岸命运共同体的信任深化》

潘　雨　《关于民进党“台独”转型的研究—基于该党群体思维的社

会学考察》

刘　舸　张三南　《两岸经济合作机制的概念分析》

刘小年　《台湾政治走向的结构分析》

褚静涛　《台湾地位的国际法依据》

袁方成　王继琴　《基层治理中的农村生态发展：两岸改革与转型的比较分析》

周典恩　《官府、通事与游民：清代台湾番汉关关系中的角色分析》

陈先才　林立辉　《民间组织与台湾公民文化变迁的关系初探》

陈小冲　《日据时期台湾移民问题初探》

盛九元　《台湾都市化发展的经验与缺陷》

全国台湾研究会

目　录

1996 年以来台湾地区领导人选举中的经济投票行为研究

张　华

一、经济投票（economic voting）理论

一般认为，选民的投票偏好受到选举前后选民所处经济大环境的影响。选民在选择执政党或领导人时，会将本国或本地区的经济表现作为投票时的重要参考依据。当选民认为执政者过去的表现和行为较差，目前经济状况变坏，或对未来经济评估较为悲观时，往往会将选票投给在野党，反之则将选票投给执政党，这一现象被称为经济投票。最初提出这一概念的是 Lewis - Beck，他针对西方国家的选举研究指出，当选民肯定（不肯定）过去的经济表现时，他们便会投票支持（不支持）执政党。[1]在全球化时代中，选民偏好愈来愈受与候选人或政党相关的本国经济表现，包括人均 GDP 增长率，贸易依存度，对外直接投资（FDI）和保护贸易政策等因素的影响，即选民依据这类经济表现信息来确定偏好从而与选择候选人相联系。[2]

除了把执政党经济表现的评价作为投票行为的依据外，选民对未来经济发展的评估也是影响投票行为的重要经济因素，同样属于经济投票理论的重要方面。从时间向度分析，当选民根据政府过去的施政表现进行投票时，称之为回顾性投票（retrospective voting），如根据未来经济发展的趋势进行投票，则称之为展望性投票（prospective voting）。由于选民对未来经济发展趋势的判断和预估大部分建立在候选人的竞选政见方面，因此又有学者将竞选政见对选民投票的影响视为选民展望性投票的重要表现之一，并将展望性投票称为议题投票（issue voting），或竞选政见投票。这两种类型的投票取向都可以看做是一个反映选民政治态度、进而影响其投票抉择的政治温度计。

从评价或评估范围向度分析，选民评价和评估经济情况时如以个人经济

情况为投票依据，则属于个人向度投票，学术界称之为口袋投票(pocketvoting)；如以整个社会经济发展繁荣与否作为投票标准进行投票，则称为社会投票（sociotropic voting)。当选民对个人经济状况较为满意或认为社会经济发展状况符合其期待时，将进行正面投票，即支持执政党候选人；反之则进行负面投票，支持在野党候选人。

Powell 和 Whitten 针对 19 个国家举行的 102 次选举进行跨国性研究，结果发现经济增长率提高有助于现任者获得选票，失业率升高会使现任者损失选票。[3]美国自 1972 年至 2000 年的总统大选中，对经济状况感到满意而进行正面评价的选民投票支持现任者较高；反之，认为经济状况恶化或经济没有重大改善者，较倾向进行负面投票而支持在野党。在共和党执政的 1972 年、1976 年、1984 年和 1992 年的总统选举中，对经济状况感到满意，肯定现任者经济表现的选民，倾向于以正面投票模式支持共和党；而不满意经济表现者，则往往进行负面投票，即较倾向投给民主党。在民主党执政的 1980 年、1996 年及 2000 年的总统选举中，正面评价经济状况表现而投票支持民主党候选人几率明显较高；反之，不满意经济表现的选民，投给民主党候选人的几率明显偏低。[4]在 2008 年全球经济，尤其是美国经济严重衰退的情况下，多数选民在美国第 44 届总统选举中再次进行经济投票，抛弃了执政的共和党，选举民主党候选人奥巴马当选新一届总统，这是美国总统选举十分典型的经济投票个案。

二、回顾性投票在台湾“大选”中对选民投票行为的影响

从回顾性投票取向分析，选民在 1996 – 2004 年台湾地区领导人选举(“大选”）中都没有表现出明显的经济投票取向。尽管陈水扁执政四年期间台湾经济明显恶化，但在蓝绿阵营高度对决，两岸关系议题牢固主导台湾社会主要分歧线的背景下，选民因受“统独”认同和“国家”认同制约而很难进行经济投票。只有在经济因素足以实质影响选民的生活水平，并成为社会主要分歧线之一时，选民的经济投票取向才可能出现。这一现象在 2008 年“大选”中表现较为明显。

第一，经济因素对 1996 – 2004 年三次“大选”中选民投票行为的影响。

在台湾，影响“大选”的经济因素包括经济总体形势的好坏程度、失

业率与物价的高低、收入的增减、股市行情的涨跌幅度、经济资源的重新分配、税收、财经与福利政策等。这些因素相互交叉、相互影响，与其他因素共同决定选民的投票行为。经济因素影响台湾选民投票行为的方式和程度，与建立在西方国家选举实践基础上的经济投票理论具有较大的差别。当两岸关系议题主导选举主轴时，经济因素往往难以发挥其影响选民投票行为的常规作用，但是当经济环境恶劣到足以引起选民的高度关注，如与当前社会高度关注的两岸关系议题相提并论，甚至高于两岸关系议题时，经济因素必将发挥其影响力，选民将以符合经济投票理论的行为进行常规投票。从选民对经济情况态度的调查来看，1996－2004 年的三次“大选”，台湾经济整体表现的良莠对选民投票行为的影响并不明显。

1996 年以前，尽管台湾的经济增长速度已呈现下滑趋势，但失业率基本上未超过 2%，显示台湾经济整体发展相对良好（见图 1）。1996 年，台湾的经济较从前有所衰退，但在基点较高的情况下，经济的下滑并没有严重影响选民的生活水平，更没有成为台湾社会的主要矛盾，尤其是李登辉对当时政局的掌控能力较强，首次“直选”台湾地区领导人又是在李一手推动下实现的，因此，选民普遍对李登辉评价较为正面。在这种背景下，影响 1996 年台湾地区选民投票行为的主要变量并非并不十分重要的经济因素，而是“李登辉情结”和以“统独”议题为核心的两岸关系变量。

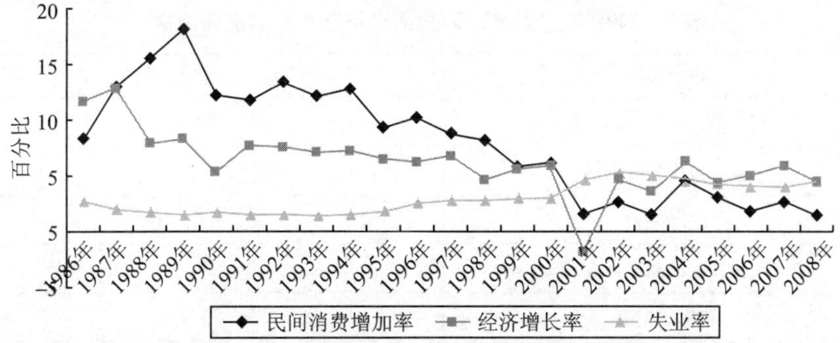

图 1　1986－2008 年台湾各项经济指标趋势

资料来源：作者根据台湾“经济部”网站相关数据自行整理

2000 年，选民对经济情况的评估较 1996 年时趋于恶化，但在当时“三足鼎立”的情况下，尤其是在“兴票案”、“李远哲挺扁事件”效应下，国民党的黑金问题以及选民的“求新、求变”心理是 2000 年“大选”时各界关注的焦点，经济议题在“大选”层次中对选民投票行为的影响仍然没有充分表现出来。

民进党执政后，尽管台湾经济发展迟滞衰退，民间投资意愿低落，消费者信心长期低迷，两岸关系高度紧张，台湾经济不断趋向边缘化；但民进党全方位操弄“民粹主义”，整个台湾社会陷入蓝绿高度对峙、国家认同分歧严重的斗争旋涡中，两岸关系议题已然成为政治生活中的敏感议题与核心议题。在这样的特殊背景下，经济议题很容易被这些更易影响选民投票行为的意识形态因素所掩盖，民进党施政无能带来的经济恶化最终没能撼动民进党基本教义派的信念与热情。

2004年“大选”时，尽管台湾经济状况严重恶化，台湾民众对整体经济状况已表现出普遍不满态势，并对未来台湾经济走势非常“悲观”，但在民进党将认同议题作为选战主轴的情况下，陈水扁利用“本省人选本省人”、“爱台与卖台”、“台湾对抗中国”等激情口号煽动民粹，蓝绿阵营空前对立，导致选民的投票行为仍未大幅转移到经济投票取向上来，选民的认同态度和立场再次成为决定其投票行为的关键变量，加上“3·19枪击案”这一突发事件，使得陈水扁侥幸连任。从表1可以看出，在2004年“大选”中，经济因素在选民投票支持陈水扁的比例中仅占4%，位居最末，而投票支持陈水扁的前两大主要因素分别是“2·28手护台湾活动”、“候选人比较爱台湾”，这两项因素都含有强烈的认同成分在内。

表1　2004年“大选”时投票支持陈水扁的主要因素

投票原因	%
2·28手护台湾活动	29
候选人比较爱台湾	16
政绩表现	11
候选人的品格操守	10
不喜欢对手	8
喜欢候选人	7
支持政党	6
公投的议题	5
两岸政策	4
经济因素	4

资料来源：TVBS民调中心，2004年选举当天出口民调，http：//www.Tvbs.com.tw

从 1996 年、2000 年、2004 年三次“大选”的结果分析，在台湾特殊的历史背景和政治环境中，经济理性因素无法超越“统独”认同为核心的两岸关系议题对选民产生的影响力。因此，经济投票也始终没有成为选民投票的主要取向。

第二，经济因素对 2008 年“大选”中选民投票行为的影响。

2007－2008 年初，台湾经济衰退态势比以往三次“大选”前更为严重（见图 1），加上民进党高层弊案丛生，经济因素对选民投票行为的影响在 2008 年“大选”中发挥了关键性作用。可以说，这既是台湾经济恶化到一定程度的必然产物，也是民进党当局多年来操弄政治意识形态的必然反噬，更是台湾民众民主素质提高的必然结果。

此次选前的民调显示，与前三次“大选”不同，选民对经济开始高度关注。2007 年底，台中华征信所针对台湾五千大企业经理人所做的民调显示，72% 的经理人关注经济问题，60% 以上希望通过 2008 年“大选”换党执政来改变台湾经济问题，50% 以上的认为民进党推动的“正名”、“入联公投”、“统独”议题对经济无帮助。经理人是台湾企业界的中坚阶层，他们传达的心声很大程度反映了台湾多数中产阶级的期待。

从选举结果分析，受民进党执政不佳包袱的拖累，民进党候选人谢长廷继续操弄的“统独牌”、“族群牌”、“两岸牌”并没有发挥预期效应。而马英九高票当选，一方面是源于其自身的人格魅力，另一方面则因民进党执政无能和严重贪腐引发了信任危机，民众转而投票支持马英九。这一选举结果说明经济因素对选民投票的影响已开始显现，这和 2007 年韩国、美国 2008 年总统选举中选民的投票行为极为雷同。

台湾《远见》杂志公布的台湾民心指数从数据上进一步印证了上述观点。台湾民心指数（Taiwan PublicMood Index，TPMI）包括政治信心指数和经济信心指数两类。该指数介于 0～100 分之间，指数大于 50 分代表乐观或正面评价，指数愈高显示台湾政党或台湾政治经济发展的情况愈得民心；指数小于 50 分代表悲观或负面评价，指数愈低表示民众愈悲观愈否定，台湾政党或台湾政治、经济情况就愈失民心。从图 2 可知，自 2007 年始，台湾民心指数的三项指标都在 50 分以下，且呈现逐渐下跌趋势，2007 年底达最低点，反映了台湾民众对台湾政治、经济的信心空前低落。

2008 年初，由于受“立委”选举结果影响，台湾民心指数呈现一年来未曾有的反弹上升态势，但仍未突破 50 分。2 月，随着“立委”选举影响

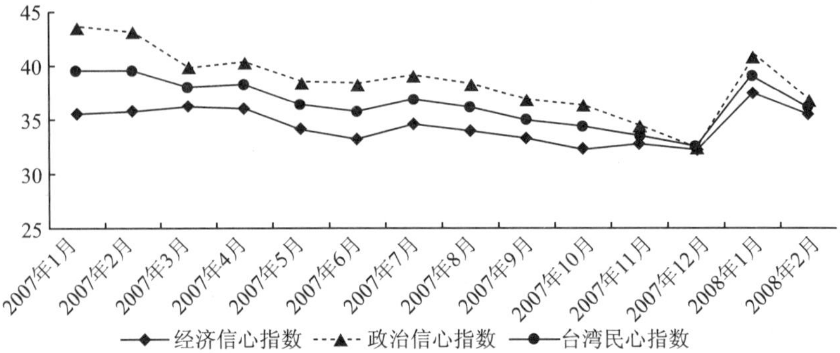

图2　2007－2008年台湾民心指数趋势

资料来源：台湾《远见》杂志民意调查中心，http：//www.gvm.com.tw/gvsrc/index.html

力的降低，台湾民心指数再次下跌，显示2008年“大选”前，台湾民众对台湾的政治和经济信心严重受挫。在选民普遍感受经济衰退，个人经济利益受损之际，参与竞选的执政党——民进党不仅没有提出解决经济问题的竞选政见，反而继续主导认同议题，甚至借此“批蒋”、“斗马”，以清算斗争的手法操作选举，严重违背了道德、公平、正义以及人性，并进而强化了选民对“认同议题”的厌恶甚至反抗。事实上，蓝绿之间关于中国民族主义与“台湾民族主义”之争在2005年县市长选举时即已显出疲态，2008年的两次选举，尤其是“大选”更明显地看出部分选民的经济投票优于认同投票，一般民众对于执政表现的要求超越了他们对于认同的执著。在经济环境恶化下选民的利益意识上升，压倒了动员到疲惫的“本土认同”，是民进党受挫最主要的原因。[5]

三、竞选政见对台湾“大选”中选民投票行为的影响

所谓竞选政见，是指参与选举的候选人在竞选期间为迎合特定选民，或与竞争对手相区别，或就某一具有争议性与急迫性的问题提出不同的政策目标或政策方向，来影响特定选民群体的投票行为。美国选举专家坎贝尔（Campbell）等人提出的传统理论认为，只有选民认知、重视候选人提出的政见，并认为这一政见与他党或其他候选人存在明显差异而更符合选民个人利益之际，选民的投票行为才会出现政见取向，但这种取向仍是在政党认同框架下作出的投票抉择，即候选人提出的政见即使满足了以上条件，也只是

构成选民政见投票的必要条件，而非充分条件，还不足以确保选民会以对候选人的竞选政见认同与否来决定其投票行为。

近年来，在西方选举社会中，随着各种政治环境的冲击、选民教育水平的提高、候选人竞选策略的改变、传播媒介的发达等，尤其是选民政党认同投票取向的弱化，候选人竞选政见对选民投票行为的影响日益重要。Schulman和Pomper、Miller、Vebband Petrocik、Abramson等人的研究认为，选民并不全然按照政党认同取向进行投票，政见取向对美国大选时选民投票行为的影响越来越大。V. O. Key指出，选民会先检视政府的施政表现再进行投票抉择。[6]显然，候选人的经济竞选政见被认为是投票行为理论中影响选民投票取向的最重要因素。

在台湾地区的四次“大选”中，参与选举的候选人都会在选举初期提出如经济、社会福利、教育、卫生医疗等属于改革、民生类的竞选政见，但随着选情不断激化，尤其是进入白热化阶段后，这些看似理性的竞选政见很容易被边缘化，或被诸如二元对立的“政治情感”议题所替代。在台湾这种特殊的选举政治文化背景下，竞选政见对选民投票行为的影响不断被其他政治因素所淹没甚至替代，只有在极为特殊的情况下，竞选政见才会发生部分作用。

1996年“大选”中，议题立场的影响力虽然是一个显著且重要的因素，但并不像候选人因素、“李登辉情结”、政党认同等变量重要。[7]台湾学者盛治仁就台湾《中国时报》针对2000年“大选”中候选人竞选政见的报道情况进行统计分析，发现与选举相关的4112篇报道中，有81.8%的新闻并没有提及候选人的竞选政见。距离投票日仅有2个月之际，50%以上的选民对候选人所提政见印象不深刻。[8]由此看出，选民对候选人的竞选政见并非十分关注，尤其是在情绪化议题渲染下，选民很容易陷入“统独”议题等两岸关系议题的政治旋涡中，无暇顾及或很难理性思考个人或社会的经济利益以及候选人的经济政见，经济民生等竞选政见逐渐被“冷冻”。

2001年台湾经济增长率为-2.18%，这是台湾半个世纪以来首次出现负增长的状况，失业率则飙升至5.17%，创历史新高。但善于“拼选举”的民进党成功地把民众的视线转移到“统独”议题上来，在同年年底“立委”选举中赢得第一大党位置。2004年“大选”中，尽管陈水扁表面上提出“拼经济”、“拼改革”作为选战主轴之一，并利用一切机会向选民在社会福利、市政建设、交通设施等方面做出各种承诺，但实际上陈水扁将选举操作成“一边一国”、“爱台与卖台”的蓝绿对决战，有关改革、经济的竞选政见迅速被政治议题所淹没，并最终被民进党完全丢弃。台湾年代民调中心针对2004年“大选”前选民对经济议题的看法所做调查显示，虽有83.9%的受访者表示应将经济议题作为竞选者第一优先的议题或政见，却有高达60%以上的受访者基本不了解国民党或民进党经济政见。[9]

2008年民进党最具代表性的政策就是利用执政资源实施“一周一利多”政策，但这一政策真正落实的并不多，最终不了了之。而谢长廷提出所谓的“幸福台湾”、“幸福经济”竞选政见不仅空洞无物，更随着选情紧绷而从最初的“走中间理性路线”逐渐滑向“统独族群之争”的泥潭，民进党顽固操弄族群、“统独”、两岸牌，根本无暇顾及经济议题。在这种情况下，国民党候选人马英九在2008年选战中全力主打经济主轴的同时，不得不被动回应民进党的意识形态之战。不过，与2004年相比，2008年“大选”中的竞选政见议题已对选民投票行为发挥了部分作用，马英九提出的“改革与经济”和发展两岸关系议题，对选民的投票行为产生了关键作用，甚至成为当选者获取胜利的重要因素之一。

四、经济投票在四次“大选”中的异质性分析

在历届“大选”中，经济因素与选民投票行为之间并没有必然联系。在省籍、族群、政党认同以及两岸关系议题对选民投票取向有重要影响的情况下，选民不会仅因为对经济发展或经济表现感到满意而支持执政党，也不会因为仅对经济发展或经济表现不满而支持在野党。这种现象在学术界被称为经济投票的异质性，即选民在投票时，经济发展的好坏不是决定选民支持某政党或候选人的唯一依据，而是在评估经济情况的同时，存在着其他归因因素，包括政党、族群、国家等认同因素，选民的政治成熟度和政治信任感等因素。

第一，两岸关系议题严重制约了选民的经济投票行为。经济因素对选民投票行为发挥影响力有其限定条件：一个社会内具有高度的同质性，不存在起主导作用的、非经济性质的社会分歧线，即分割社会意见及团体政治倾向的主要议题，[10]如“统独”认同、种族分歧、宗教争议等。由于这种社会分歧线往往把社会意见团体及党派分割成不同、甚至严重对立的派别，使这

些分歧在选举过程中往往比经济因素更能影响选民的投票行为。

台湾是一个存在严重歧异的社会。从四次“大选”可知，两岸关系议题一直是台湾地区最重要的社会分歧线。在这条分歧线下，认同“台湾独立”、认同中国统一或主张两岸关系维持现状之间的争论是岛内政治活动的重要议题，更是重大选举中被政党动员、炒作的主要议题。尤其是在台湾地区领导人选举这个关系台湾未来走向的重大选举中，认同问题往往高于其他一切因素成为决定选民的投票行为的核心议题之一，选民也被这一分歧线分裂为两大政治对立的群体。

在李登辉以及陈水扁多年推动“本土”活动、培植“本土”意识，甚至进行“台独”意识灌输的影响下，岛内民众的“台湾主体意识”持续高涨。民调显示，目前超过 60% 的民众认同“台湾主体性”，这种民意结构一度对泛蓝的基本选情造成重大冲击。当经济问题与维持台湾的“主体性”发生矛盾时，尤其是民进党 2000 年后不断将台湾“神化”或“宗教化”，提出“台湾不能输”、打一场“保卫本土政权的圣战”等宗教式的政治口号，能否维持“台湾主体性”，而不是能否推动台湾经济发展已成为选举过程中矛盾的主要方面，甚至完全主导选情。尽管 2000 年台湾社会曾一度出现了“改革与安定”、“清廉与贪腐”的社会分歧线，但“统独”认同已经完全超越经济因素成为影响选民投票行为的主导性因素。2004 年“大选”是政治人物操弄“统独”议题的典型个案，陈水扁将“大选”操弄成“台湾对抗中国”的选战，并成功从中谋取政治私利。2008 年“大选”时，民进党的选战主轴仍为“统独”议题，借马英九外省人“原罪”攻击其对台湾的“忠诚度”、攻击马英九和萧万长的“一中市场”等，认同议题再次成为 2008 年“大选”的重要议题之一，从而淡化了部分民进党支持者对经济议题的关注。但是，与前三次“大选”不同，经济因素第一次与候选人形象、两岸关系议题同时成为 2008 年“大选”时选民投票的主要取向。

由上观之，经济分歧线（改革与安定，阶级矛盾）虽已出现，但与长期盘踞在台湾社会的两岸关系分歧线相比，经济因素对选民投票行为的影响具有强烈的不稳定性和明显的脆弱性，容易随两岸关系议题的发酵而失去作用。在两岸关系一直是台湾社会主导性分歧线的背景下，台湾选民很难根据经济的繁荣或衰退，评估执政党的施政绩效，进而作为投票的重要依据。

第二，蓝绿政党意识形态的严重分歧导致选民在投票时容易以政党认同而不是以经济因素进行投票。西方选举中政党区别主要是民生、环保、社会福利等经济议题，或弱势族群议题“左”或“右”的区隔，选民可以根据经济状况投票支持与自己利益接近的政党候选人。这种以经济利益为投票取向的选民，容易在不同选举中出现党际转移现象，即此次投票支持A党候选人，下次选举则可能支持B党候选人。但是，台湾的政党区隔主要在于意识形态不同，即国民党倾向于认同“一个中国”，反对“台独”，而民进党则致力于实现台湾“独立建国”、反对与大陆统一。尽管认同国民党者不一定支持中国统一，认同民进党者也不一定支持“台湾独立”，但认同国民党的选民绝大多数都反对“台湾独立”，而认同民进党的选民则多数反对两岸统一。这是选民在投票时很难支持自己所不认同政党候选人的重要原因之一。

在“总统”选举中，“台湾前途”往往成为超越一切的重要政治议题，不同政党的候选人代表该党对此议题表明政治立场和“统独”态度。民进党候选人往往善于利用“大选”这样的竞选机会，大力宣导并强化其追求“台湾独立”的政治立场，通过各种渠道煽动“国民党卖台、民进党爱台”的言论，积极将政党认同与“统独”认同绑在一起，使选民投票时自觉或不自觉地依据其政党认同，而不是经济因素去选择候选人。

第三，岛内特殊政经环境容易给民进党提供掩盖执政不佳的借口。1999年以前，台湾的经济呈现良好发展态势，经济议题难以成为选民以及候选人关注的焦点，对选民投票抉择影响甚小。2000年以后，台湾的经济呈现不断恶化趋势，但民进党发展经济无能，执政不佳的事实却被岛内特殊的政经环境所掩盖。

一是2000年“大选”后至2004年期间民进党尚处于初次掌握台湾执政权阶段，即便民进党在推动台湾经济方面无所建树，已被国民党统治长达50年之久的台湾民众在厌倦国民党执政的情况下，也宁愿给民进党继续改进和“进步”的机会。二是所谓的“分立政府”（divided-government situation）为民进党推卸经济衰退的责任提供了借口。2000－2008年，民进党处于少数执政状态，国民党掌握“立法院”多数，使得民进党将经济增长趋缓甚至恶化的责任归咎于国民党对诸多政策和法案的杯葛，从而降低了选民对民进党的不满。三是台湾的经济主要是外向型经济，受国际整体经济环境影响显著，因此经济恶化很容易被当局归因于国际大环境的不利，岛内不少民众也持相同看法。2003年底的一项民调显示，除35.3%的受访者认为台湾三年来经济不好的主因是民进党执政经验和能力不足外，第二大原因认为受国际经济形势影响所致，这一比例高达 32.8%。[11]

第四，台湾民主政治尚处于转型期，民主制度尚不成熟，选民的民主素质尚未达到一定高度，选民的投票行为仍缺乏理性。Duch 针对波兰与匈牙利等国家的选民投票行为进行的研究发现，传统的经济投票理论在这些民主转型国家中并不适用。[12]在这些国家中，普遍存在着政治知识欠缺和政治信任感较低的选民，因此经济投票的行为不够显著。台湾地区也是如此，自竞争型的政党政治发展以来至今不过 20 年时间，历经解除“戒严”、“党禁”、“报禁”以及“立法院”和台湾地区领导人直接选举等多元化改革，选民虽经多次选举洗礼，但台湾的民主政治尚未发展到成熟与完备的状态。在这种情况下，选民由于欠缺对责任政治的坚定信念，尚无法有效建立投票行为与执政绩效以及竞选政见良莠的连接关系，尤其是蓝绿对峙的政治环境以及政党之间的高度对立，都使得不同阵营的选民对敌对阵营高度不信任，这种情绪不断引导台湾民众走向不问是非、只问蓝绿的非理性投票取向。因此，回顾性经济投票或展望性经济投票对台湾选民投票行为影响难以呈现稳定态势，使得台湾地区选民的经济投票行为呈现出异质性特征。

第五，对候选人的特殊评估也是一个影响因素，如果选民看重候选人的程度远远大于经济问题时，选民自然不会出现经济投票倾向。但是，如果选民看重经济因素，而又认为某候选人的主张可以实现其经济愿望时，才可能出现经济投票现象。1996 年的“李登辉情结”，2004 年的“陈水扁情结”，以及 2008 年的“马英九现象”都是候选人的特殊评估因素在特定场合对选民投票行为发生的作用。

五、台湾社会分歧线决定未来选民经济投票行为常态化趋势

综上可知，社会分歧线的性质以及执政者的操作决定选民的投票行为取向。在台湾社会仍存有严重“统独”认同分歧的政治态势下，经济投票取向能否回归常态，取决于台湾当前的政治人物对社会分歧线的认知与引导。

若政治人物尤其是执政者长期引导民意向“独化”方向发展，并继续操弄省籍、族群、“统独”议题，将其作为煽动民粹、动员选举的主要工具，两岸关系将再次成为台湾社会的主要分歧线。这种情况下，“统独”认同等两岸议题成为选战主轴，选民也将呈现出较为强烈的非理性特征，容易

受选举中负面选战手法的影响，将注意力专注于候选人所主打的政治议题或候选人的人品、诚信，以及对台湾的忠诚度方面，从而很难展现出理性的经济投票取向。另外，虽然岛内学者屡次强调的经济分歧线（改革与安定，阶级矛盾）已经出现，但与长期盘踞在台湾社会的两岸关系分歧线相比，具有强烈的不稳定性和明显的脆弱性，选民的经济投票取向也将因此呈现出不稳定性。

反之，若政治人物不再蓄意挑动族群、“统独”议题，经济因素或阶级矛盾分歧线必将逐渐超越两岸关系社会分歧线，选民的经济投票取向也将回归正常化。回顾性经济投票或展望性经济（竞选政见）投票都是对执政党候选人或在野党候选人执政能力的评估。当政党分际不仅仅凭借带有鲜明意识形态色彩的“统独”立场划分，而经济、民生、社会福利、环保等议题成为党际之间不同政党立场的关注点之际，选民才有可能理性分析执政党政绩和在野党的竞选政见，从而才会出现将投票作为一种奖惩机制进而决定其投票取向的现象；也只有选民不再仅仅考虑候选人的“统独”认同和政党立场，而是更看重候选人自身的形象、能力、魄力时，选民的经济投票取向才是理性的、正常的、常态化的。另外，由于岛内“台湾人认同”和“台湾主体意识”不断上升，以及在两岸关系上维持现状的选民比例缓步上升，使得政党及其候选人基于争取过半选票的考虑，不得不在台湾定位及“统独”立场主张方面逐渐往中间主流立场靠拢。在这种情况下，经济因素而非意识形态等政治因素在影响选民投票取向诸因素中的作用将不断加大。而台湾选举政治的不断完善，也将促使选民的经济投票行为逐渐回归常态。

注释：

[1] Lewis－Beck，MichaelS. *Economic andElections：theMajorWestern Democracies*，Ann Arbor：University of Michigan Press，1988，P. 34.

[2] 沈剑平：《为什么全球化中民主国家的选举不那么“民主”了?》，http：//www. unirule. org. cn/xiazai/2007041341. doc

[3] G. Bingham Powel，l Jr. and Guy D. Whitten. “*A Cross－NationalAnalysis of Economic Voting：Taking Account of the PoliticalContext.*”，*American Journal ofPoliticalScience*，vol 37，No. 2（May，1993）：391－414.

[4] 俞龙通：《经济状况、施政表现与投票选择：美国总统选举多变项整合解释模型——1972－2000》，台湾淡江大学美国研究所博士论文，2002年6月。

[5] 吴玉山：《民进党溃败原因及后续影响分析》，台湾《联合报》，2008年1月13日。

[6] V. O. Key. TheResponsibleElectorate. New York: Vintage Books, 1966. 转引自蔡奇霖:《从投票与否和投票抉择进行选举预测》,台湾中正大学政治学系暨研究所硕士论文,2006年7月,第38页。

[7] 庄玉卿:《台湾选民议题取向投票之研究:1996年“总统大选”之实证分析》,台湾东吴大学政治学系研究所1997级硕士学位论文。

[8] TVBS民意调查中心,2000年1月23日,原始问卷及详细交叉表:http://www.tvbs.com.tw

[9][11] 台湾年代电视台民调中心:“民众对‘总统大选’经济议题的看法”民调,2003年11月23-25日。

[10] 盛治仁:《台湾2000年“总统”选举投票行为研究》,台北:韦伯文化事业出版社,2001年,第6页。

[12] Duch, RaymondM. “A DevelopmentModel ofHeterogeneous Economic Voting in New Democracies”, American Journal ofPoliticalScience, 44 (4): 635-652.

(作者为中国社会科学院台湾研究所综合室副主任、助理研究员、博士)

两岸关系中的文化认识问题

俞新天

自 2008 年国民党在台湾重新执政以来，岛内局势发生了历史性转变，两岸关系开始了战略机遇期，进入了大交流、大发展、大合作的新阶段。然而，现在对于两岸关系的文化层面研究较少，认识较浅。经济利益当然是两岸关系的基础，但是经济关系必须在非经济的环境中运行，文化理解为它注入润滑剂。政治难题的破解，军事互信的建立，和平框架的形成，国际空间的拓展，如果没有文化的支撑，恐亦徒劳无功。学者专家撰写了大量文章，论述民族认同和国家认同，但却鲜有文章论及文化认同。其实，在两岸的文化认同中存在着复杂性，概而言之是同中有异，异中有同，两岸人民正因为对于文化异同的看法不同，阻碍了相互理解。如不廓清迷雾，就会进一步影响两岸关系的健康发展。因此，本文将重点分析，两岸人民应如何看待两岸文化的异同，如何认识文化价值观的异同，以及文化认识问题对两岸关系产生的作用。

一、两岸文化同中有异，应互相理解

最早的台湾人从何而来？有西来说、东来说和南来说等不同的说法。施联朱经研究后指出，台湾高山族主要来自大陆古越人的一支，少数来自东北琉球群岛和南方菲律宾、婆罗洲和密克罗尼西亚群岛，与早先迁入的古越人相互融合，逐渐成为今天的高山族。[1]史宾塞博士的基因研究证明，台湾少数民族的祖先来自中国大陆。[2]上海交通大学医学院张海国领衔的国际研究团队，经过 30 年的肤纹研究，发现台湾人数最多的“阿美人”和最少的“噶玛兰人”样本，都聚落在北方中国人群内，与“少数民族源于南洋”的结论不同。[3]基因一致说明了两岸人民生物学上的同源。因此台湾少数民族文化与中国南方少数民族的风俗习惯相近，也就不难理解。更不用说台湾九成以上的汉族人民，都是有史可考、有据可查的大陆移民。完全是政治的原因把台湾人分成了所谓“本省人”与“外省人”，其实他们只是从大陆到达台湾的时间早晚不同而已。

两岸文化同根同源，一脉相承，台湾文化是中国文化（或中华文化）的延续发展，殆无疑义。从大文化的传统上看，儒释道的哲学是两岸中国人的精神圭臬，尤其是儒家思想伦理道德，更经过历代政府的提倡而深入精英之心。从小文化的传统看，语言、文字、经济、生活、宗教、习俗、戏曲、音乐、美术、工艺、技术等等，两岸普通百姓浸润其中，成为中华文化的活载体和传承者。正因为如此，除完全陷于意识形态迷障的人外，绝大部分台湾人都承认两岸文化的共同性。稍有知识的人都明白，台湾真搞“去中国化”，必定摧毁台湾的文化根基。

但是，简单地看待两岸文化的相同性是不对的，台湾与大陆的文化也有差异性，应当说是“同中有异”，可以概括为历时性文化差异和同时性文化差异。

首先是历时性文化差异。历时性文化差异指虽然今天各种文化处于同一时空背景下，但是由于其现代化程度的不同所造成的差异。不少纯文化研究学者不承认文化的现代化。然而，马克思主义认为，社会从低级向高级发展，文化自然也不断变迁。从农业社会向工业社会的转型是现代化的大飞跃，它不仅使生产方式、社会关系发生根本变化，也使生活方式、思维方式、休闲娱乐等文化内涵发生根本变化。经过现代化的洗礼，产生了在全球都十分类似的工业文明和通俗文化。经过现代化的洗礼，改变了前现代文化和宗教中束缚个人发展、歧视妇女等特定人群、君权神授等传统价值观，培养了自由、平等、民主、人权等新价值观，现代化的成功也使社会有意愿和能力更好地保护和发扬文化传统。

众所周知，台湾的现代化比大陆发展得早，特别是在 20 世纪 60 年代后，台湾的现代化程度不断提高，成为“亚洲四小龙”之一。台湾在完成现代化转型时，其社会文化也发生了巨大变化。台湾人的教育程度、大学生比例、社区文化设施等各方面都进入了世界先进水平。从文化思潮上看，台湾基本上与西方主流思潮同步，在 20 世纪 50 年代冷战时期泛政治化的文化保守主义占主导，60 年代出现了文化反叛与文化批判的高潮，70 年代激起了回归、认同本土的知识分子自觉行动，想在传统与现代之间、本土与西化之间走出自己的道路，80 年代开始了追求大众文化的价值，连精致文化和艺术也走向大众化，标志着台湾（特别是都市）已摆脱了贫困。[4]90 年代在苏东巨变、冷战结束的背景下，台湾成为“第三波”民主化浪潮的弄潮儿。在狂飙突进的全球化影响下，台湾精英进一步认同自由、民主、人权、法治等价值观。同时也像在其他地方一样，台湾文化的本土化也迅速高涨，人们更加珍惜本土文化，保护和发扬它，不使它被全球化所冲走。在保护和发扬本土文化时，文化多元化的观念在台湾更深入人心，不同族群、宗教、地方的文化都有人研究、呵护与创新。

中国大陆的现代化曾屡受挫折，直到最近 30 年改革开放，才走上了快速发展之路。大陆的文化现代化正方兴未艾。从观念上看，从计划经济转向市场经济，个人自强自立的意识已摆脱了单位的束缚和家庭宗族的限制。法治、平等、人权、民主在人民的思想中愈益重要。基层选举、非政府组织活跃、社区自治等，都在培养民主的成长。尊重和保障人权已写入宪法，并也帮助了人民争取和维护自己的权利和权益。从思潮上看，改革开放初期“全盘西化”的“河殇派”曾喧嚣一时，经过苏东巨变和“六四风波”，大陆的精英和民众深感，要摸索出自己独特的道路，必须汇通古今中西的文化。近年来随着现代化的步伐加快，政府和人民愈益重视文化建设。地方文化、民族文化、宗教文化受到了更大的关注，从 10 年浩劫的完全否定文化传统到重新认识文化传统，积极推动文化转型。中国的电影、电视开始走向国际，得到了世界的首肯。当然，大陆的文化现代化的进展还不如台湾，不仅因为大陆的经济起飞更晚，而且因为曾遭受“文化大革命”的重创，文化的修复需要相当长的时期，还因为全球化和市场化的巨大压力和冲击。

由于两岸人民对于历时性文化差异认识不足，因此在理解对方时出现不少误读。例如，大陆人士访问台湾后，普遍得出结论，认为台湾在文化和文明的发展上优先于大陆很多，台湾人有礼貌，很热情。但有人说，在台湾住了两年，觉得台湾更像一个传统的中国社会。[5]可见，大陆人观察到台湾人的文明教养程度，但存在着把它仅归之于保存了文化传统的原因。只有现代化（包括文化现代化）使台湾人既根据本土文化特点学习吸收了西方文化价值观，又改造提升了本土文化，融合成现代社会的新文化。台湾的文化已经不是封建社会的“君臣父子”纲常伦理，而是公民社会中人际关系的相处准则。大陆如果简单地保存传统，发扬国粹，实际上会泥沙俱下地保护许多错误观念和文化糟粕。只有促进文化现代化，大陆人民才能提高文化和文明程度，让中华文化发扬光大，浴火重生。

另一方面，台湾民众在访问大陆后，不少人肯定了大陆正朝现代化的方向前在进，大陆员工的学习精神非常强烈。但也有人认有大陆是“黑暗的、颟顸的、落后的”。[6]我接触的一些访问过大陆的普通台湾人，批评大陆主要因为卫生设备差，人们大声喧哗，不顾别人，缺乏诚信，文化和文明程度低，等等。应当帮助台湾民众历史地看待大陆的优势不足，并认识到，随着现代化的进展，大陆的设施能进一步改善，人民的文化和文明程度也能相应提高。由于大陆幅员辽阔，人口众多，地区差别大，提高的过程将是长期的，可能再需要两代、三代人的努力。然而，台湾的有些精英把大陆的一切不足归咎于“专制”、“威权”，不仅无助于两岸的文化理解，而且会以政治意识形态误导民众。例如龙应台的文章虽然也肯定了北京奥运会的成绩，但是重点在于批评经费使用不透明，“不容对决策批评和检讨”，“集权美学”，等等。[7]其实即使是“集权”，也是现代化发展的历史产物，台湾不也经过“极权”而起飞的?

其次看同时性差异。同时性差异指在同样或类似的发展节点上，不同的社会表现出不同的特点。大陆和台湾的文化同属中华文化，但有地域的不同，同样在前现代化时期，就各有自己的文化色彩。台湾地域文化的特点主要表现为三点，一是移民文化，二是海岛文化，三是亚热带到热带的乡村文化。移民文化一般既充满思乡怀旧之感，又充满进取开拓的勇气。比如台湾的婚姻礼仪颇具古风，无论贫富，都十分隆重。旧式礼仪中也逐渐增加了不少新鲜的文化内容，可以感受到积极、活跃、生机盎然的移民气氛。[8]海岛文化相较于大陆文化，一般更加开放，更易吸收外来文化的影响。比如清康熙至道光年间，尽管官府一再呼吁要力行“桑麻之政”，但是台湾民众却不肯进行自给自足的小型纺织活动，而是大批输出原材料，又大批输入纺织成品，证明了市场经济的发达。当地“农夫舆隶，云履绸衫”，也反映了台湾民众的富裕程度。但另一方面，海岛面临各种天灾人祸，不同移民之间、移民与少数民族之间，充满了利益争夺的矛盾。由此带来了人群分裂、眼光短浅、盲目涣散等影响，野蛮落后的械斗、冤冤相报曾是台湾民风中的重要特点。[9]亚热带到热带的乡村文化质朴无华，祭天地鬼神，崇拜祖先英雄，仗义豪饮，在少数民族中保留着这些特点。随着移民与少数民族的文化互相影响，台湾的“信鬼神，惑浮屠”的社会风气十分突出。[10]以上文化特点在不同的历史时期逐渐演进，直至今天仍在影响着台湾人。

中国大陆的文化特点，一是原生性和兼容性，二是顽强性和保守性，三是务实性和世俗性。中华文化有5000多年历史，是产生于神州大地上的独特文化。在春秋战国时期形成的诸子百家，深刻地影响了中国人，也显示了中华文化在世界上独树一帜。虽然自汉武帝“罢黜百家，独尊儒术”后，儒学成为主流思想学说，但是各朝还是以兼容并包的政策，儒释道融合，各民族文化融合，创造了灿烂的文明。[11]由于中国文化主要是大陆性的，因此百姓以农耕为主，安土重迁。尽管在历史上屡遭游牧民族入侵，但是中华文化最终征服了征服者，是世界上唯一保持下来的古老文化。它的顽强性的另一面即保守性，接受和学习外来文化比较迟钝缓慢，缺乏进取，自诩博大。[12]中华文化也是世界上少有的不以宗教而以道德伦理凝聚社会的文化，它非常入世、务实。但在没有文化的百姓尤其是农民中，迷信思想与民间信仰也很盛行。这些主要特点演变至今，仍以不同方式折射出来。

历时性文化差异会随着现代化进程而缩小，同时性文化差异更多地反映了大陆与台湾的不同文化特点，不会轻易改变。两岸人民应当抱着互相欣赏的态度看待对方，互相学习、取长补短，而不是互相贬低，彼此否定。胡锦涛指出，中华文化在台湾根深叶茂，台湾文化丰富了中华文化的内涵。[13]台湾移民文化的大胆灵活，海岛文化的开放融汇，乡村文化的淳朴热情，是中华文化中富有特色的生机盎然的组成部分。反过来，大陆文化的恢宏多样，原生文化的精深顽强，世俗文化的思想伦理，会给台湾文化输送不竭的灵感和动力。两岸文化中各有不足和糟粕，双方的精英和民众亦应正视，不要文过饰非，盲目自大，否则只能闭目塞听，阻碍文化的发展和社会的进步。

二、两岸文化价值观异中有同，应摒弃曲解

文化价值观即人们的思想、信仰、道德、准则等。文化价值观是文化最深层最坚强的核心，一旦形成，便长期传承保持。随着历史长河的冲刷和不同的文化碰撞，文化价值观也并非一成不变，但即便变化也在其原有的基础上演进。对文化价值观进行研究，可谓掌握文化的钥匙。

现在存在一种普遍的误解，即“两岸具有不同的文化价值观”，许多人几乎不假思索地作出了判断，实在过于简单化，还需细加分析。两岸基本上具有相同的文化价值观，只是在政治文化方面存在着差异。政治文化方面的差异很明显，二战结束之后，大陆选择了共产党领导下的社会主义政治制

度，而台湾进入了国民党领导的资本主义政治制度，在冷战的背景下，又分别成为东方阵营和西方阵营的成员。杨开煌认为，台湾假设的是个人自由的绝对价值，大陆假设的是集体的公平正义的绝对价值，两者之间以往水火不容，今天意识形态的斗争不是主要矛盾，但在深层文化中的影响仍存，其对抗性时时可见。因此两岸之间的文化交流不可能以“求同存异”为起点，反而应以准跨文化的“求异存同”为起点，去发现原无法发现的“同”，而理性健康地接受“异”。[14]从价值观层面来分析，他的观点很有启发。尽管两岸都具有多元文化的观点，但在台湾人中，接受“西方文化普世性”的比例大大高于大陆，而大陆人至多接受“西方文化价值的部分普适性”，不仅整体与部分有差异，而且“普世”与“普适”也不同，“普世”是具有宗教般的放之四海而皆准的真理，“普适”是各国都可学习借鉴的原理。台湾在政治上仰望的是西方的多党制、三权分立、民主选举等，大陆则认为这些未必符合中国国情，只可借鉴不可模仿，要创造本土特色的制度。两岸政治文化和政治价值观的差异将长期存在，大陆和台湾将继续分别探索自己的政治发展，并应以开放的态度把对方作为参照，汲取有益的营养。

然而，价值观并非仅仅反映和指导政治文化，而是反映和指导社会生活和个人行为的方方面面，如果将政治文化的差异泛化，就会陷入唯意识形态的泥淖。政治文化虽然重要，还只是文化中的一小部分，不能取代生活的绝大部分内容。而在极其广泛复杂和丰富多彩的文化中，两岸人民共享基本的价值观。

在“大文化”领域即文化价值观方面，两岸也共享价值观。在台湾土地初辟时，由于文风未盛，整个社会尚处于组建之中，因此历代统治者都很重视举办教育，以兴学教化为己任。早在郑氏时期，资议参军陈永华就已在台南建立孔庙，旁置明伦堂督课学子，每三年举行两次科考，选育人才。清领台湾后，又形成等级分明的封建教育体系。由于台湾与福建关系密切，因此清代台湾的教职几乎都来自于福建。在清领台湾的200余年间，从福建前往台湾任府县学教授、教谕、训守的多达300余人，其中不少人对台湾文教事业作出了贡献。台湾教育深受福建的影响，还表现在推崇闽学，尊重朱子。在台湾与内地特别是福建之间的学术交流与人才流动也十分频繁。一些台湾学子在科举入仕后，被派往福建任职。据不完全统计，在清领台湾期间，全台共有80名科举人物被派往福建任职，有的还连任教职。[15]这是因为祖国对台湾科举有优惠政策，给进士、举人有保障名额，给台湾秀才的名额从宽，给客家秀才保障名额，同时严禁内地学子冒籍应试。[16]

因此，台湾人的文化价值观与大陆中国人完全一样，忠孝、礼仪、仁爱、廉耻、中庸、信实，等等。中国人缺乏社会集团传统，以家庭宗族为生活起点，由此而形成“家国天下”的思想。台湾的早期移民往往按地缘聚合在一起，后来地缘关系渐被血缘关系所取代。福建是宗族制度十分强固的地方，台湾作为移民社会，也建立起各种宗族组织，有的仍敬奉“唐山祖”，有的由于谱系中断，在台湾设立“开山祖”。[17]梁漱溟认为，中国是伦理本位的社会，以道德代替宗教，理性早熟，主张人自身和谐，人与人和谐，人与自然和谐。[18]虽然价值观由政府和知识精英倡导，但它也通过戏曲、风俗等传播至平民百姓。台湾的戏曲艺术十分繁盛，也与祭神活动紧密联系。关公在台湾的供奉甚众，反映了民众对于忠义价值观的认同。

有些台湾人认为，中华文化价值观在大陆已经被“破坏”或“消失”，只有台湾保存和继承了中华文化，显然是不对的。中国共产党接受了马克思主义、列宁主义思想，但是从毛泽东开始，历代领导人一直强调马克思主义的“中国化”，即把它与中国国情和中国文化相结合。虽然在10年浩劫中“破四旧”和“造反派”对于文化造成了巨大的破坏，但是源远流长的中华文化仍然薪火相传。例如，很多地方的人民保存了族谱、文物，而且精心保护了宗族祠堂。人们认为，宗族辈分使人们知道自己的根，人际关系容易相处，也是农民自己管理自己的一种形式。[19]人们在婚嫁、丧葬等各种礼仪中继承了文化传统，但也不拒绝改良、创造和革新。现在的宗族已不是“封建宗族”的复活，而是旧宗族转型的产物。[20]自进入21世纪以来，中国大陆政府更加重视文化的作用。文化现代化的步伐加快，意味着中华文化在大陆也将得到更好的传承和更新。两岸人民在价值观上的认同定会冲破冷战思维的阻挠，达到新的高度。

总体而言，两岸人民的主流都是既学习外来文化，又发扬本土文化，文化原教旨主义没有市场，这也为两岸人民的价值观交流扩展了平台。有种观点认为，大陆拒绝西方文化价值观，其实不然。改革开放之后，大陆从计划经济转向市场经济，引入了竞争的观念，主张个人自强自立。当时树立的青年模范人物张海迪，虽然残疾，但自学成才，为社会贡献，极好地演绎了个人自尊自强的价值。民主与法治一直是大陆政府推动国家建设的重要目标。“依法治国”是宪法规定的准则。现在，大陆政府与一些西方国家政府继续进行人权对话，显示了学习外国经验的开放态度。温家宝曾撰文专门阐述中国政府的观点："科学、民主、法治、自由、人权，并非资本主义所独有，而是人类在漫长的历史进程中共同追求的价值观和共同创造的文明成果。只是在不同的历史阶段、不同的国家，它的实现形式和途径各不相同，没有统一的模式，这种世界文明的多样性是不以人们主观意志为转移的客观存在。"[21]大陆既开放学习外来文化又传承发扬本土文化的政策，受到了世界各国的肯定，尤其引起发展中国家的兴趣，形成一条独特的途径。

在中国大陆和中国台湾，学习西方文化价值观并非照抄照搬，而是结合本土文化吸收和创造。戚嘉林指出，台湾经济起飞的原因不仅是具有较好的现代化启始条件，国民党赴台携带的黄金、白银和美元，以及美国投入的援助，而且根植于中国人的勤奋工作与节俭储蓄，正好是中国传统文化中的重要支柱之一。[22]杜维明则认为，在儒学传统影响下，东亚现代化（包括中国大陆和台湾）表现出连贯的治理观和领导观，即，第一，在市场经济中，政府的领导不仅是必要的，而且是可取的；第二，法律是社会稳定的必备条件，但仁爱之心以礼相待才能使社会达到团结；第三，家庭作为社会的基本单位，是使核心价值观得以传播的源泉；第四，文明社会是家国之间、公私之间的调节机制；第五，教育应成为社会的文明之教，首要目的是人格养成；第六，修身是齐家、治国、平天下的根基，社会的生活质量取决于社会成员修身的水平。[23]虽然两岸各自寻找将西方文化本土化和将本土文化现代化的途径，结果却是异曲同工。相比于两岸共享价值观的部分，差异只是很小的部分，如同十个手指头中的一个小手指。无限扩大差异，以偏概全，就会掩盖真相，扭曲事实。在两岸人民扩大交流时，抛开政治议题，普通民众都感到文化的亲近和价值上的相近，是无法改变的。

三、文化认识问题对两岸关系的影响

两岸文化是同种文化的不同地域文化，同质文化为其本质，文化差异为其表象，但为什么存在扩大两岸文化差异、否认两岸文化相同的说法，而且这种说法还大行其道，就涉及文化认识问题。两岸人民要互相理解，必须由主体去分析和判断所看见的和所触及的人和事，是主观与动态的过程。认识主体是有差别的，两岸人民的教育、经历、文化背景不同，对于同样看到的事物会作出大相径庭的判断。加上某种政治势力和人物的"妖魔化"对方的做法，使民众形成了先入为主的误解和偏见。正如杨开煌所指出的，日本在占据台湾时期，对台湾民众进行“皇民化教育”，在文化上反华仇中；国民党退守台湾后，一面强调台湾“承继中国正统的合法性”，一面又进行反共教育，这为反中国化提供了条件。[24]更为严重的是，李登辉以“本土化”挑拨省籍关系，以取得台湾人的同情和支持。以陈水扁为首的民进党执政后，更在教育和文化上“去中国化”。他们放弃采用汉语拼音，改为采用台湾方言的“通用拼音”作为台湾的语言拼音系统。他们强化所谓“乡土教育”，规定台湾中小学生必须在客家话、闽南话、原住民语中修一种，以此弱化“国语”即普通话的地位。他们把海外侨胞分为“华侨”和“台侨”，从称谓上造成“台湾是台湾”、“中国是中国”的印象。[25]他们把“台湾主体性”纳入教育纲领，把丰厚悠久的中国历史大量缩减删除，以“外国史”对待，正如潘朝阳所说的，其实要台湾学生“理解台湾式的文化根源，建立台独式的文化认同”。[26]歪曲的文化认识对台湾民众尤其是青少年产生了负面的影响，对两岸关系的损害是根本的和长期的。

自2008年以马英九为首的国民党执政后，“法理台独”和“去中国化”被阻止。马英九在就职演说中，称“两岸人民同属中华民族”，称大陆13亿人民为“同胞”，显示他在文化认同方面的主张，迥异于民进党将台湾人与中国人视为异族的看法。马英九在接受德国《国际政治》的书面专访中指出，本土化并不是“去中国化”，台湾社会是个多元的社会，中国文化和传统是台湾文化的根源，我们不能否定自己的祖先。国民党政府大力推动两岸交往与合作，也重视文化教育交流。2009年台湾的金马奖最佳男女主角奖都颁给了大陆演员，在过去是难以想象的。文化认同是民族认同和国家认同的基础，两岸人民加强交流与合作，共同弘扬中华文化的精义，必然从根本上强固两岸和平发展的根基，进而促进两岸人民命运共同体的认识。从台湾方面观察，继续批判“文化台独”和“文化去中国化”仍是重要任务，使台湾民众正确认识“本土文化”、“台湾意识”不是与中华文化和两岸关系相对抗的东西，而是相辅相成的关系，鼓励台湾与大陆的文化交往和文化理解，逐渐使两岸人民产生新的集体记忆。

从大陆方面观察，应当更加全面深入细致地了解和理解台湾文化的源流、特点和趋势，不简单化地下判断，做结论。大陆政府强调两岸文化的一致性和连续性是必要的，但是不够的，应当更清楚地认识两岸文化中的同中有异，异中有同，细心地分辨“台独”的“文化去中国化”和一般民众的错误认识和错误知觉，对前者严厉批评，对后者则应长期引导和转变其思维。大陆政府并应教育大陆民众从文化上正确认识台湾和台湾民众，表现出更加谦虚谨慎的学习精神，超越政治的包容精神，开放积极的对话精神，客观冷静的理性精神，才能促进两岸的文化理解，击退某些势力的有意歪曲和文化“妖魔化”。

文化是被实践的，并且是从实践中建构出来的，它不是编码或范式，它是社会性地使用，其力量是将关于世界的假设从一个人传到另一个人的社会关系的力量。[27]两岸人民同属中华民族，共享中华文化，是千百年历史建构的结果，历史把事件和生活建构成富有意义的世界。两岸的隔离只是短暂的历史，它造成了目前两岸人民之间的隔膜、猜疑和误解。因此今天和今后的实践至关重要，它要建构今天和未来两岸人民之间的文化认同，进而对于民族认同和国家认同产生深远的影响。始果处理不好，两岸人民的误解加深，在某些势力的操纵下，可能造成文化的冲突，这是必须警惕和预防的。目前学术界特别关注不同文明或文化之间的冲突，其实同一文化之内的冲突并不鲜见，甚至在冷战后成为许多国家内部冲突的背景。文化冲突是由于文化差异及所追求的思想精神目标而导致的对抗与摩擦。即使在政治和经济冲突背后也往往有文化冲突的因素。现在两岸人民大量往来，广泛的接触既有促进互相理解的正面作用，也潜藏着文化冲突的负面根苗。两岸政府和精英应当警惕负面影响，开拓文化合作的途径，例如两岸在文字上“识繁书简”和“识简书繁”，共同申遗，以更广泛多样的文化合作去遏制文化冲突的可能性。

文化对两岸关系产生影响的另一途径涉及软实力。美国学者约瑟夫·奈最早提出软实力的概念，认为它不是胡萝卜加大棒，而是让其他国家效仿某种生活方式，被某种思想、制度所吸引，心甘情愿地追随，或虽不情愿，但已成势所不然，不得不从。[28]笔者认为，软实力是一国文化（其核心是价值观）对国外的影响力。当在两岸关系上谈到软实力时，就包含了大陆对外国的文化影响力，台湾对外国的文化影响力，或者两岸共同对外国的文化影响力。两岸之间是一国，同属中华文化，软实力的概念并不适用。如果有人使用它，也是在同一文化内不同地域文化吸引力的意义上去理解。国内很多文章谈到内部的软实力，实质上是指文化吸引力，与奈的软实力概念不是一回事。

在两岸关系中借用“软实力”的概念，正如蔡逸儒所指出的，发扬台湾“软实力”并非出于对抗的考虑，而是要发挥台湾的优势，创新能力，增加认同与利得。所谓台湾的“本土文化”其中都有大量的中华文明元素，两者难以截然划分。即使民进党时期的文化官员与人员，也无法、不敢全面“去中国化”，不能用太强烈的意识形态来主导文创发展方向。他认为，最好的方法还是两岸合作，共创双赢。[29] 两岸合作共同在世界上弘扬中华文化，才是发挥软实力作用的正道。

两岸合作在世界上弘扬中华文化，说来容易做来难，也可以由易而难，由低而高，分为三个层次，逐步推进。第一层次的合作是器物层次，举凡衣食住行、休闲娱乐、旅游观光，两岸联手，打造中华美食、中华服饰、电影电视、流行音乐、舞蹈戏曲、工艺美术、会展旅游等等，让各国人民更好地领略美不胜收的中华文明成果。要做大做强，就必须发展成规模化经营的文化创意产业，台湾具有科技创新能力和文化产业化能力，大陆也在急起直追，北京奥运会、上海世博会为两岸合作提供了绝佳机会与合作平台。第二层次的合作是机制、体制和法制。大陆已经在世界各国开设孔子学院，主要任务是教授中文，满足世界上对于学习中国语言文字的要求。大陆还在国外开办了一批中国文化中心，通过开展各种文化活动，联结各国精英与人民，帮助他们了解和理解中国。两岸应当也可能携手联动。特别是承担工作的大学、智库、文化组织等，更应超越政治进行合作。与此同时，还可以在境外志愿者、境外慈善机构救助等方面合作，探索和建立新的机制、体制和法制。第三层次是在文化价值观方面的合作。两岸的专家学者、文化艺术界、文化研究界，应当共同研究中华文化价值观的精髓，不仅探讨发掘传统文化价值观，而且更加注重文化价值观的现代传承、提炼与发扬，在两岸中国人认同的基础上推向世界。价值观的推介必定在两岸的现代化实践经验基础上才能成功，这就可以为两岸人民互相学习与吸收彼此的经验创造新的途径。

注释：

[1] 施联朱、许国良：《台湾民族历史与文化》，中央民族学院出版社 1987 年，第 170 页。

[2] http//www. sina. com. cn 2002 年 11 月 26 日 09：25 中国新闻网。

[3]《台湾少数民族并非源于南洋》，《文汇报》2010 年 1 月 22 日。

[4] 杭之：《一苇集》，三联书店 1991 年版，第 73 – 77 页。

[5] [6] 田弘茂、张显超主编：《两岸交流二十年——变迁与挑战》，明田文化有限公司 2008 年，第 196 页、第 194 – 195 页。

[7] 龙应台：《注视一个古都的蜕变——我看北京奥运会》，台湾《联合报》2006 年 7 月 26 日。

[8] [9] [10] 胡友鸣、马欣来：《台湾文化》，辽宁教育出版社 1995 版，第 115 页、第 102 – 103

页和第 60 – 62 页、第 152 – 153 页。
[11] 张立文、町田三郎主编:《传统文化与东亚社会》,中国人民大学出版社,1992 年,第 13 – 15 页。
[12] [韩] 金夏中:《腾飞的龙》,世界知织出版社 2002 年,第 47 – 53 页。
[13] 胡锦涛:《人民日报》,2008 年 12 月 31 日。
[14] [24] 杨开煌:《新局:对胡六点之解读》,海峡学术出版社 2009 年,第 256 – 257 页、第 231 – 232 页。
[15] [17] 杨彦杰:《台湾历史与文化》,海峡文艺出版社 1995 年,第 141 – 144 页、第 145 页。
[16] [22] 戚嘉林:《台湾史》,海峡学术出版社 2007 年,第 177 – 183 页、第 483 页。
[18] 梁漱溟:《中国文化要义》,学林出版社 1987 年,第 7 页、第 106 – 107 页、第 133 页。
[19] [20] 銭杭、谢维杨:《传统与转型:江西泰和农村宗族形态》、上海社会科学院出版社 1995 年,第 24 – 30 页、第 22 – 23 页。
[21] 温家宝:《关于社会主义初级阶段的历史任务和我国对外政策的几个问题》,《人民日报》2007 年 2 月 27 日。
[23] [美] 塞缪尔·亨廷顿等主编:《文化的重要作用——价值观如何影响人类进步》,新华出版社 2002 年,第 379 – 380 页。
[25] 李立:《民进党下台内幕》,台海出版社 2009 年,第 115 页。
[26] 潘朝阳:《高中九五课纲历史课程纲要的深本质》,《海峡评论》2008 年 9 月 1 日。
[27] [美] 乔纳森·弗里德曼:《文化认同与全球性的过程》,商务印书馆 2001 年,第 311 页。
[28] [美] 约瑟夫·奈:《美国定能领导世界吗?》,军事译文出版社 1992 年,第 25 – 26 页。
[29] 新加坡《联合早报》2009 年 9 月 17 日。

(作者为上海国际问题研究院学术委员会主任、上海台湾研究所所长、上海市台湾研究会会长)

两岸治理：一个形成中的结构

周叶中　祝　捷

2008年5月，台湾地区政治局势发生了有利于两岸关系和平发展的变化。在两岸政治领导人和有识之士的推动下，两岸透过海协会和海基会所形成的“两会框架”，达成了一系列协议和共识，并促成两岸全面直接“三通”的实现。如何从理论上描述两岸关系现状，并通过理论上的预测力预测两岸关系发展趋势，是一件饶有趣味的工作。当前所持的方法论，基本上是将两岸类比为某种政治实体，甚或创造出一种新的政治实体类型。但无论是类比还是创造，总有若干缺憾甚至谬误之处。两岸关系无疑不能借助传统政治学知识，将其置于“两党”、“两体”或者“两国”的研究框架内，[1]但亦难依循静态思维，孤立地将其看作一个已经形成的新实体。基于此，本文尝试改变运用“实体”范畴分析两岸关系的方法论，转而用“结构”代替“实体”，将两岸关系描述成一种“治理结构”（the governance system）。为此，本文提出并试图论证以下命题：大陆和台湾之间的治理结构，乃是一种形成中的治理结构。为论述方便，不妨将这种形成中的结构，简称为“两岸治理”。

一、欧盟治理和张亚中的“两岸治理”评析

“两岸治理”的语词，并非本文首先提出，早有学者根据两岸现实，将“两岸治理”作为两岸间“去主权化”的替代性方案。[2]从更广泛的范围而言，有关“治理”的理论资源，主要来自于已经成型的欧盟治理（或欧洲治理）。当然，无论是“两岸治理”，抑或“欧洲治理”，都与两岸关系现状及其发展有着相当距离。

（一）欧盟治理

作为“治理”理论的源头之一及其实践场所，欧洲自启动一体化（欧洲整合）开始，就在探索一种“没有政府的治理体系”（gover nance with out go vern ment），[3]其成果之一，便是形成了以欧盟为中心的治理结构。关于欧盟治理的准确定义及其性质，一直是研究治理的学者们关注的问题之一。[4]但是，这些学者至少在以下观点上存在着共识：欧盟治理不能由欧盟的机构独自担当，而应该包括广泛的社会行为体的参与，欧盟的治理应建立在（各利益群体间）协商而非（政府间）谈判以及决策基础之上。[5]这一观点将欧盟治理拆解为相互关联、但又各有特点的两部分：其一，是以“第一支柱”（建立在《欧洲共同体条约》基础上的欧洲共同体）为基础的治理模式。这种模式以各成员国向“超国家”的欧盟机构让渡权力，并由欧盟机构在所让渡权力范围内制定规范为首要特征，因此，这种治理模式又被称为“共同体方法”；[6]其二，是晚近逐渐形成的新治理模式，这些新治理模式主要包括专门委员会、成员国间的“相互承认”、半私人的监管组织、共同体机构和开放式协调法（OMC）等等。[7]上述两种治理模式的区别在于：新治理模式在相当程度上已经摆脱了民族国家的桎梏，因而不再是遵循“由政治责任性的机构负责制定规则和确定激烈办法引导目标群体”的传统模式，而是将“目标群体”转化为“利益攸关者”，使其参与决策过程，并帮助制定和实施决策。[8]但是，这并不意味着新治理模式将取代“共同体方法”。台湾学者苏宏达认为，如果从制定规范的角度观察欧洲一体化，则欧盟治理就是同时在多个层次上互动并产生规范的机制和过程。[9]贝娅特·科勒-科赫则将新治理模式视作“共同体方法”的补充。她认为，在绝大多数情况下，欧盟内部的决策仍然具有以条约为基础的“共同体方法”的烙印，而新治理模式则更多的是一种补充，已经扩展到那些“所有成员国不愿意让渡权力，但又希望加强协调的政策领域。”[10]

由此可见，就其内容而言，欧盟治理其实是一种倡导广泛参与的政治模式，其主要功能是弥补传统政治方法（如政府间的谈判，等等）在欧洲决策上的能力欠缺和正当性不足，从而提高政策的可接受性。

（二）张亚中的“两岸治理”

台湾学者张亚中是运用“治理”理论分析两岸关系的代表性人物。张亚中提出的“两岸治理”概念，建立在将治理理解为“没有政府的统治”的基础上。张亚中认为，“欧盟治理”或者是“全球治理”都传达了一个重要理念，即欧洲或全球事务的治理，不能期待先拥有类似于传统国家的中央政府，也不可以完全寄希望于民族国家。[11]同时，张亚中认为，“两岸尚未解决‘统治’争议”，而必须长期停留在“两岸间”的阶段。[12]据此，张亚中提出“两岸治理”概念，希望藉由“两岸治理”概念的提出，跨越两岸现有的“统治权”论述，在不需要“统一”或是“独立”的条件下，两岸公权力机关就可以开始共同的合作。经由共同的治理，为两岸人民创造最大的福祉，而两岸人民也可以经由共同参与治理，来建构彼此的共同认同。[13]因此，张亚中认为，“两岸治理”是一个以两岸人民利益为优先，顾及两岸公权力机关基本政策需求的一个两岸新架构。[14]综合上述分析可见，张亚中所言的“两岸治理”，实际上是将两岸关系进行“去主权化”处理，用“治理”替代“统治”，以期为两岸关系发展提供基本框架。

根据张亚中的论述，其所提出的“两岸治理”，既是以“欧盟治理”为思考的蓝图，又是他长久主张“两岸统合”的另一种实践。[15]但若考察张亚中的有关论述可以发现，“两岸治理”意在倡导两岸超越“统独”和“统治权”的争议，在“整个中国”（thewhole China）的定位下，开展各个层面的合作，最后通过“功能外溢”（Spillover），促进两岸认同的建立，进而形成“两岸共同体”，使两岸公共政策不因“统治”问题的悬而未决而无法相互接轨，亦可为未来的“统治”创造良好的基础。[16]可以说，张亚中的“两岸治理”更加偏向他个人关于“两岸统合的另一种实践”的定位。

（三）对上述两种“治理”的简要评析

欧盟治理和张亚中所提出之“两岸治理”的概念虽有诸多不同，但仍有一个共同点：两者都以“主权”为思考前提，因而在对“治理”概念的思考上，都受限于“主权”的牵绊。按照两种治理的论证逻辑：“主权”被作为一个需要回避的对象，而治理是“主权”的一种替代性方案；“治理”的提出，要么是为了提高政策的正当性（如欧盟治理），要么是为了给政策制定提供一个可能的框架（如张亚中的“两岸治理”）。这种囿于“主权”思考的“治理”概念，虽然在表面上回避了“主权”，但时时刻刻都将“主权”作为其理论的一个要素，因而使“治理”概念随时可能重新受困于“主权”的牵绊。

因为“治理”概念没有脱离主权的思考框架，所以，“形成主权”被作为治理的目标之一。欧盟治理的理论预设是欧盟已经向着一个超国家机构发展，欧盟治理是欧洲一体化过程中“宪政主权”形成的必要机制。[17]张亚中的“两岸治理”虽然以“治理”替代“统治”，试图超越“主权”的论争，但其在对治理结果的设计上，仍然希望通过“两岸治理”实现两岸的“共同认同”，并且试图以“整个中国”代替“一个中国”，在国际上形成“两岸三席”的局面。[18]与“形成主权”的目标相适应，公权力机关被视为不可或缺的治理主体，使“治理”在概念上仍处于公权力机关的主导范围内。考察“治理”的概念源头，治理毋宁是在福利国时代政府管制失灵的产物。按照有关治理的经典理论解说：随着福利国家的兴起，社会团体日益崛起，并对传统的政府管制模式产生冲击，为了适应这一变化，政府必须进行“去管制化”，重新确定国家和社会的关系，尊重和促进各社会系统的自治能力，鼓励更多的参与和合作。[19]这一理论解说在欧盟治理的研究中得到了充分体现。欧盟治理的一个研究方向就是将“治理”的概念置于“国家中心主义”的论域内，致力于将欧盟作为“规制国家”（regulatory state）进行分析，[20]将治理视为“（欧洲）国家适应20世纪末所处的外部环境的实证表现。”[21]一些欧盟法专家甚至借此怀疑欧盟治理的有效性。这些专家非常肯定地认为：治理是需要政府的，因为欧盟是一个没有政府的体系，因此研究欧盟治理将会无果而终。[22]即便是那些将欧盟治理置于“国家中心主义”之外的学者，也突出政府在治理中的主导性。贝娅特·科勒－科赫认为，在欧盟治理的两大部分中，欧盟的新治理模式是“共同体方法”的补充。易言之，以政府为核心的“共同体方法”仍然是欧盟治理的主导模式。张亚中的“两岸治理”在理论上更是与治理的理论源头相左。按照张亚中的观点，“两岸治理”要求两岸公权力机关超越“统独”、“统治权”，从而进行“共同治理”。在这里，“治理”一词甚至已经偏离了它的本意，成为“统治”和“主权”的一种“概念美化”。

综上所述，以上两种“治理”概念，虽然在一定程度上为本文提出“两岸治理”提供了理论资源，但由于两种“治理”概念都没有真正摆脱主权的牵绊，因而使两种“治理”概念都不能简单地套用到本文所称的“两岸治理”上。

二、两岸治理的概念生成

本文讨论两岸治理的一个基本前提是两岸论域内主权的自证成性(selfevidence)。作为一种新结构，两岸治理与“两党”、“两体”或者“两国”的政治关系定位不同，亦不是一种被创造的新政治模式，而毋宁是对两岸现状的一种理论描述。在这一描述过程中，主权固然重要，但在两岸关系的论域中，以及在两岸商谈的过程中，“主权”毋宁被作为一个已经自证成的背景。除非出现两岸面对具有国际因素之事件的情形外，主权在相当程度上是被搁置着的。因此，抛开两岸关系中的国际因素，仅仅以“两岸”作为考察对象，而没有主权牵绊，即可使智识资源更加集中于对两岸正在形成中之结构进行思考。

（一）治理的性质：公与私之间

对治理性质的探讨，主要是回答两岸治理到底是发生在两岸公权力机关之间，还是发生在民间团体之间的问题，亦即“治理”是一个具有公性质的结构，还是一个具有私性质的结构。大凡研究治理的学者，都会谨慎看待公权力机关在治理中的地位。欧盟治理和张亚中的两岸治理，都非常强调公权力机关在治理结构中的非唯一性。两岸特殊的历史背景和现实环境，使这个问题的讨论更为复杂。

大陆和台湾在“一个中国”的问题上存在不同认知，因而双方在是否承认对方根本法（指中华人民共和国宪法和台湾当局所称的“中华民国宪法”）以及依据该根本法所建立的公权力机关上也存在着区别。基于“一个中国”原则，大陆方面对台湾当局所称“宪法”以及依据该“宪法”所建立的公权力机关，采不予承认的态度；而台湾当局虽然已经不再否认中华人民共和国宪法和中华人民共和国的合法性，[23] 但仍然禁止公权力机关以“公”名义与大陆的公权力机关进行接触。在此情况下，两岸无法透过官方管道进行直接交流。但是，大陆和台湾又在一种微妙的默契下，采取各种迂回的方式开展沟通和对话。授权不具有公权力性质的民间团体开展商谈，是大陆和台湾所采取的主要迂回方式。值得注意的是，获得授权的民间团体实质上是两岸公权力机关的“白手套”。以海协会和海基会为例。在大陆，海协会不仅接受公权力机关的领导，而且在人员上也与公权力机关有着高度的一致性。以 2008 年 6 月产生的第二届海协会副会长构成为例：7 名副会长中有 5 人兼任或者曾经担任过国台办副主任，1 人为国务院其他部门（商务部）负责涉台事务的主要领导，1 人曾任国台办重要职务。[24]有台湾学者甚至认为："海协会根本就是（大陆）国台办为了因应两岸协商，以民间对民间的模式而给予（国台办）另一种'民间团体'的面目"，"实际上它仍是'政府组织'的本质"。[25]虽然台湾学者的观点有失偏颇，但也从一个侧面说明了海协会和公权力机关之间的密切关系。台湾方面亦是如此。海基会从组织序列上而言，是"陆委会"设立的一个"财团法人"，海基会的所有工作人员均有台湾地区"公职人员"身份。从工作流程上而言，海基会派员赴大陆处理受托事务或相关重要业务，应报请委托机关或相关机关的同意，并受其指挥，还要"随时报告处理情形"。[26]由此可见，海协会和海基会虽名为"民间团体"，但实际上是两岸公权力机关与对方进行沟通和对话的中介和窗口。除海协会和海基会外，大陆和台湾还成立了一系列专门服务两岸对话和沟通的民间团体，如"海峡两岸航空运输交流委员会"（大陆）、"海峡两岸旅游交流协会"（大陆）、"台湾海峡两岸观光旅游协会"（台湾）、"台湾海峡两岸航运协会"（台湾），等等。这些"民间团体"大多与海协会、海基会具有类似的性质和工作方式。

这种通过没有公权力性质、但与公权力机关有着密切关系的"民间团体"进行沟通和对话的状况，决定了两岸治理是徘徊于公与私之间的一种结构。这种结构不同于欧盟治理中国家、地方政府、利益集团和公民共同参与的多层级网络治理，而体现为"私名义、公主导"的单一层级治理。

（二）治理的功能：制度供给

两岸治理源于两岸关系和平发展所产生的制度需求，因而其主要功能是为两岸关系和平发展进行制度供给。两岸关系发展的历史与现状表明，消除两岸关系发展的偶然性，使两岸关系和平发展逐渐常态化，是构建两岸关系和平发展框架的重要命题。

两岸关系经常被置于政治学和国际关系的论域内。根据政治学和国际关系的部分观点，两岸关系的发展状况与两岸政治人物、主要党派以及两岸所处的国际背景有着密切联系。这一观点实质上是一种"人治"的两岸观，亦即认为两岸关系本质上是由人决定的，政治人物、党派意志、品性和观点被认为是两岸关系中的决定性因素。这种"人治"的两岸观已不止一次被证明不利于两岸关系和平发展的大势。在此以1995年前的两会事务性商谈为例予以说明。1993年4月至1995年6月，以汪辜会谈为起点，两岸透过“两会框架”开展了长达3年的事务性商谈。在3年的事务性商谈过程中，两会共进行了7次工作性商谈和4次副领导人级会谈，并在1995年初开始酝酿第二次最高领导人级会谈。在商谈过程中，两岸在共同打击犯罪、渔事纠纷解决机制、经贸文化教育交流等方面都取得了进展，其间虽有波折，但总的趋势是良好的。然而，1995年6月，时任台湾地区领导人的李登辉公然以“私人身份”访美。同月16日，海协会函告海基会，推迟第二次最高领导人会谈，并推迟有关预备性磋商，持续3年之久的两会事务性商谈遂告中止。[27]这轮两会事务性商谈被迫中止的原因不一而足。其中之一即是当时两岸关系的发展是一种“人治”型的发展：政治人物的行为、党派的政策调整都有可能影响，甚至从根本上改变两岸关系的总体局面。因此，要克服两岸关系和平发展中的偶然性，关键是消除两岸关系和平发展中的“人治”思维，建立“法治”型的两岸关系和平发展框架，藉由制度的稳定性，来弱化、消除两岸关系和平发展的偶然性，从而提升其必然性，使两岸关系和平发展不因领导人的改变而改变，不因领导人注意力的改变而改变。

而建立“法治”型的两岸关系和平发展框架，就势必产生对于制度的需求。一般而言，满足制度需求的方式有二：一是藉由立法者立法，以提供制度；二是通过主体之间的相互协商，以形成制度。显然，大陆和台湾之上没有一个“超两岸”的主体，[28]因而也就不存在可以为两岸制定共同规范的“超级立法者”。立基于此认识，要对两岸关系和平发展进行制度供给，就必须依赖于大陆和台湾之间的协商，而两岸透过协商所形成的制度，亦因此成为两岸制度供给的主要来源。就现实层面而言，大陆和台湾通过协商创制制度的主要方式是两会协议（包括虽不以协议为名，但仍具有协议性质的纪要、事函、共识等。）两会协议以规范性文件的形式，将两岸共识予以制度化，从而为两岸关系和平发展提供规范依据。因此，概而言之，两岸治理在现阶段的主要功能是透过“两会框架”形成两会协议。

（三）治理的工具：两会协议

如前所述，两岸治理乃是一种法治型的治理结构，因而两岸治理是通过规则的治理。因此，两岸治理的主要工具是规范化的两会协议。然而，不能简单地将两会协议等同于“两岸法”，这固然是因为两会协议形成过程中的主体特征，但更为关键的是源于两会协议在两岸发生效力的机理不同。

大陆和台湾分属两个法域，[29] 而两岸又没有形成“超两岸”的结构，因此，两会协议在两岸发生效力的主要场域并不是在两岸间，而是在两岸各自的域内。简而言之，在授权民间团体签订两会协议后，两岸在各自所属的法域内，按照一定方式，使两会协议从民间团体之间签订的私协议，转化为具有规范意义的法规则。在大陆，两会协议有着直接适用的效力，亦即不需要特定的程序，两会协议即可在大陆发生效力。但在台湾，情况则要复杂得多。根据台湾地区“两岸人民关系条例”，授权民间团体签订的两会协议若不涉及法律修改或者无须另定法律的，则由行政部门核定，送立法部门备查；若涉及法律修改或者须要另定法律的，则应由行政部门核转立法部门，由立法部门审议。在上述程序中，“核定”和“审议”是具有实质意义的步骤，都存在否决两会协议的可能。在实践中，曾有两会协议因涉及台湾地区法律的修改而暂缓实施的先例。2008 年 11 月通过之《两岸海运协议》，包含有两岸互免因空运和海运产生之营业税和租税的内容，涉及修改台湾地区“两岸人民关系条例”的有关条文。因台湾地区立法部门未能及时完成修法工作，导致《两岸海运协议》的相关内容未能在台湾地区实施。台湾当局“法务部”有关《两岸共同打击犯罪及司法互助协议》是否涉及修法的说帖中的观点，具有相当代表性。根据该说帖，“法务部”认为，(协议)“相关之合作内容，系在我方现行的法令架构及既有的合作基础上，以签订书面协议之方式，强化司法合作之互惠意愿，同时律定合作之程序及相关细节，提升合作之效率及质量。与对岸律定合作事项涉及人民权利义务部分，均在现行相关法律下执行，未涉及法律之修正，亦无须另以法律定之。”[30] 综合以上事例，台湾方面对两会协议效力的态度有三种情况：第一种情况，两会协议涉及法律之修改或法律保留事项，而“立法院”否决了两会协议。此时，按照台湾地区法律，两会协议不产生法律效力，台湾方面自应适用原有关法律。第二种情况，两会协议涉及法律之修改或法律保留事项，而“立法院”未否决两会协议，从而产生修法（涉及法律之修改时）或立法（涉及法律保留事项时）的效果。此种情况下，台湾方面执行修改后的有关法律，并因而间接适用两会协议。第三种情况，两会协议不涉及法律修改或法律保留事项。按照台湾地区“内政部”说帖的观点，发生第三种情况时，两岸签订协议仅在“强化……意愿，同时律定合作之程序及相关细节”，台湾方面对于合作事项涉及人民权利义务部分，均在现行相关法律下执行。至于两会协议，只是在执行相关法律时，产生间接的适用效果。由此可见，两会协议在台湾地区发生效力的机理是通过台湾地区的法律，借助台湾地区法律在其域内的效力，间接发生效力。

由此可见，两会协议是否在大陆和台湾各自的域内发生效力，取决于两岸各自对两会协议的态度。由于两岸没有一个凌驾于双方之上的“超两岸”机构，因此，两会协议在两岸域内的效力无法透过外部的监督和制约得到保障。换言之，两会协议从法理上而言，并不具有强制性的拘束力，体现出“软法”的特点。以上是从法效力的角度，论证两会协议的软法性。不仅如此，两会协议在诸多方面也都符合软法的特征。总的来说，软法是不具有法律约束力，但可能产生实际效果的行为规则。[31]软法有三个方面的特征，而这三个方面的特征，也是两会协议所具备的。

第一，软法意味着人们在某种原则上能够达成协议，而接受该原则的人们无须赞同这一原则在某一特定情形中的要求。[32]两会协议的基础是“九二共识”，而“九二共识”本身就是“搁置争议”的产物，两岸甚至在“九二共识”的内容上尚存在着不同认知。但两岸的这些差异并未影响两会协议的签订，两岸仍然在“九二共识”基础上，不断累积共识，并将其以规范化的形式体现为两会协议。两会协议本身也是两岸搁置争议的成果，其并不能掩盖两岸的差异和歧见。相反，正是由于差异和歧见的存在，才使两会协议更加具有生命力和可接受性。

第二，软法机制体现为一种“动态合作博弈的过程”。所谓合作博弈，就是博弈参与人能够达成一个具有拘束力的协议。在动态合作博弈的过程中，软法规范不仅固化上一轮博弈的成果，而且为下一轮博弈提供前提条件。[33]两会协议遵循“动态合作博弈”的规律。大陆和台湾在政治对立的过程中，就事务性议题达成协议，这些协议从孤立的角度看，都难以对两岸关系产生根本性改变，但却将两岸长期累积的共识以规范性文件的形式固定下来，既为现阶段的两岸关系和平发展提供制度，也为两岸关系的进一步发展提供条件。以两岸直航事务为例，两岸从春节包机起开始累积共识，后经周末包机，逐渐开放直航常态化包机，最终在 2009 年 4 月实现了定期航班。在上述过程中，两岸透过“两会框架”，分别形成《海峡两岸包机会谈纪要》、《两岸空运协议》、《两岸空运补充协议》，这一系列的两会协议既固化了上一阶段两岸在直航方面的共识，又为直航在下一阶段的深化发展提供了基础。

第三，软法机制在本质上体现为一种程序民主的商谈政治。[34]软法从理论源头上与商谈民主（亦即协商民主）有着密切联系。虽然软法机制所包含的民主因素往往不能提供足够的实质正当性，但却能满足程序上的最低条件。[35]重视协商，已经成为软法的重要特征。[36]两会协议是经由一个并不完美的协商机制产生的。两岸之间的各种沟通渠道，如两会框架、民间对话（经由两会的复委托，如澳门模式）、两岸经贸论坛乃至于隔空喊话等，在本质上都是协商机制。两会协议自身也大多以规定合作程序和合作方式为主要内容，而在实质性内容上规定较少，体现了协商和程序民主的特征。

作为软法，两会协议虽然不具有拘束力，但可以指导两岸各自域内的立法。当两岸关系和平发展框架发展到一定程度时，软法有助于两岸的有效决策和结果趋同，从而成为“两岸法”从形成到演进的一种过渡形式。

（四）组合主义（corporatism）的两岸治理

通过以上对两岸治理性质、功能和工具的论述，两岸治理的概念得以生成：两岸治理是一个被相当简化的软法治理结构。这个描述性概念当然不能包含两岸治理的全部内容。根据欧洲一体化的经验，有学者总结出“治理”的四种模式，其理想状态的各自特征如下表所示：[37]

表1

	国家主义	多元主义	组合主义	网络治理
超国家组织的角色	权威者	裁判	中介者	启动者
主要行动目标	寻求共同的国家利益	追求个人利益	整合冲突团体的利益	协调相关利益
互动模式	多数决和行政命令	彼此竞争与妥协，以形成“最小获胜联合”	有系统地协商以达成共识	多方谈判以趋近彼此的立场
主体	国家或公权力机关	国家和为数众多的利益集团、政党	国家和少数利益集团	国家和有直接利益关系的利益集团

续表

	国家主义	多元主义	组合主义	网络治理
利益集团	利益集团被纳入行政体系以协助政策执行	利益集团无法影响政策执行	少数利益集团被纳入行政体系以协助政策执行	利益集团与行政官僚交换资源以协助政策执行

综合考察两岸治理，可以发现其在三个方面有着显著特点。第一方面的特点是：两岸治理是一个没有官僚体系的治理，亦即治理主体并不以政治权威或行政命令来进行治理。这一特点决定了两岸治理并不是一种行政权威的治理。如果考虑到两会协议的软法性，这一结论更加具有确定性。虽然两岸治理在性质上是“形私实公”，公权力的影子无处不在，但任何一方的公权力机关在“没有官僚体系的治理”中，都无法主导治理，而毋宁是充当着中介者的角色。两岸都只能经由通过充分协商产生的两会协议来实现治理。第二方面的特点是：大陆和台湾在形成共识的过程中，与其说是通过协商产生共识，不如说是通过协商寻找共识。第二方面的特点表明了大陆和台湾在现阶段尚未达到谋求某一共同利益的阶段，而只能透过对相冲突利益的整合来弥补因长期隔离而造成的关系裂痕，离通过谈判寻求利益平衡还有相当距离。第三方面的特点是：两岸治理不是一个被搭建的结构，而是一个逐渐生成的结构，亦即两岸并非搭建起治理结构后再讨论问题，而是一边搭建结构，一边讨论议题，治理结构的搭建与治理功能的实现几乎是同步的。这方面的特点又表现为议题的受选择性，并非所有议题都能进入两岸事务性商谈的范围，而两岸事务性在选择议题上又具有较大的偶然性。如大陆“三鹿奶粉”事件使“食品安全”进入两岸事务性商谈的议题范围；金融危机的爆发又使“金融监管”成为两岸事务性商谈关注的议题。议题选择方面的偶然性和议题本身的受选择性，决定了只有议题所涉及的少数行业可以参与到两岸治理结构中。由于两岸所涉对方事务上的管制，因而即便某一行业进入两岸治理结构，也并不意味着该行业中所有利益集团都能进入两岸治理结构。大陆方面分步骤开放各省市赴台旅游资格的做法，已经证明了这一点。当然，这些被纳入两岸治理结构的利益团体，也成为两岸公权力机关处理两岸事务的重要节点，协助各自两岸政策的执行和实现。比照表1所列各种模式，两岸治理比较类似于组合主义的治理模式，同时又体现出与经典组合主义治理模式不同的地方。按照施密特的描述，在组合主义的治理模式中，少

数利益集团被纳入到政策决定和执行的核心。[38]但是，在两岸治理结构中，由于议题的受选择性，少数利益集团实际上无法控制治理结构。从特征上考察，本文所称的两岸治理更加类似于贝娅特·科勒－科赫所言之“商谈民主与追求集体认同相结合而成的产物”。[39]

三、形成中的两岸治理

尽管两岸治理已经隐然浮现，但其仍然是一个形成中的结构，并不具有完整的治理样态。讨论当前两岸治理到底有何欠缺，对于完善两岸治理，推动两岸关系和平发展框架的构建，自然具有重要意义。

（一）共同决策尚未形成：到底有多少决策权力被转移？

欧盟的显著特点之一，是欧盟各成员国通过欧盟，能够形成共同政策。共同政策的形成，实质上是欧盟各国向欧盟这一“超国家”组织转移权力的过程。林德伯格（Leon Lindeberg）、薛定谔（StuartScheingold）和施密特（Phillippe Schmitter）曾分别用建构概念模型的方式，对欧洲事务政策管辖权的转移进行过定量分析。[40]本文亦拟采用该方法，对两会协议进行样本分析，以探讨在两岸治理结构中，到底有多少决策权力被转移。本文抽取的样本为2008年6月后签订的7项协议，排除了大部分内容已为《两岸空运协议》所准用的《两岸包机会谈纪要》和性质特殊的《两岸共同打击犯罪及司法互助协议》。对于两岸间的决策权力，本文建构四项指标：其一，完全各自决定，不纳入共同决策的范围；其二，两岸仅交换意见而不合作；其三，两岸通过协商进行共同决策；其四，两岸在两会协议中明确实质性共识，亦即作出共同决策。以上四项指标构成共同决策的测量光谱，其中第一项指标离共同决策最远，第四项指标离共同决策最近。以下是根据7项协议内容整理的决策权力转移状况表（表2）：

表2

	完全各自决定	两岸仅交换意见而不合作	两岸通过协商进行共同决策	明确实质性共识
两岸关于大陆居民赴台湾旅游协议	2	1	2	1
两岸空运协议	5	0	2	2
两岸海运协议	4	1	1	2

续表

	完全各自决定	两岸仅交换意见而不合作	两岸通过协商进行共同决策	明确实质性共识
两岸邮政协议	1	2	1	5
两岸食品安全协议	0	3	1	0
两岸空运补充协议	4	1	2	2
两岸金融合作协议	0	1	4	3
总数（占百分比）	16（30.2%）	9（17%）	13（24.5%）	15（28.3%）

上述7项协议均为两岸已经达成高度共识的产物。在这7份协议所涉的53项决策权力中，仍然由两岸各自决定的共25项（第一项指标加第二项指标之和），其中只有9项需告知对方；由两岸共同决定的共28项，其中已经形成明确共识的为15项，不足总数的三分之一，另13项需由两岸经协商确定。以上数据虽仅为对样本所做的分析，但由于上述7项协议已经构成两岸治理的主干性内容，因而亦可反映两岸治理中决策权力转移的整体面貌。据上述分析，在进入两岸治理的事务中，尚有近一半的决策权力未能成为两岸共同决策的事项，而在被转移的事务中，亦有超过一半仍需以协商方式进行共同决策，而非由两会协议径直进行实质性安排。综上所述可见，两岸共同决策机制尚未形成，大陆和台湾仍然掌握着两岸治理的大部分决策权力。

（二）支撑规范正当性的不足：两岸治理能不能为规范提供正当性

通过治理弥补民主赤字，从而增强规范的正当性，是治理产生的积极效果之一。无论是哪一种治理概念，都希望通过吸纳更多主体（而不仅仅是公权力机关）的参与，来支撑规范的正当性。那么，两岸治理能否为其所产出的制度提供足够的正当性呢？

根据Lijphart提出的基本思想，集体意愿的形成有两条路径，一是“多数决定型民主”；二是“协商一致性民主”。[41]两条路径在集体意愿形成的程序上体现为“多数决”和“共识决”。两岸治理作为一个相当简化的软法治理结构，其核心是两岸商谈机制。在这种特殊的结构下，两会协议的制定并不是依靠“多数决”的投票民主形式完成的，而是依赖一种十分艰难的“共识决”机制。这一方面是因为两岸治理中主体的双方性，使两岸治理无法建立一种多数决机制；另一方面也是因为两会协议的合法性并非来源于两岸治理。对于大陆，政府和民众期盼实现国家统一的民族情绪，已经足以为两会协议提供有效的正当性来源。对于台湾，由于两会协议并不具有直接适用性，而是体现为其域内法律立、改、废的过程，因此，两会协议在台湾的正当性实际上是来源其域内法的效力。因此，对两会协议而言，两岸治理并非供给制度的正当性，而仅仅是制度本身，因而多数决是不必要的。

由于两岸治理不足以支撑起两会协议的正当性，使两会协议的实效不得不依赖大陆和台湾各自内部的意志。在特定情况发生时，大陆和台湾都可以凭借自己的意志，停止两会协议在各自域内的适用。两岸治理对于两岸关系和平发展的制度供给，仍将因两会协议的正当性支撑不足，而从根本上被削弱和动摇。

（三）公民参与的欠缺：公民的作用如何

对于治理的研究文献往往来自于两股：第一股文献是基于对“国家中心论”的批判而提出的多层级治理概念；第二股是沿用公共行政中的“网络治理”概念。[42]第一股文献中的“多层治理”又有两种不同的理解：第一种理解，将多层治理理解为不同政府层级间的治理，这种理解，大多发生在处理中央与地方的关系以及府际关系中；第二种理解，将多层治理理解为公权力机关与其他主体共同参与的治理。对于多层级治理的第二种理解，毋宁是从另一个角度来描述“网络治理”。因为两者都强调非公权力机关的其他主体在治理中的作用，区别仅仅在于参与的方式和程度。由于大陆和台湾至少是目前，都不再将两岸关系定性为“中央与地方关系”，因此，两岸治理在理论渊源上更加偏向于注重“参与”的治理概念。

将“参与”引入两岸治理结构，不仅是理论使然，而且在实践中亦具有相当意义。目前，两岸透过“两会框架”所进行的商谈，具有比较浓厚的秘密政治特征。除公开签订协议的领导人会谈以及最后公布的协议文本外，普通民众根本无从知晓两会协议商谈的过程，更无从参与协议的制定过程并表达意愿。虽然两会协议在当前条件下，都能符合两岸民众的共同利益。但是，这种“符合”只是一种浅层次的“符合”：因为在当前的两岸关系下，只要两岸能恢复交流、降低敌意，就能为大多数两岸民众所接受。再者，根据前文的论述，两会协议的正当性，也并非来自于两岸治理结构。这也就可以解释为何目前的两会协议，即便在没有公众参与的情况下，也能获得两岸民众的普遍认同和支持。

虽然公民参与的欠缺在目前尚未显现出弊端，但对两岸治理结构发挥其功能具有侵蚀作用。这种侵蚀作用不仅仅是因为公民参与的欠缺，将降低未来两会协议的可接受性，而且是因为公民参与的欠缺，公民将成为两岸关系和平发展的“旁观者”，而两岸治理结构也愈将沦落为两岸关系发展的“剧场”。剧场化的两岸治理，使两岸治理又滑向“人治型”两岸关系发展一边，两岸治理的制度供给功能亦因此有可能无法实现。

四、结　语

从方法论角度而言，两岸治理概念的提出，核心是用“结构”范畴替代“实体”范畴，从而改变将两岸关系类比为政治实体的方法论，而着重于从动态角度建构两岸关系的理论模型。这种方法论的提出，使当前殊为敏感和复杂的两岸政治关系定位，产生了新的理论思路。本文作者曾经提出的“议题化”、“阶段化”的两岸政治关系定位解决方式，亦因此至少有了程序上的依托。至于两岸治理的未来发展方向，本文认为，毋宁继续延续以“结构”替代“实体”的方法论，将两岸治理的发展方向仍然“想象”为一种结构。当然，按照治理的一般理论，这种新的结构在理论上将体现为“两岸善治”。至于理论上的“想象”是否正确，将有待两岸关系和平发展实践的检验。

注释：

[1] 参见周叶中、祝捷：《关于大陆和台湾政治关系定位的思考》，载《河南省政法管理干部学院学报》2009 年第 3 期。

[2] 参见张亚中：《全球化与两岸统合》，联经出版事业股份有限公司 2003 年版，第 231 页以下。

[3] SeeWallace, H. Politics and policy in the EU: The challenge of governance. InW. Wallace&H. Wallace (Eds.), Policy making in the EuropeanUnion. OxfordUniversity Press (3 – 36)

[4] 参见黄伟峰：《剖析欧洲联盟正在成型的治理体系》，载《欧美研究》第 33 卷（2003 年）第 2 期。

[5] 参见［德］贝娅特·科勒 – 科赫：《对欧盟治理的批判性评价》，金玲译，载《欧洲研究》2008 年第 2 期。

[6] 参见前注［5］，［德］贝娅特·科勒 – 科赫文。

[7] 参见前注［5］，［德］贝娅特·科勒 – 科赫文。

[8] 参见前注［5］，［德］贝娅特·科勒 – 科赫文。

[9] 参见苏宏达：《以“宪政主权建造”概念解释欧洲统合之发展》，载《欧美研究》第 31 卷第

4 期。

[10] 参见前注 [5]，[德] 贝娅特·科勒-科赫文。

[11] 参见前注 [2]，张亚中书，第 233 页。

[12] 参见前注 [2]，张亚中书，第 232 页。

[13] 参见前注 [2]，张亚中书，第 233 页。

[14] 参见前注 [2]，张亚中书，第 264 页。

[15] 参见前注 [2]，张亚中书，第 234 页。

[16] 参见前注 [2]，张亚中书，第 251-290 页。

[17] 参见前注 [9]，苏宏达文。

[18] 参见前注 [2]，张亚中书，第 275-279 页。

[19] 参见翟小波：《软法及其概念之证成——以公共治理为背景》，载《法律科学》2007 年第 2 期。

[20] 参见 [德] 贝娅特·科勒-科赫、贝特霍尔德·里滕伯格：《欧盟研究中的"治理转向"》，载《欧洲研究》2007 年第 2 期。

[21] 参见前注 [20]，[德] 贝娅特·科勒-科赫、贝特霍尔德·里滕伯格文。

[22] 参见前注 [5]，[德] 贝娅特·科勒-科赫文。

[23] 参见邵宗海：《两岸关系》，五南图书出版有限公司 2006 年版，第 350 页至第 363 页。

[24] 以上信息系根据国台办、中国台湾网、商务部网站和厦门大学网站提供的资料整理。最后访问日期：2008 年 12 月 27 日。

[25] 前注 [23]，邵宗海书，第 286 页。

[26] 参见"台湾地区与大陆地区人民关系条例"（2008 年）第 4 条。

[27]《海协关于推迟第二次汪辜会谈及其预备性磋商事函》（1995 年）。

[28] 参见周叶中、祝捷：《论两岸关系和平发展框架的内涵》，载《时代法学》2009 年第 1 期。

[29] 参见韩德培：《国际私法问题专论》，武汉大学出版社 2004 年版，第 117-118 页。

[30] 台湾地区"法务部"："'海峡两岸共同打击犯罪及司法互助协议'不涉及制定及修正法律"，2009 年 5 月 5 日新闻稿。

[31] Snyder, Soft law and institutional practice in European Community, in S. Martin (ed), The construction of Europe, Kluwer Academic Publishers, 1994, p. 48. 转引自罗豪才、毕洪海：《通过软法的治理》，载《法学家》2006 年第 1 期。

[32] 参见韩春晖：《软法机制初探——沿袭经验主义的认知方式》，载罗豪才等：《软法与公共治理》，北京大学出版社 2006 年版。

[33] 参见前注 [32]，韩春晖文。

[34] 参见前注 [32]，韩春晖文。

[35] 参见前注 [32]，韩春晖文。

[36] 参见罗豪才、宋功德：《认真对待软法——公域软法的一般理论及其中国实践》，载《中国法学》2006 年第 2 期。

[37] 参见前注 [4]，黄伟峰文。

［38］See Schmidt，V. A.（1997）. European integration and democracy：The differences amongmembers states. JournalofEuropean Public Policy，4，1.

［39］参见前注［4］，黄伟峰文。

［40］参见前注［4］，黄伟峰文。

［41］［德］贝娅特·科勒－科赫等：《欧洲一体化与欧盟治理》，顾俊礼等译，中国社会科学出版社2004年版，第180页。

［42］参见前注［4］，黄伟峰文。

（作者周叶中为武汉大学法学院教授、博士生导师；
祝捷为武汉大学法教院讲师、法学博士）

两岸政治关系初探：政府继承的视角

李　秘

构建两岸和平发展框架必须首先解决两岸政治定位问题，可以说，对两岸政治定位的探讨是构建两岸和平发展框架的一个理论基础，具有重要现实意义。但是对两岸政治定位的研究，需兼顾历史与现实，既不能拘泥于历史而忽视现实的发展，也不能割裂历史来谈所谓的现实。

一、两岸关系的本质是政府继承关系

2008 年底国家主席胡锦涛在纪念《告台湾同胞书》发表 30 周年的讲话中明确指出："一九四九年以来，大陆和台湾尽管尚未统一，但不是中国领土和主权的分裂，而是上个世纪四十年代中后期中国内战遗留并延续的政治对立，这没有改变大陆和台湾同属一个中国的事实。两岸复归统一，不是主权和领土再造，而是结束政治对立。"要理解这个"内战遗留并延续的政治对立"的本质，我们必须回到具体的历史中。

1945 年抗战胜利后，台湾回归祖国怀抱，重新成为中国领土的一部分。但随后国共内战爆发，国民党企图消灭中国共产党的"工农民主专政政权"，中国共产党则要推翻国民党一党专政的"国民政府"。1949 年，中华人民共和国在北京宣布成立，替代了维系 38 年的"民国政府"，随后蒋介石集团逃往台湾，与大陆隔台湾海峡对峙。这是发生在那个时代的最重大的事件。这一事件的性质决定了两岸政治关系的本质。

首先要明确的是，中华人民共和国替代"中华民国"这一事件本身要放在国际法上的继承关系这一框架内来理解。中华人民共和国认为自 1949 年共和国成立，继承关系就完成了，所以国际社会没有理由不承认这一继承关系，而国民党当局认为"中华民国"继续存在，不承认这一继承事实，并通过各种手段阻止继承的发生和完成。双方在内外各领域进行的一系列对立和冲突，其焦点都是是否发生继承以及继承是否完成。所以应把这一事件放在国际法上的继承关系框架内来处理。

那么这种继承是国家继承还是政府继承呢？所谓国家继承，是指一国对领土的国际关系所负的责任由别国取代。[1]所谓政府继承，是指在同一国家继续存在的情况下，由于革命或者政变导致政权更迭，代表该国的旧政府为新政府所取代，从而引起的权利义务的转移。[2]虽然国家继承和政府继承在理论上泾渭分明，但在实践中则复杂得多。为此国际法学界还有一个相对宽泛的定义，认为如果发生继承之后的国家与发生继承之前的国家是两个完全不同的国际人格者，那么应当适用国家继承，否则就应适用政府继承。[3]这样，判断一项国际法意义上的继承到底是国家继承还是政府继承就有严格和宽泛两个标准。从严格标准看，如果发生领土变更，就是国家继承，否则就是政府继承；从宽泛的标准看，即使发生领土变更，只要国家具有同一性，就属于政府继承，否则属于国家继承。

以1949年10月1日为界，在北京宣告成立的中华人民共和国虽然被称作“新中国”，但是并非是从主权的意义上讲的，而是从制度意义上讲的。1949年9月29日中国人民政治协商会议第一届全体会议通过了具有宪法性质的《共同纲领》，其“序言”写道，“中国人民由被压迫的地位变成为新社会新国家的主人，而以人民民主专政的共和国代替那封建买办法西斯专政的国民党反动统治”。[4]很明显，所谓“新国家”实际上是指不同于“封建买办法西斯专政的国民党反动统治”的“人民民主专政的共和国”，而非指在主权意义上不同于此前那个中国的新国家。同样，败退台湾的国民党政权所坚持的“中华民国”也不是有别于中国的新国家，“中华民国领土，依其固有之疆域，非经国民大会之决议，不得变更之”。所以中华人民共和国替代“中华民国”获得政权以及国民党政权继续以“中华民国”名义统治台湾并未使同属于一个中国的两岸之间出现一个有别于中国的新的主权者，两岸之间的国家具有同一性，中国的领土完整也没有受到侵害。所以无论是从宽泛意义上还是从严格意义上讲，中华人民共和国对“中华民国”的继承都是政府继承而不是国家继承。

我们再从国际事务上看，中华人民共和国在缔结国际条约、恢复联合国席位以及与其他国家建交都是按照政府继承规则进行的。新中国成立后，把承认中华人民共和国是中国唯一合法代表、不承认国民党政权、断绝与国民党政权的关系作为建交的先决条件。在《共同纲领》中规范对外关系的第

55、56 条分别写道，“对于国民党政府与外国政府所订立的各项条约和协定，中华人民共和国中央人民政府应加以审查，按其内容，分别予以承认，或废除，或修改，或重订”；“凡与国民党反动派断绝关系、并对中华人民共和国采取友好态度的外国政府，中华人民共和国中央人民政府可在平等、互利及互相尊重领土主权的基础上，与之谈判，建立外交关系”。[5] 这两条讲的都是新政府如何处理前政府在国际上的权利和义务关系。1971 年联合国 2758 号决议“承认中华人民共和国政府的代表是中国在联合国组织的唯一合法代表，……并立即把蒋介石的代表从它在联合国组织及其所属一切机构中所非法占据的席位上驱逐出去”。当然这一政府继承过程并不是一帆风顺的，国际上也出现了一系列侵犯中华人民共和国合法权益的案件，如“两航公司案”、“永灏油轮案”、“威尔斯法哥银行存款案”、“纽约运通银行存款案”、“日本光华寮案” 等。但是这些争议恰恰一再证明两岸之间的继承关系是政府继承关系。

二、尚未完成的政府继承

两岸的政治对立在本质上是武装革命的政府继承，而这一政治对立之所以遗留下来并延续至今，则缘于政府继承始终没有完成。中华人民共和国以武装革命的方式继承“中华民国”，但这一继承关系并非瞬间完成，两岸围绕“政府继承”与“政府继续”（即否认发生政府继承）而长期斗争，至今尚未结束。台湾当局一直以“中华民国”名义在中国境内的部分领土上实行有效统治。相应的，“中华民国”政府并没有像它所继承的清政府那样宣布逊位，它在台湾建立了一个相当完备的政权结构和自成一体的法律体系，而且至今还有二十几个国家承认“中华民国是代表中国的合法政府”。

虽然双方都不否认没有完成政府继承，但一直都将这种“未完成的政府继承”视为一种需要尽快加以克服的不正常状态。大陆先后提出了“解放台湾”和“和平统一，一国两制”的基本方针，台湾也先后提出了“反攻大陆”和“三民主义统一中国”的口号。但 20 世纪 90 年代以后，两岸关系发生了许多重要变化，让这种政府继承的不完全状态不再是一个必须尽快克服的“非法状态”，而具有了一定的合法性。这种变化分别来自台湾和大陆两方面。

台湾方面主要的变化是民主化转型。1991 年 4 月，台湾第一届“国民大会”召开临时会议，废除“动员戡乱时期临时条款”，终止“动员戡乱时期”。随后又进行了“中央民代全面改选”、“修宪”、“总统直选”等改革，完成民主化转型。为了定位“动员戡乱”时期结束以后的大陆政权，台湾当局创造性地运用“政治实体”这一概念，承认大陆是一个政治实体，并在1991年按照“一个中国、两个对等的政治实体”的架构制定了《国家统一纲领》。这实际上是承认了中华人民共和国在大陆实现了对“中华民国”的政府继承关系。同时，台湾当局刻意夸大两岸的制度差异，台湾民众国家认同中的文化认同和制度认同之间出现了断裂。主流民意在文化上认同中国，但是在制度上认同台湾。虽然台湾在“宪法”以及其他一些文件中都明确规定两岸同属于一个中国，未来要走向统一，但是台湾主流民意认为这种“未完成的政府继承”不是一种“非法状态”，而是两岸关系的“现状”，具有合法性。后来虽经两次政党轮替，这一基本格局没有太大的变化。

大陆方面的变化主要是对台战略的调整。国家统一与现代化建设是实现民族复兴的两大任务，但二者孰先孰后却争议不断。经过十几年的摸索，我们摆正了统一问题与现代化建设的关系：第一，两岸统一问题必须服从和服务于中国的现代化建设；第二，只有把台湾问题纳入到国家现代化建设进程中才能逐步得到解决。这些关系理顺后，“尚未完成的政府继承”就不再是一个必须立即加以克服的不正常状态，而是一个在一段时间内可以容忍甚至可以利用的状态。2005年3月全国人大副委员长王兆国在十届人大三次会议上就《反分裂国家法》作说明时提出：“台湾问题是上个世纪四十年代后期中国内战遗留的问题。由于种种复杂的因素，两岸迄今尚未统一，但台湾是中国一部分的地位、大陆和台湾同属一个中国的事实并未改变。”第一次承认了“治权未统一，主权未分裂”这一现状的合法性。2008年后，两岸关系步入和平发展轨道，两岸按照“建立互信，搁置争议，求同存异，共创双赢”的原则务实发展两岸关系。可以肯定地说，在整个两岸关系和平发展期，政府继承的这一不完整状态将一直存在。

可见，两岸之间的政治对立实际上是两岸围绕政府继承问题而形成的对立，这是两岸政治关系的本质。但是随着时间的发展，这一本质在表现形式上出现了一些变化。从上世纪90年代以后，两岸这种“尚未完成的政府继承关系”不再是一个必须立即克服的“非法状态”，而是一个在一定时间内可以容忍的状态。这样就出现了一种在治权尚未统一国家内所没有的现象——在一定条件下，对立政权进入不敌对的和平发展状态。

三、权利能力的继承与行为能力的继承

对于这样一种尚未完成的政府继承关系在一定时期内持续存在、对立政权不敌对的状态，既有的国际法理论很难做出解释。现有的国际法政府继承理论来源于治权统一国家的政府继承实践，并主要是为了指导这类政府继承实践，而没有考虑在治权尚未统一的国家内，旧政府残余割据该国领土的一部分并以“国家”名义长期存在的这种非正常情形。例如《奥本海国际法》也只谈及新旧政府的瞬间交替和叛乱政府被镇压下去两种情形的政府继承。[6]

为此，台湾有学者提出了“不完全继承”的理论。例如王晓波认为，“中华民国”和中华人民共和国是一个国家的政府继承的关系，但这项政府继承并没有全部完成，台湾仍然保留了20多个“邦交国”，原来的中华人民共和国对“中华民国政府”武力革命的继承因在1979年宣布和平统一而终止。他将这种留存的状态称为“不完全的继承”。[7]这种说法有合理的一面，但是也有明显不足。其合理之处在于看到两岸是政府继承关系，也看到两岸间的政府继承没有完成。但是这种“不完全继承”实际上是认为中华人民共和国继承了中国的大陆部分，而“中华民国”则继承了中国的台湾部分。这样一种理论在实践上必然导致“一国两府”，在理论上也违背了“国家继承可以有全面继承和部分继承之分，而政府继承一般只有全部继承，而没有部分继承”的基本国际法准则。[8]

对于两岸的这种特殊的政府继承关系，民法上的权利能力和行为能力的概念能给我们带来一些启发。在民法上，权利能力是指自然人或法人作为法律关系主体的能力，也即作为权利享有者和义务承担者的能力（或称资格）。[9]用通俗的话讲，权利能力是一种权利义务的归属资格。一般认为，权利能力是行为能力的必要非充分条件。但是德国学者拉伦茨反对说，确定某人（或法人）具有权利主体资格，意味着将通过行使权利所获得的利益归属于权利主体，事实上，有些人即使具有完全的行为能力，他们也是由其他人来行使其权利的，重要的是，这种行使权利的行为是为谁的利益而为的。[10]我国学者也开始倾向于赞同这种观点。[11]这样，权利能力和行为能力就不是完全对应的，二者之间在某些情况下可能会出现某些错位，即会出现

具有权利能力而不具有行为能力，或者具有行为能力而不具有权利能力的情况。

如果我们能够将权利能力和行为能力的概念引入到政府继承理论，就会发现政府继承实际上可以进一步分为两个层面，一个层面可以称为权利能力的继承，一个层面是行为能力的继承。[12]作出这样的区分后，两岸政治关系的历史和现状就能得到较好的解释。

1949年中华人民共和国取代“中华民国”，实现政府继承。按照“一个国家一个政府”的国际法基本原则，世界上只有一个中国，中华人民共和国在国际上是代表中国的唯一合法政府，享有过去“中华民国”对整个中国的全部权利，其权利能力及于整个中国，并对整个中国承担责任，也就是说拥有权利义务的归属资格。但是由于中华人民共和国在台湾地区缺乏制度化的机关，以至于在台湾无法具备行为能力。相应的，“中华民国”被中华人民共和国以政府继承的方式取代后，就不具有任何权利能力，但仍在中国的一部分领土上具备行为能力。表现在国内，就是“中华民国”仍具有制度化的机关，仍然在台湾实施有效统治，表现在国际上，就是台湾有能力参加一些并非只有主权国家才能参加的国际组织。

这说明，中华人民共和国对中华民国的政府继承在权利能力层面是完全继承，而在行为能力层面则是不完全继承。就权利能力的继承而言，“新中国”与“旧中国”是完全同一的，但是自1949年以后，“中华民国”一直否认中华人民共和国的这一权利能力，所以两岸才会出现“中国内战遗留并延续的政治对立”。就行为能力的继承而言，由于“新中国”与“旧中国”只是部分同一，因此大陆方面在行为能力的继承上就没有完全排他的请求权，两岸之间自然也就出现对立政权不敌对的局面。

四、三个层面的两岸政治关系

自大陆宣布“和平统一”以来，我们区分出了两个层面的两岸政治关系，即国家层面的关系和政府层面的关系，或者说主权层面的关系与治权层面的关系。正是因为有了这样的区分，我们才提出了“九二共识”。可以说“两层面政治关系”的思想是“九二共识”的理论基础。在两岸关系进入和平发展新时期后，为结束政治敌对状态、构建和平发展的两岸关系框架，需要进行政治谈判，也就是需要承认台湾是“一个中国”框架下的政治实体。

但另一方面我们又必须坚决反对“一国两府”。显然，两岸关系的两层面理论无法满足这样的需求，必须有新的理论发展。

如上文所述，两岸政治关系在大的方面可以分为国家与政府（或者主权与治权）两个层面，但是如果再进一步仔细分析两岸关系的历史与现实，我们就会发现在两岸政府或治权关系中实际上包括了两个不同层面的东西，一个是权利能力，另一个是行为能力。这样两岸政治关系实际上具有三个层面的内涵，第一层是国家或主权层面，第二层是政府权利能力层面，第三层是政府行为能力层面。

从大陆方面看，由于两岸之间的继承关系不是国家继承，主权并没有分裂，所以两岸之间不是主权层面的两个对等主权国家的关系；由于两岸之间已经完成了政府权利能力继承，台湾当局并无权代表中国，也不是中国境内在中华人民共和国之外的另一个合法政府，所以两岸之间也不是权利能力层面的两个对等政府的关系；由于两岸之间政府行为能力的继承没有完成并且这种“不完全继承”仍将持续一段时间，台湾当局仍可被视为一个有行为能力的区域性政治实体。

从台湾方面看，其相关的法律文件并不否认两岸同属于一个中国，特别是2008年实现政党轮替后，马英九执政团队承认“九二共识”，承认两岸是“特殊国内关系”，所以两岸就不是主权层面的国与国关系；在政府权利能力层面，台湾方面不承认中华人民共和国已经完全继承了中华民国的权利能力，在其“外交”活动中，仍然按照“中华民国是代表中国的唯一合法政府”来争取“邦交国”；在政府行为能力层面，1991年4月30日台湾当局废除所谓的“动员戡乱时期临时条款”，不再认为大陆政权是“叛乱团体”，承认中共控制的大陆地区是一个政治实体，称之为大陆当局或中共当局。

将两岸的立场进行对比，我们会发现，（1）两岸在主权层面，即“一个中国原则”上没有争议；（2）在政府权利能力层面具有明显分歧，双方相互否认或者互不承认对方的“唯一合法政府”资格；（3）在政府行为能力层面，双方都不否认对方是一个具备行为能力的政治实体。

如果这样一种三层面两岸关系符合事实的话，那么就为未来的两岸政治谈判提供了一个可能的理论基础。虽然两岸在政府权利能力层面的分歧暂时无法消除，无法在这个层面进行对话谈判，但是在政府行为能力层面具有共识，所以可在这个层面先进行对话谈判。如果能够落实到行为能力层面，两岸双方就可分别以区域性政治实体的身份进行互动。这样我们就可以借鉴国共内战期间国统区与解放区的关系，在“一国两区”的基础上，两个政治实体进行对等谈判，建立和平发展框架。在行为能力层面两岸达成共识后，我们再来处理权利能力层面的分歧，协商结束政治对立的问题。

注释：

[1] 这是《关于国家在条约方面的继承的维也纳公约》（1978 年）和《关于国家对国家财产、档案和债务的继承的维也纳公约》（1983 年）对国家继承的定义。引自詹宁斯、瓦茨修订：《奥本海国际法》（第一卷第一分册），王铁崖等译，北京：中国大百科全书出版社，1995 年，第229 页。

[2] 参见王铁崖主编：《国际法》，北京：法律出版社，1995 年，第 95 – 98 页。

[3] O'Connel, *InternationalLaw*, 2vols, London, Stevens, 1965, p366. 引自范宏云：《国际法视野下的国家统一研究》，广州：广东人民出版社，2008 年，第 147 页。

[4] [5]《中国人民政治协商会议共同纲领》，中国人民政治协商会议全国委员会官方网站，http：//219. 143. 243. 5：7777/was40/detai？lrecord = 6&channelid = 7944&presearchword =% B9% B2% CD% AC% B8% D9% C1% EC

[6] 詹宁斯、瓦茨修订：《奥本海国际法》（第一卷第一分册），王铁崖等译，北京：中国大百科全书出版社，1995 年，第 115 页。

[7] 王晓波：《无条件谈判，有条件统一——论不完全继承与两岸整合》，台湾《台湾立报》，1992 年 2 月 13 日，第 8 版。

[8] 朱奇武：《中国国际法的理论与实践》，北京：法律出版社，1998 年，第 94 页。

[9] 卡尔·拉伦茨：《德国民法总论》，王晓晔等译，北京：法律出版社，2003 年，第 119 – 120 页；迪特尔·梅迪库斯：《德国民法总论》，邵建东译，北京：法律出版社，2000 年，第 781 页；王泽鉴：《民法概要》，北京：中国政法大学出版社，2003 年，第 47 – 48 页。

[10] 卡尔·拉伦茨：《德国民法总论》，王晓晔等译，北京：法律出版社，2003 年，第 782 页。

[11] 李永军：《论权利能力的本质》，《比较法研究》，2005 年第 2 期。

[12] 事实上，将民法上的权利能力、行为能力应用于国际人格者的继承领域并非没有先例。例如，西德宪法法院在 1976 年 12 月 21 日对“两德基础条约”的审查裁定中就认为，帝国在 1945 年瓦解之后因为缺乏组织，尤其是制度化的机关，以至于无法自行具备行为能力，但是与以往一样具有权利能力（参见沃尔夫刚·格拉夫·魏智通主编：《国际法》，吴岳、毛晓非译，北京：法律出版社，2002 年，第 281 页）。

（作者为复旦大学国际关系与公共事务学院博士生）

论 ECFA 框架下两岸经贸争端解决机制的建构

彭　莉

经过海峡两岸双方的共同努力，《海峡两岸经济合作框架协议》（下称 ECFA）于 2010 年 6 月 29 日终于正式签署。ECFA 是在两岸经济整合过程中建立起来的有关货物贸易、服务贸易、投资便利化等议题的综合性规范，涉及到一系列协议的签订，进而也将衍生出诸多的法律问题。本文拟就 ECFA 框架下两岸经贸争端解决机制构建问题进行探讨。

一、ECFA 框架下构建两岸经贸争端解决机制的必要性

争端解决机制主要为解决国际或区域性争端而设置，包括了争端解决机构、解决规则、方法等在内的一整套法律制度。随着 ECFA 的正式签署，ECFA 框架下建构两岸经贸争端解决机制的重要性也日益显现。[1]

（一）现有经贸争端解决方式与两岸争端解决机制的构建

长期以来，受制于政治因素，大陆与台湾一直无法在官方层面开展正常的经贸交流与合作，在经贸争端解决问题上亦是如此。海峡两岸经贸争端的形式主要有三种：第一，个人与个人的争端；第二，个人与官方的争端；第三，官方与官方的争端。入世前两岸经贸纠纷主要是企业层次的问题，较少涉及两岸官方层面的交涉，纠纷处理主要通过当事人协商、仲裁机构仲裁与法院诉讼等方式处理。入世后两岸经贸纠纷出现新的变化，除企业层次的一般经贸纠纷外，官方层面的经贸纠纷、贸易争端与知识产权的保护等变得日益突出，[2] 双方对此采取了“民间协商与以 WTO 作为平台处理的双重模式”来处理经贸争端，但“两岸的贸易争端解决机制仍未完全建立”。[3] 随着

ECFA的签订，两岸经贸争端的形态将更加复杂，[4]为此，应尽快建立起以规则为导向的争端解决程序，将争讼交付给相对专门、固定的机构解决，以确保两岸经贸关系在合法化、常规化的轨道上运行。

（二）经济交流互信的增强与两岸争端解决机制的构建

2005年连战和宋楚瑜访问大陆以后，两岸互信开始逐步建立。但是，由于台湾政局和台海局势的复杂性，两岸互信出现波折的可能性非常大。台湾方面长期以来一直担心对大陆经济过度依赖而导致所谓的"安全"问题，在争端解决方式上，虽然就纯经济层面来说，一旦进入DSU（Understanding on Rules and Procedures Governing the Settlement of Disputes，关于争端解决规划与程序的谅解备忘录）程序争端不能圆满解决，以实力为取向的交叉报复规则对台湾并不一定有利，但仍有部分人士基于政治因素提出运用DSU程序争端，因此，双方对于是否能够在经济层面解决争端均存有疑虑。两岸争端机制的建立正是基于"没有救济就没有权利"的法学哲理，为双方互信奠定基础，使得双方权利的实现不仅通过实体上权利义务的规定达成，更体现为权利受到侵害时的专门救济措施，体现为有公正独立的救济部门运用固定与中立的程序来保障权利的实现。可以说，争端救济程序的建构，是从程序角度来稳固双方建立在相对薄弱的互信基础之上的实体承诺，保障经济协议的实体规定在受到侵害时能够得到合理的解决，实现实体权利与救济程序的双重保障，进而起到夯实两岸互信基础的作用。

（三）内地与港澳CEPA争端条款与两岸争端解决机制的构建

2003年内地先后与香港、澳门签订了关：于建立更紧密经贸关系安排协议（下称CEPA）。CEPA对争端解决机制规定相当简洁，仅在第19条第5款规定"双方将本着友好合作的精神，协商解决《安排》在解释或执行过程中出现的问题。委员会采取协商一致的方式作出决定"，而未对解决可能发生的争端所应适用的程序、法律、所作决定的效力以及工作机构等内容进行明确规定。从委员会的职能来看，其主要的存在价值并非解决争端，而是负责监督、指导CEPA的执行。[5]CEPA实行之后，有学者提出，内地与港澳之间的争端并不是很多，CEPA中"争议解决制度的缺位"并非是CEPA的缺陷或立法上的失误，而是富有创造性的制度设计和价值选择上的必然。[6]那么，是否可以由此导出两岸之间也可以采类似规定？答案应该是否定的。内地与港澳之间的经贸争端之所以没有大量出现有其特定原因。

首先，CEPA 明文规定内地与港澳之间互不采取反倾销、反补贴的措施，即使是可能引起争端的保障措施也是只针对“列入附件 1 中的原产于另一方的某项产品”，[7]这就从源头遏制了相当大一部分经贸争端的产生。两岸间的情况与此有较大不同。虽然由于贸易政策上的不同导向及市场规模上的差距，两岸贸易发展长期处于不平衡状态，大陆对台贸易逆差不断增长，ECFA 如取消贸易救济措施对台湾实际上有利，[8]但台湾方面认为，大陆是全球反倾销调查之首要目标，台湾一旦放弃对大陆采取反倾销措施，恐将沦为大陆廉价产品倾销之市场，对台湾本地传统制造业将造成严重冲击，故声明将会继续援用 WTO 反倾销协定、补贴及平衡措施协定、防卫协定等贸易救济措施，并增设双边防卫机制条款，以维护台湾产业利益。[9]对此，ECFA “附件三”《适用于货物贸易早期收获产品的双方保障措施》已明确规定：“进口方因履行早期收获计划，导致从另一方进口特定产品的数量绝对增加或与其产量相比相对增加，且此种情况已对其生产同类或直接竞争产品的产业造成严重损害或严重损害威胁，进口方可要求与另一方进行磋商，以寻求双方满意的解决方案。根据上述规定，经调查，如一方决定采取双方保障措施，可将所涉产品适用的关税税率提高至采取双方保障措施时实施的普遍适用于世界贸易组织成员的非临时性进口关税税率”。[10]据此，两岸关于设置贸易救济条款问题已达成初步的共识。

二是内地与港澳之间就可能出现争端的领域采用了即时签订补充协议的方式，以尽量避免争端的出现。虽然两岸也可以借鉴即时签订补充协议的做法避免争端出现，但协商的速度赶不上争议发生的速度，并且内地与港澳之间在未规定的领域还是有争端发生的可能性，[11]更何况两岸之间的争端领域会更广泛、更复杂。

三是港澳与中央政府是明确的地方与中央的关系，双方的争端可以方便地通过协商或是相关行政措施得以解决，而对于大陆与台湾而言，两者间还存在着较大的政治分歧，要呈现出诸如大陆与港澳式的良性互动，多少显得为时过早。此外，对 CEPA 中“争议解决制度的缺位”持肯定说亦只是一方之见，也有一种观点认为，“没有争端解决规则的 CEPA 是不完整的”，“应当对 CEPA 下两地间解决争端的规则进行补充，以适应经济合作的发展”。[12]

解决争端机制不仅具有维持经贸秩序的职能，还有经贸论坛的作用，能够及时反馈经济基础对上层建筑的要求，促进创设和改进制度规定，丰富和发展法制对经济的反应。[13]因此，两岸应以积极的态度促成争端解决机制的建立，无论以何种方式体现，经贸争端解决机制的构建都应当是一种具体而翔实的制度设计。

二、两岸经贸争端解决机制适用的主体及客体范围

两岸经贸争端解决机制的构建，首先要明确的是该机制适用于何种对象，针对何种事项，为此主体与客体问题必须先行探讨。

（一）主体范围限定

从广义上来理解，经贸争端包括了主体也就是争端双方是一般民事自然人、法人、非政府组织的争端，而狭义的争端解决机制仅指当事双方官方之间、一方为自然人和法人与另一方官方之间的争端。[14]参照上述情况，两岸经贸争端主体也包含了上述几种形态，但是否将三类主体的争端都纳入机制的调整范围当中，则必须进行翔实的考察，否则将影响整个机制的设计方向和架构。

1. 现有国际经贸争端解决机制的主体范围限定

根据传统国际法原理，私人不是国际法上的主体，没有法定的诉权。无论是 WTO 还是区域经济组织争端解决模式大多都将成员公民之间的争端排除在适用范围外。

政府间的争端是所有争端机制必然要调整的对象。例如 WTO 是约束政府行为的，WTO 的成员是指国家及单独关税区，只有成员的政府方能参与争端解决。WTO《关于争端解决规则与程序的谅解》第 1 条“范围和适用”第 1 款规定“……本谅解的规则和程序还应适用于各成员间有关它们在《建立世界贸易组织协定》规定和本谅解规定下的权利和义务的磋商和争端解决……”，明确规定其适用对象为适用于“成员”。再如中国与东盟关于经济合作的《争端解决机制协议》规定：“任何影响《框架协议》履行的成员方任何级别的政府措施所引起的争端都可以通过该机制来妥善解决”，主体范围限定为“政府措施”。南亚和东南亚经济合作组织贸易谈判委员会会议也就建立“经贸争端解决机制”达成一致，决定成立三方高级仲裁委员

会，以解决国家间的经贸争端。其他诸如 EU，NAFTA 等区域性的争端解决机制中，同样将政府间的争端作为争端受理的主体。

对于私人与政府的争端，现有的经贸争端解决机制大多数没有纳入。传统理论认为，主权国家垄断诉权，私人不能享有诉权，即使另一方非私人也不能受理。但是晚近鉴于个人在国际贸易活动中地位逐渐上升，此政策也呈现松动迹象。目前有关私人参与国家间争端解决的法律机制主要有以下三个：第一是欧盟人权保护机制。EU 的《贸易壁垒规则》规定任何认为已遭受对欧盟产生影响的贸易壁垒损害的自然人、法人或企业协会都可向欧委会提出申诉，欧委会有权决定是否接受申诉。依据这一原则，在一定情况下，由于成员没有履行《欧洲共同体条约》义务而给本国个人造成损失的，个人可以向欧洲法院对成员国提起诉讼。这在第 41/74 号案（凡·黛案）、第 C－6/90 和 C－9/90 号合案中均得到体现。[15]第二是解决国家与他国国民间投资争端机制，即 ICSID（The International Center for the Settlement of Investment Disputes，国际投资争端解决中心）机制。ICSID 机制主要就是调整当事国一方国民与另一成员国之间的投资纠纷，同时排除私人之间、成员国之间的争端。第三是部分区域贸易组织，例如北美自由贸易协定（NAFTA）第 11 章确立的争端解决机制。[16] NAFTA 认为，个人诉政府争端可以成为争端解决机制的适用范围，但以争端已用尽当地司法和行政途径，经过私人（包括自然人和法人）向其本国政府申请为提交争端解决机制的前提，且局限在第 11 章投资协定范围内，当投资者与东道国政府发生争端时，投资者可以在该协定下的争端解决机制与东道国政府解决争端，即投资者可以成为投资争端解决的主体。

由此可见，现有争端解决制度大都以政府间的争端为主体，排斥私人间争端，而只有在部分领域开放私人对政府的争端诉讼。

2. 两岸经贸争端解决机制的主体适用范围

海峡两岸同属一个中国，两岸经贸争端解决机制与其他区域组织争端解决机制有着质的区别，但现有国际上通行的惯例有借鉴意义，在确定主体范围亦是如此。

首先，两岸争端解决机制应谨慎纳入私人间诉权。一方面，现阶段两岸私人争端的当地救济制度虽然仍有进一步完善的空间，但是基本可以满足解决私人争端的需要。实体方面，随着两岸加入 WTO 之后对各自相关政策的大幅调整，两岸经贸立法上的差距与分歧不断缩小，这就为私人争端的顺利

措施协议），与国民待遇原则不符的TRIMS主要有以下几种：当地成分要求、贸易平衡要求、进口用汇限制、国内销售要求，也就是说，只有以上原因引发的投资争端才能诉诸DSU，而不涵盖所有的投资争端。但是在区域性经济组织中，投资争端大都被纳入经贸争端解决机制之中。两岸经济一体化的实现，投资便利化当为其中重要一环，随着在两岸经济合作进程的推进，以及台湾方面“大陆地区人民来台投资许可办法”、“大陆地区之营利事业在台设立分公司或办事处许可办法”的逐步完善，两岸单向与不对称的投资格局将在一定程度上得到改变。为此，如果将这一部分争端排除在外，让受损害的一方仅能通过当地救济的原则来进行诉讼，就又回到原来的老路，争端解决机制变成了一种备而不用的摆设了。再者，一旦两岸投资争端不能合理解决，由于台湾不是ICSID成员，不能适用其规定，部分投资纠纷只能就此搁置甚至引发矛盾。最后，两岸之间的投资关系不像国际间的投资争端有着众多的利益交叉，双方能通过自己内部多种渠道进行沟通，因此，没有必要将投资争端排除在外或是像WTO那样只对与贸易有关的投资争端才予以适用。

三、两岸经贸争端解决机制运行模式的选择

在探讨两岸经贸争端解决机制的主客体适用范围之后，我们要进一步研究争端解决机制运行模式的选择问题。由于政治经济环境的不同，特别是各区域一体化组织所涉内容与成员通常既有别于WTO，又互有不同，世界各主要区域性经济组织一般均不直接适用WTO的争端解决机制，各自争端解决模式的设置也不完全相同。两岸争端解决机制的建构，不仅仅要关注相关国际惯例的最新发展，同时还受双方政治、经济、法制状况，以及两岸关系现状及未来走向的影响，因此，必须在参考现有主要争端解决机制运行模式的基础上，结合双方多年来的成功实践，开创两岸争端解决机制的新思维。

（一）可供两岸参考的经贸争端解决机制运行模式

WTO争端解决机制DSU是在GATT的基础上完善起来的。DSU的基本程序如下：（1）磋商。当一成员认为另一成员违反或不符合WTO规则，从而使自己遭受损害时，可要求对方进行磋商，磋商是启动DSU的必经阶段。

(2) 专家组。如果磋商失败或超过期限，起诉方可以要求任命专家组。DSU 采用“反向协商一致”原则，即只有当全体的专家都否定的时候才能拒绝争端的提出，专家组的报告通常应在 6 个月内提交争端各方，在紧急案件中，包括与易腐货物有关的案件，期限缩短 3 个月。(3) 上诉。任何一方就专家组做出的裁决均可提出上诉，上诉可以确认、修改或推翻专家组的法律调查结果和结论。(4) 裁决的执行。经贸争端解决机构负责裁决的实施，裁决一旦做出，双方必须遵守，如不能遵守，必须进行相应的给付、赔偿和终止义务，如果都不采取的话，可以启动“交叉报复”。上述程序的设计使 WTO 争端解决机制的法律效力大大增强。

EU 争端解决模式侧重采用了国际争端解决模式中的法律手段。EU 根据欧共体高度经济政治一体化的特点设计了具有最强法律效力的司法方式—设置欧洲法院，以《欧共体条约》作为争端解决机制建立以及运作过程中的依据。与此同时，EU 对争端的解决一定程度上也结合了政治与行政手段，政治方法主要体现为各成员的国家元首和政府首脑间的政治协商，行政方法主要通过欧盟委员会的行政手段促使争端解决。[20] EU 争端解决机制中法律、政治及行政这三种争端解决方法是互为联系、互为补充的。

NAFTA 的争端解决程序结合了 WTO 和 EU 两种制度的优点，争端解决机制的建立既没有超越于成员之上，也没有严格的法律等级，但注重以规则为导向，使得其区域一体化法律制度具有很强的效力。NAFTA 对不同争端设置了不同的解决程序，加之可选择适用 WTO 的 DSU，共达 9 种之多，除投资争端主要采取仲裁的方式，磋商是每一个机制启动的必要程序。NAM 的设计者并不想将其争端解决机制设计成以司法性为主，他们更热衷于政治与法律因素混合的争端解决机制，有人将北美自由贸易区争端解决机制称为“实用主义与法治主义的混血儿”，其设计紧扣自由贸易区的宗旨和目标。[21]

ASEAN 的争端解决主要是利用各个国家之间的承诺，注重国家之间的磋商和调解，强调成员之间就各种互相关心的问题进行积极广泛的协商。由于缺乏有力的执行机制，可以说，东盟国家之间的合作，很大程度上依靠各成员国的配合和对义务的自觉履行。[22]

(二) 两岸的特殊性对现有模式的排斥与选择

1. 协商为主—两岸经贸争端解决的基本原则

为了保证两岸经贸争端的有效性，两岸的争端机制应当具有规则取向，这种规则取向不仅仅表现在争端解决方式应当把原有的一些效果较好的民间方式纳入到体制当中来，使其具有法律上的合法性与权威性，另一方面还表现在应当加强争端机制的法律效力，使其不仅具有广泛的适用性，确保最后裁决对双方都构成相应的拘束力。但是，在强调规则取向的时候，我们也要注意到两岸同属于中华文化的法律体系，无论法律制度如何不同，还是坚持和为贵的“非讼”思想，尤其是现有的一些民间解决方式，[22]既简便又有效，为争端解决营造了不同于司法方式的和谐互信环境。它们是经过两岸20多年经贸交流而累积下来的智慧结晶，不管成体系还是不成体系，都有利于两岸争端的和平解决，因而应当继续发挥其应有的作用。同时，这些“软性”方式已被实践证明其存在的合理性，在发挥原有方式的基础上应当创造出一些新的民间方式抑或是政治方式，来扩展两岸争端解决的途径。所以我们可以要求争端方必须走完磋商、调解和调停等民间或是政治途径后，才允许进人仲裁程序，从而分流部分争端进人仲裁程序，一定程度上降低准司法手段的使用率，实现两岸争端的“软着陆”。

2. 两岸经贸争端解决机制的运行方式选择

第一，排斥专属管辖，可选择排除性管辖。

DSU 仅对在多边体制上对自身的管辖权做出了规定，而没有对区域合作协议内部的争端做出相应规定。现存的区域性争端解决机制对于自身争端解决机制与 DSU 的管辖权冲突的处理大致可分为专属管辖、选择管辖及排除性的选择管辖等类型。

两岸经贸争端解决方式建议使用排他性管辖，一来由于排除管辖已为现有 RTA 争端解决机制所广泛运用，成为协调 RTA 与 WTO 争端解决机制管辖权冲突的首选；[24]二来假使采用专属管辖的方式，争端解决将可能变成一个封闭型的机制，对于两岸来说，其不确定性是值得顾虑的地方，一旦一方逃避或是破坏此种机制，如果没有其他的机制进行救济，则可能对另一方造成损害。当然，适用排他性管辖并不是意味着双方可以任意选择，而是允许进行有条件的排除性管辖，两岸争端解决机制协议中可以规定：本机制适用于各缔约方间就其“协议”项下的权利和义务争端的避免和解决；一旦适用本机制，自然排除其他模式的适用。如此既保持了机制管辖权的相对开放性，也保证了两岸争端解决机制适用的优先性。

第二，排斥强制司法模式，可选择准司法性的仲裁方式。

由于经济、社会、法制环境的差异，尤其是短时间内政治分歧尚难以消除，两岸要像 EU 那样建立一个跨越双方的超司法体系，目前还存在较大困难。此外，司法方式涉及到财产保全、证据确认、法律适用、判决执行等诸多问题．其复杂与冗长的程序往往让当事方心生畏惧。因此，两岸之间应避免采用 EU 那样的司法审判方式来解决纠纷。但是，两岸间可考虑选择适用准司法程序，其中仲裁被认为是在经贸争端解决方面最好的手段。两岸之间采用仲裁方式解决争端，一方面可以避免因强制司法性方式所可能产生的易于激发矛盾等副作用，另一方面也可以享受仲裁所带来的方便快捷，成本较低，保密性强等好处，进而有利两岸的经贸争端的顺利解决和两岸经贸关系的良性发展。

第三，排斥“交叉报复”手段，可选择赔偿等补救措施。

现有诸多经贸争端解决模式，大都认同在败诉方未能切实履行义务时，胜诉方可以采取交叉报复的措施。但是对于两岸来说，如果引人交叉报复的形式，不仅不利于争端的解决，而且可能进一步激化矛盾，尤其是当民粹主义高涨之时，往往会被利用而引起政治连锁效应。另一方面，现代企业在经营范围上不再局限于单一领域，如果启动交叉报复，尤其是涉及到不同产业的替代报复，则可能导致的结果是，一方某企业就某个特定领域政策提出异议，但是在争端不能解决，双方采取跨领域的交叉报复时，另一领域的政策也可能被波及，则该企业就将遭到双重制裁，这样对于两岸的企业来说，百害无一利。虽然两岸之间排斥采取交叉报复的措施，但是为了加强解决方式的强制性和执行力，可以采用其他的惩罚替代措施，加强解决方式的多样性，增强裁决的约束力，比如减让，补偿等执行方式。一则此种方法相对温和，不会造成强烈的反弹；二则也有相应的救济效果，可以抵消因为没有适用交叉报复所带来的裁决执行力相对弱化的缺陷。

第四，排斥复杂冗长程序，可选择缩短相应时限。

无论是 WTO 还是其他区域性组织的争端解决机制都是多边贸易体制下的产物，其宗旨即在于协调各成员的利益，因而不得不在多个国家或地区的要求中寻找多方利益矛盾的平衡点，为此其在时限的设置上也相对较长，例如按 DSU 规定，WTO 争端解决机制自投诉时起至 DSB 作出决定时超过 14 个月，但在实际审理案子时往往要持续 2 ~ 3 年才能解决。[25] 两岸同文同种，在一个国家内不同法域的经贸交流合作应比国际范围更加强调便捷。两岸经贸争端的解决机制应摒弃审限过长、效率低下的程序设计，在诸如调查时间、送达期限等问题的设置上，均可以相对缩短期限。

四、两岸经贸争端解决机制的具体设置

海峡两岸在政治制度、法律制度和社会制度存在明显差异的前提下，要构建一套为双方共同认可的争端解决程序，以促进经贸关系的发展，就必须搁置政治上的歧见，放下不同的意识形态的束缚，遵循相互尊重、平等互利、公正效率等原则，将机制设置的重心紧紧围绕在经贸领域展开。

（一）两岸经贸争端预防机制的设置

两岸在致力于争端解决机制启动的模式设置的同时，也应当关注两岸贸易摩擦的产生源头——贸易政策的制定，建立一个对双方的贸易政策进行经济性监督的机构。该机构同样隶属于委员会，主要实现下面两个职能：

1. 政策知会功能

由于两岸官方层面交往始终不畅，即使在经济政策层面的交流和沟通也显得非常有限，因此，建立这样一个机构，在于为两岸架设一个经济交流的桥梁，通过经济性的监督，了解双方在官方层面多大程度上遵守ECFA规则和纪律，促进各自履行义务；其次是通过更多地了解各自的贸易政策和实践，增强贸易政策及做法的透明度而使双方贸易体制更加顺利地运作。知会内容包括：任何新的反倾销或反补贴立法的细节、影响贸易的新的技术标准、影响服务贸易的规章的变化、农产品义务的实施以及涉及与贸易有关的知识产权协议的法规与规章等。对于已经互相知会的政策，发现另一方的贸易政策有可能会引起双方的贸易摩擦甚至经贸争端，一方应当本着合理建议的原则提请另一方对此项政策做更慎重的考虑，以方便另一方在其立法、行政范围内对相关政策作出修正。

2. 法律咨询职能

预防机制的建立不仅是作为双方政策知会的平台，也可以作为双方在法律问题上的咨询机构。该机构必须要收纳一些在两岸法律、经济、贸易或是政府行政问题上具有相当权威的专家人士，对相关问题做出解答。此外，应当将两岸已经知会的贸易政策或是法律、法规，通过网络或是备忘录的形式定期发布，使之公之于众，让两岸的个人和企业能够共享政策层面沟通的便利。

（二）两岸经贸争端解决机制具体规则与程序

1. 协商

如前所述，协商应作为两岸贸易争端解决的主要方式，并且是强制前置程序，争端双方只有在经过了协商无效果之后才能提起专家仲裁。协商的启动可以借鉴两个《安排》第 9 条的规定："如因《安排》的实施造成乙方……严重损失或是严重损害威胁，该方可在以书面形式通知对方后临时性地种植该项产品的进口优惠，并应尽快应对方的要求，根据《安排》第 19 条的规定开始磋商，以达成协议"。

协商不受一定形式或是程序的限制，而应力求在最大的程度上以最及时、快捷的方式解决问题，因此，可以充分借鉴现有成功实践了的经贸争端解决方式。在两岸经贸争端产生后，针对地方政府的争端，可以采用直接协商的形式，例如借鉴广东省人民政府关于泛珠三角经济合作区‘9 +2’模式，在内地九省与港澳之间就共同排除合作中可能出现的障碍进行对话。对两岸最高官方层面的争端，双方应当本着化解矛盾的态度进行有效沟通，既可以利用原有的行业协会，或是通过两会平台进行友好、理性的协商，也可以另外开辟一条道路——即两岸官方层面代表在争端解决机制平台上的磋商。一般情况下，磋商在指导委员会的指导下进行，一方在接到磋商申请后 10 天内应对申请方作出答复，并在接到申请后 30 天内展开善意磋商。

2. 调解

不同于 DSU 为选择程序，在两岸争端机制中调解可设计为必经程序。有鉴于两岸关系的特殊性，在争端解决过程中不适宜完全、直接引人国际间的调解制度，但是在争端双方自行协商之后仍然不能取得共识，则必须经由委员会的介入，进人调解程序。委员会本着中立性和公正性原则担负着调解的责任。调解程序可以在任何时候开始，也可以在任何时候结束，一般由委员会依其职权调解，一旦调解被终止，投诉方即可请求提起仲裁。

3. 仲裁

当双方在经过协商以及调解程序之后仍然不能就两岸争端达成一致的解决方案，根据"反向协商一致"原则，只要当事一方将争端提请专家仲裁小组，即可进人仲裁程序。

由于两岸之间经贸关系的复杂性，应当由双方就经贸、法律领域的专家联合组成专家名单，以供当事方挑选对争端领域有研究的仲裁专家。仲裁专家组由5人组成，可借鉴NAFTA模式，采用“反向选择”的方式选择仲裁员，即每一争端方必须选择两名另一方的公民为专家组成员。专家应在遵循WTO规则的基础上，结合两岸的实际情况处理纠纷。仲裁组应排除任何外力的干涉，根据自己的专业素养对两岸争端做出合理公正的裁决。

仲裁庭人员必须在争端提交仲裁庭后的90天内，本着中立公正的态度，对争端做出裁决，特别事项（易腐烂产品争端的）应当在30天内解决。仲裁的时间较之DSU的时间限制大大缩短，有利于保证两岸争端的迅速解决。

两岸之间的仲裁程序之后似无必要再设上诉机制，主要原因在于两岸在启动仲裁程序之前，已经有充分的协商或是调解程序，专家组采用反向选择的原则也在一定程度上保证了案件的公正性。

五、结　语

随着海峡两岸关系逐渐缓和，双方签订经济合作框架一揽子协议的条件已成熟，ECFA框架下建构两岸经贸争端解决机制也日显迫切。在借鉴现有的争端解决机制的基础上，结合两岸关系的特殊性，未来两岸经贸争端解决机制应当是一个以调整具有官方因素的经贸争端为主的平台，其调整的范围包括货物贸易争端、服务贸易争端、投资争端、知识产权争端等各领域，以及“未来文件”不确定的领域，ADR（Alternative Dispute Resolution）在解决两岸经贸争端中应广泛采用。为此，协商和调解应设置为强制前置程序，专家仲裁小组则作为准司法手段有利于争端规则导向的实现。

注释：

[1]《海峡两岸经济合作框架协议》第10条规定：“一、双方应不迟于本协议生效后六个月内就建立适当的争端解决程序展开磋商，并尽速达成协议，以解决任何关于本协议解释、实施和适用的争端。二、在本条第一款所指的争端解决协议生效前，任何关于本协议解释、实施和适用的争端，应由双方通过协商解决，或由根据本协议第十一条设立的”两岸经济合作委员会“以适当方式加以解决”。

[2][3] 王建民、刘玉春：《入世后两岸经贸争端及处理机制》，《国际经贸合作》，2003年第11期。

[4] 例如，两岸经济协议还将讨论本身的争端解决机制，即签署机构协议的双方，因架构协议本身发生争端时如何解决的问题，与一般性的两岸经贸争端有所区别。李念祖：《两岸经济协议与两岸经贸争端解决机制ADR》，台湾《两岸经贸》，2010年第4期。

[5] 陈立虎、赵燕敏：《CEPA 争端解决机制规则构建之分析》，《暨南学报（哲社版）》，2006 年第 6 期。

[6] 韦经建、王小林：《论 CEFA 的性质、效力及其争议解决模式》，《当代法学》，2004 年第 3 期。

[7]《内地与香港关于建立更紧密经贸关系的安排》第 9 条规定："如因《安排》的实施造成一方对列入附件 1 中的原产于另一方的某项产品的进口激增，并对该方生产同类或直接竞争产品的产业造成严重损害或严重损害威胁，该方可在以书面形式通知对方后临时性地中止该项产品的进口优惠，并应尽快应对方的要求，根据《安排》第十九条的规定开始磋商，以达成协议"。

[8] 近年来大陆对台湾产品的反倾销案件明显多于台湾对大陆反倾销案件。

[9] 王泰铨、刘家华：《两岸经济合作框架协议（ECFA）之形式架构与实质内容》，台湾《月旦法学杂志》，2009 年第 6 期。

[10]《海峡两岸经济合作框架协议》之附件三《适用于货物贸易早期收获产品的双方保障措施》第一点。

[11]《北京通过打假保护 CEPA 的行为没有得到香港的赞同》，http：//www. ehomeday. com/news/event _ news/news _ 20040826 _ 3. htm

[12] [13] 慕亚平、肖丽：《应当构建 CEPA 下的争端解决机制》，《中山大学学报（社会科学版）》，2004 年第 4 期。

[14] 前者如相关当事方的法律、政策、措施是否符合贸易规则的要求；后者则较集中于一国的公民在另一方所受到的待遇是否低于协议的标准。马进保：《CEPA 框架下经贸争端解决机制与程序》，北京：中国人民公安大学出版社，2005 年，第 249 - 250 页。

[15] 金晓晨：《国家主权让渡在 WTO 争端解决机制中的发展——兼评外经贸部、最高人民法院关于贸易壁垒、反补贴、反倾销的三个规定》，《政治与法律》，2003 年第 2 期。

[16] 叶兴平：《北美自由贸易协定争端解决机制的创新及意义》，《当代法学》，2002 年第 7 期。

[17] Glen T. Schleyer，"Power To The People；Allowing Private Parties to Raise Claims Before the WTO Dispute Reslution System"，*Fordham Law Review*，April 1997.

[18] [21] 杨丽艳：《区域经济一体化法律制度研究》，北京：法律出版社，2004 年，第 318 页，第 320 页。

[19] 费郝夫：《北美自由贸易区争端解决机制——一种独特的争端解决模式》，《南华大学学报》，2006 年第 6 期。

[20]《欧洲共同体条约》第 169 条、第 171 条第 2 项规定。

[22] 莫世健：《论世贸组织内的大中国自由贸易区法律框架》，载陈安主编：《国际经济法论丛》第 5 卷，北京：法律出版社，2002 年，第 131 - 132 页。

[23] 已有的民间解决方式主要是通过双方的行业协会或是公会就两岸争端进行协商。

[24] 徐运良：《协调 WTO 与 RTAs 争端解决机制管辖权冲突的方法探析》，《法学杂志》，2009 年第 5 期。

[25] 张潇剑：《国际民商事及经贸争端解决途径专论》，北京：北京大学出版社，2003 年，第 152 页。

（作者为厦门大学台湾研究院教授）

民族认同、利益联结与两岸命运共同体的信任深化

李　鹏

近年来，“两岸命运共同体”的提法不断出现在祖国大陆对台政策的表述之中。无论是在中国共产党十七大的报告中，胡锦涛总书记在纪念《告台湾同胞书》发表三十周年座谈会上的讲话中，还是在大陆领导人会见台湾政要的谈话中，以及国台办相关谈话中，都多次提到“两岸同胞是血脉相连的命运共同体”。2008 年以来，随着两岸关系和平发展新局面的形成，两岸命运共同体的内涵也在不断充实之中。2010 年 7 月 12 日，胡锦涛总书记在会见中国国民党荣誉主席吴伯雄时表示，“推动两岸关系和平发展，不但要厚植共同利益，也要增强休戚与共的民族认同。”为此，在新形势下，要想将两岸关系新局面不断向前推进，要想使两岸同胞血脉相连的命运共同体得以巩固，就必须把握民族认同、利益联结、增进信任这三个关键性的因素。

两岸命运共同体与信任的理论意涵

如何界定“两岸命运共同体”的概念，学术界有着各种讨论。大陆学者郭震远教授认为，两岸“血脉相连和休戚与共的关系，既是两岸同胞的命运共同体形成和发展的基础、推动力量，也是这一共同体的最重要特点。在本质上，血脉相连和休戚与共，就是台湾与大陆联结的两根最牢固的纽带，这是世界其他共同体的成员之间所没有，也不可能有的”。[1] 另一位学者王茹也表示，当我们说到命运共同体，便有着命运相连、休戚相关、荣辱与共的涵义。[2] 要想完整理解“两岸命运共同体”的意涵，首先就要从“共同体”的概念入手。

“共同体”在政治、经济、社会等很多领域都是一个常用的概念。近年

来已经出现被“泛用”的趋势。如欧洲建立了“欧洲共同体”，日本谋求建立“东亚共同体”，东盟希望建立“安全共同体”；李登辉当年曾提出台湾人民是“生命共同体”，但后来又表示台湾和日本是“生命共同体”；在企业界、学术界，也有不少某某“企业共同体”、“学术共同体”的提法。“共同体”一词的泛用为我们厘清“两岸命运共同体”的真实意涵带来了困扰。英国著名社会学家齐格蒙特·鲍曼曾经非常感性地描述共同体的概念，他认为“共同体”是一种感觉，它是一个“温馨”的地方，一个温暖而又舒适的场所。它就像是一个家，在这个家中，我们彼此信任、互相依赖。它像一个屋顶，在它的下面，可以遮风避雨；它又像是一个壁炉，在严寒的日子里，靠近它，可以暖和我们的手。在外面，在街上，却四处潜伏着种种危险；当我们出门时，要观察我们正在交谈的对象和与我们搭讪的人，我们每时每刻都处于警惕和紧张之中。可是在“家”的里面，在这个共同体中，我们可以放松起来——因为我们是安全的，在那里，即使是在黑暗的角落里，也不会有任何危险。[3]台湾学者江宜桦则指出，在当今时代，共同体之结合更注重建立在共同分享的基础或共同追求的目的上，并关注于内部构成分子之间的有机关联、沟通与分享、认同和参与。[4]上述两种论述，一个强调感性，一个着眼实际，都必须包含在我们对两岸命运共同体的理解中。

从感性上说，“两岸命运共同体”在很大程度上就是要营造“两岸一家”的感觉，凸显两岸同胞血脉相连、历史相承、文化相通、情义相挺、休戚与共的民族情感。而从现实面说，两岸命运共同体又不能没有共同追求的目标，不能没有共同的利益为基础，不能没有制度化的机制来保障。而且，从民族、血缘、文化、历史和情感上说，两岸同胞的确早已是血脉相连的命运共同体。但在现实两岸同胞的政治、经济、社会、文化生活中，台湾部分民众对两岸命运共同体还有疑虑，并不完全认同，各种制度性共同体的建构更是任重道远。因此，“两岸命运共同体”既要强调民族和国家的共同认同，也重视共同利益的实现和维护，更需要两岸同胞在相互信任的基础上，扩大两岸经济、社会、文化的等领域全方位的交流，同时积极创造破解政治难题的条件，建立各种保障机制，形成两岸关系和平发展框架，最终实现国家的完全统一。

两岸命运共同体到底能不能得到绝大多数台湾同胞的认同，能不能随着两岸关系和平发展的进程不断巩固，一个很重要的因素就在于相互信任能否建立和深化。信任在很大程度上是一个社会学的概念，它被很多社会学家认为是“稳定社会关系的基本因素”[5]，是维持社会秩序的基础之一；也是两个或两个以上的行为者在社会互动过程中“彼此寄予的期望——期望另一方履行其信用义务和责任”[6]。也有学者认为，信任首先是一种态度，是一种心理状态。丹尼斯·罗素等人就提出，信任是建立在对另一方意图和行为的正向估计基础之上的不设防的心理状态。[7]因此，信任与共同体一样，是一个兼具感性和理性的概念。从感性角度来说，它植根于一种对别人的善意的预期或信心，是带有一定冒险性质的非理性或有限理性行为；从理性的角度来说，信任又不是无缘无故产生的，而是要经过长期的观察和接触，进行精确和理性计算的结果和产物。

在两岸之间，信任无论在过去、现在还是未来，都是影响两岸关系和平、稳定和发展非常关键性的因素之一。1949年以后很长一段时期，由于两岸长期的军事对峙、政治对立和社会隔绝，两岸在不同的政治、经济和社会制度下各自寻求发展，双方互信基础非常薄弱。在两岸开放以后，两岸民众之间的互信透过交流开始逐渐累积，但由于岛内的分裂势力不断公开进行“台独”分裂活动，相当长的一段时间里两岸政治互信一直未能真正建立起来，两岸人民心理上的隔阂和不信任也并未消除。2008年以来，两岸在“反对台独”和“九二共识”的政治基础上，已经建立起初步的互信，但这些互信还远远不够。如果不继续增进和深化互信，从长远来看，势必会影响到两岸关系和平发展的进程。

两岸命运共同体同样必须建立在两岸同胞相互信任的基础上。信任的缺失会导致两岸对对方的政策和行为难以作出正向的判断，往往会从猜测意图、防范风险的角度进行思考，难以产生心理上的认同和归属感。可以说，两岸同胞之间的信任程度越高，两岸命运共同体就越稳固，两岸关系和平发展的基础就越牢靠。这也是为什么两岸领导人在最近几年提出的多种版本的“十六字”方针中，无一例外地反复强调“建立互信”、“增进互信”或“累积互信”的重要性。当然，两岸关系发展特殊的历史背景也决定两岸建立和增进互信不是一件容易的事，它是一个长期和复杂的过程，不仅需要善意和诚意，更需要坚韧不拔、愈挫愈勇的精神。几十年来两岸关系发展的历史表明，民族认同、利益联结对两岸命运共同体的信任建构有着重要影响。

民族认同、利益联结与深化信任的关系

一般来说，情感和利益是维持信任的两个最重要的因素。对于如何才能有效地培育和增进国家或地区间的信任，现实主义、自由制度主义和建构主义分别给出了不同的解释。我们在一定程度上可以借鉴这些解释来分析两岸命运共同体的信任建构问题。现实主义认为国家或地区间不会有真正意义上的信任，因为它们的政策考量都是以权力和利益为中心的。自由制度主义认为信任虽然难以产生，但如果建立能够改善信息不畅、增加透明度的相关制度，就会有效地促进信任产生。因为“制度是利益的产物，利益相关性是制度产生的必要条件”[8]。因此，利益联结和共同利益能够促进制度形成，而制度可以培育信任。建构主义更进一步认为，信任与身份有关，信任容易产生于有“共有观念”的朋友之间。建构主义代表性人物亚历山大·温特则明确提出，影响安全共同体集体身份形成的变量有四个：相互依存、共同命运、同质性与自我约束。[9]因此，有学者总结认为，具有共同命运和利益相关的国家或地区之间，如果彼此分享共同的政治文化，遵守和尊重相同的规范，就会有效地培育彼此之间的信任，在行为上做到自我约束，从而形成某种共同体。[10]从上述对“信任”概念的理论诠释中，我们可以看出，信任的产生与身份认同、利益联结和制度建构有着密切的联系。

共同体的成员之间能否建立起信任，不仅是一种理性选择，也反映某种情感需求。一般来说，同质性的身份认同是共同体形成的必要条件，也是影响两岸建立和增进互信的关键因素。美国政治学者卡尔·多伊奇曾指出，多元共同体的维系在于一种认同，一种基于“我们的”情感联系，从而使得同质性成为共同体内部信任形成的核心要素。[11]两岸命运共同体能否得以稳固，在很大程度上取决于它是否能够为两岸同胞提供一个共同的身份认同，能否赋予这种认同以牢固稳定的基础。对于两岸来说，同质性的身份认同可以从历史、民族、文化、经济、社会、政治等不同领域、多个层面来认知。就目前来说，两岸在上述领域形成共同身份认同的可能性是存在的。不管台湾岛内的“台独”分裂势力如何极力否认，两岸之间在民族、历史、文化上的血脉相连都是不可改变的事实，两岸在经济、社会领域的密切联系也已被过去二十多年两岸关系发展的事实所证明。

绝大多数两岸同胞都认同两岸同属中华民族，有着共同的历史、文化和

血缘，希望看到中华民族的伟大复兴，是两岸命运共同体信任建构的情感基础。从上个世纪九十年代以来，台湾岛内的李登辉、陈水扁等“台独”分裂势力不断通过煽动省籍族群的对立，鼓吹所谓的“台湾主体意识”，推行各种“去中国化”和“文化台独”的政策，企图造成台湾民众“国家认同”的混乱和分裂，进而影响到台湾民众的中华民族认同。他们的根本目的就是要“以民族主义的方式建构‘台湾民族’，并在此基础上建立独立的‘主权国家’”[12]。但是，“台独”分裂势力的上述举动并没有改变台湾绝大多数民众对中华民族的认同。根据台湾远见杂志2008年6月、2009年7月和2010年3月所做的民调，分别有77.2%、80.2%、79.6%的台湾民众认为自己是中华民族的一分子，三次民调都只有不到一成的受访者不认为自己是中华民族的一员。在对2010年3月民调的跟踪分析中，其中泛蓝立场的民众有93.1%，中立民众有75.1%认同中华民族，连泛绿立场的民众也有70.1%认同是中华民族的一员。[13]这充分说明中华民族和中华文化在绝大多数台湾同胞心中依然有着不可撼动的地位，“台独”势力离间两岸民众民族情感的做法是徒劳的，这也是马英九当局在上台后，能够承认“九二共识”、公开表示“两岸同属中华民族”的重要民意基础。也正因为如此，国家副主席习近平2010年4月在会见台湾两岸共同市场基金会最高顾问钱复时表示，两岸同胞同属中华民族，两岸经济同属中华民族经济。两岸同胞是一家人。巩固和增进两岸同胞的民族认同，是两岸关系和平发展的基本保证。只要两岸双方都能从两岸同胞一家人的角度来考虑问题，什么事情都好商量，什么问题都能够解决。[14]

除了两岸同胞的民族情感之外，两岸日益密切的利益联系，不断增强的共同利益是两岸命运共同体信任建构的现实基础。现实社会中很多共同体都是建立在共同利益的基础之上的。郭震远教授甚至认为，无论当前世界上的“共同体存在多大差异，在本质上却具有最基本、最重要的相同点，即所有这些共同体都是不同国家和地区在各种各样的共同利益的基础上，受到追求共同利益的强烈推动而形成和发展的”。[15]两岸命运共同体在强调两岸共同的民族情感、共同的历史经历、共同的文化渊源的同时，也不能忽视共同的利益基础。特别是近十几年来，随着台湾岛内政治生态的变化、两岸关系形势的发展对台湾民众的国家和民族认同心态产生影响，单从民族情感的角度看待台湾问题和两岸关系已经远远不够。我们更加需要将民族情感融入两岸同胞的共同利益和福祉中来体现，从道德感召和利益联结两个层面来着手，让台湾同胞从感性和理性上都能够认同两岸关系和平发展，期待两岸最终和平统一所带来的美好前景。[16]

利益联结同样有助于两岸之间相互信任的培育、建立和深化。两岸命运共同体不是空中楼阁，也不仅仅是抽象的感觉，它必须实实在在地体现在两岸关系发展的方方面面，体现在两岸同胞的日常生活之中。早在 2006 年 2 月，国台办发言人就明确表示，经由十几年来两岸关系的发展，两岸同胞已经结成实实在在的命运共同体。这里所讲的“实实在在”就包含着利益上的联结。两岸之间的利益联结与命运共同体信任建构之间的关系可以体现在以下几个方面：

首先，利益联结可以为两岸同胞的民族情感找到现实依归，巩固已有的互信基础。对于那些在情感上认同中华民族的两岸同胞来说，如果有现实的利益联结作为载体，将可以使他们信任不仅仅停留在情感层次，而是拓展到与他们现实生活息息相关的方方面面，从而夯实两岸同胞之间的信任根基。

其次，利益联结可以增加两岸交流接触的机会，保持信息通畅，有助于信任的累积。信任的建构首先是基于交往的需要，是社会交往过程中形成的有利于实现彼此利益和价值满足的契约和规范。[17]信息的透明和通畅同样是信任形成的必要条件之一。在两岸隔绝时期，真正意义上的相互信任无从谈起；只有在两岸开始交流交往之后，形成密不可分的利益联结之后，信任才能够建立。而过去短短二十多年，两岸利益联结之所以能够形成而且日益紧密，并达到相互依赖的态势，本身就是两岸相互信任增强的一种体现。

最后，利益联结有助于两岸在遇到问题时保持理性和克制，为避免信任崩溃发挥“缓冲器”的作用。信任是一种比较微妙的情感，它有时候会比较脆弱，特别是在危机发生的时候，很容易造成信任缺失和崩溃。两岸之间利益联系在客观上有助于增强各自对对方是信心，不至于贸然采取激进和极端的方式来解决问题，从而避免导致双方信心的完全崩溃。比如，在两岸经贸关系越来越紧密的情况下，台湾同胞更加愿意相信祖国大陆会以最大诚意、尽最大努力以和平方式实现国家统一，就是两岸利益联结可以增强信任的例证。

深化两岸命运共同体信任的路径

在两岸同胞的共同努力下，两岸之间可以说已经建立起了初步的互信，但这些互信还远远不够，要想使两岸命运共同体更加巩固和紧密，要想构建两岸关系和平发展的长远框架，就必须持续增进和深化两岸的相互信任。信任的产生有多种形式，有基于人格的信任、基于情感的信任、基于经验的信任、基于计算的信任、基于认知的信任、基于制度的信任等等，不同形式的信任往往会产生不同的效应，有的比较脆弱，遇到危机容易崩溃；有的比较稳固，历经磨难也不会消退。笔者认为，要想真正巩固两岸命运共同体，就必须把握民族认同和利益联结的主线，从以下四个方面来具体建构长期稳固的相互信任。

第一，从情感型信任到认知型信任的深化。社会学家刘易斯和威格特认为，情感和认知是信任两个最重要的类型。前者从感性的角度出发，强调强烈情感联系而产生的信任；后者从理性的角度出发，侧重理性考察而产生信任。两岸之间长期以来存在着情感型的信任，不仅大陆同胞对台湾有着一份炙热的民族情怀，多数台湾同胞对中华民族和中华文化也有着坚定的认同，这构成了他们相互信任的情感基础。但单纯的情感型信任往往并不牢靠，容易受到冲击和影响。特别是李登辉和陈水扁在台湾当政十几年，对大陆极尽抹黑和扭曲性宣传，不断进行各种“台独”分裂活动，煽动台湾民众对大陆的敌视，企图改变他们对民族和国家的情感，的确对部分民众产生了影响。因此，在巩固情感型信任的同时，必须要推动认知型信任的建构。两岸之间很多的不信任实际上是源于不了解，“台独”势力之所以能够煽动部分民众敌视大陆，在很大程度上也是因为民众的刻板认知和不明真相。两岸需要通过“大交流、大合作、大发展”，在交流中不断累积互信的经验，改变部分台湾民众的偏颇的认知结构，让他们能够客观、全面、理性地了解大陆，认清两岸关系发展的格局和趋势，逐渐对大陆产生信赖感，然后在此基础上努力建立两岸民众的共同认知。唯有如此，两岸才能够真正建构起以认知型信任为基础，以情感型信任为纽带的命运共同体。

第二，从防范型信任到理解型信任的深化。当前两岸之间的互信难以深化的一个重要原因在于双方的相互疑虑和防范心理并没有完全解除，不仅台湾还有意无意地将大陆视为现实或潜在的“威胁”，大陆也会对岛内的“台独”分裂活动、美台关系的发展动向等保持关注和警惕。在两岸之间的结构性政治难题尚未解决之前，两岸之间的政策互动的确存在着某些风险和不确定性。但这种风险并不能成为两岸建立互信的障碍。美国学者罗特尔和科尔曼认为，“风险的存在是信任的一个必要条件。风险的存在为信任创造了机会，而信任令人敢于承担风险。如果绝对没有风险，信任就不必要了”。[18]两岸越是存在误解、越是存在疑虑，就越需要相互了解，相互理解，建构一种理解型信任。陈孔立教授就提出两岸之间要“同情的理解”，他认为两岸都有自己与对方不同的“特殊历史背景”，走过不同的道路，因而产生不同的心态。如果不是设身处地、将心比心，而是把自己的想法强加于人，就无法理解对方，就难以沟通、对话，这样，就很难“走到一起来了”。[19]最近台湾前“国安会”秘书长苏起也提出，两岸要“用同情的理解来看对方，用更大的耐心、智慧及务实态度来准备将来求同化异”[20]。由此可见，从相互防范到相互理解，也是两岸建构相互信任的必由之路。

第三，从自利型信任到合作型信任的深化。在经济学家看来，信任主要涉及的是计算的过程，如果对方从某种行为可以获得的利益高于付出的代价，一方就会做出对方将会从事该种行为的乐观估计。[21]两岸之间有着密切的利益联结，在建构相互信任的过程中，自然也会涉及到利益的计算和比较问题。一般来说，利益比较有“相对获益”与“绝对获益”之分，前者强调的是希望自己得到更多的利益，而担心别人会获益更多，带有自利的倾向；后者强调的是各方都能够分享到利益，带有互利的特点。很长一段时间以来，在两岸经济合作的进程中，经常会有“到底谁获利更多，谁的顺差更多，某项协议对谁更有利”的讨论，连大陆的“惠台”或“让利”措施都被拿出来放大检验。其实，从长远来看，过于纠缠这些问题不利于两岸之间互信的增进。两岸都应该从更高的格局，从更长远的眼光来看待两岸关系发展中的利益得失问题。两岸应遵循“互利互惠、合作共赢”的基本原则，建构一种合作型的信任模式，即只要有利于两岸的事，就进行紧密合作，创造共同利益，以此来增进信任。唯有如此，两岸才不会在合作中拘泥于一时一事的利益算计，猜疑对方的获益多寡和“让利”动机，才能使两岸命运共同体的利益联结更为紧密，两岸之间的相互信任更为真切、牢固、持久。

第四，从关系型信任到制度型信任的深化。两岸同属中国人社会，而在中国人的文化中，“关系”是一个非常典型概念。关系型信任主要是基于地缘、血缘、亲缘、朋友、同事等“熟人”社会而产生的一种私人之间的信任，其判断标准往往是人与人之间关系的生熟程度、感情深浅程度，关系越亲密程度等，带有一定的私密性、随意性、盲目性的特点。两岸交流交往二十多年来，关系型信任的特征在两岸政治人物、企业界人士和普通民众之间的交流交往过程中都有着非常明显的体现，应该说对推动两岸关系发展发挥了一定的独特作用。“关系”是中国人文化的一个组成部分，两岸同胞在建构和巩固命运共同体的过程中，不可能完全排斥关系型信任，但随着两岸关系和平发展进程的推进，两岸更需要建立起制度性信任。制度有规范化、强制性、稳定性、保障性等功能，可以弥补关系型信任的不足。两岸建构起制度性信任，有助于减少不确定性和易变性，巩固两岸已经建立起的信任领域，使两岸关系和平发展的方向不会随着个人或关系的改变而改变。两会自2008年恢复协商以来，达成的包括《海峡两岸经济合作框架协议》在内的十四项协议，其实就是两岸信任的机制化建构。唯有透过建立各种机制，才能够使两岸命运共同体从一个强调血脉相连、休戚与共的粗象的共同体，发展成为一个由经济、社会、文化、政治、安全等各种机制支撑的实实在在的共同体，从而使两岸同胞的相互信任更为深化，命运真正紧密地联系在一起。

注释：

[1][15] 郭震远：《两岸同胞命运共同体的特点和影响》，香港《中国评论月刊》网络版，2010年9月号，http://mgb.chinareviewnews.com/crn-webapp/zpykpub/index.jsp? mgzno=153。

[2] 王茹：《两岸命运共同体与两岸公共生活的建构》，《台湾研究集刊》2006年第3期，第2页。

[3] 齐格蒙特·鲍曼著，欧阳景根译：《共同体》，凤凰出版传媒集团、江苏人民出版社2007年版，第177页。

[4] 江宜桦：《政治社群与生命共同体——亚力士多德城邦理论的若干启示》，转引自许纪霖主编：《共和、社群与公民》，江苏人民出版社2004年1月版，第128页。

[5]（美）彼得·布劳著，孙非、张黎勤译：《社会生活中的交换与权力》，华夏出版社1988年版，第99页。

[6] 伯纳德·巴伯著，牟斌、李红、范瑞平译：《信任：任的逻辑与局限》，福建人民出版社1989年版，第11页。

[7] Denise M. Rousseau, etc., NOT SO DIFFERENT AT ALL: A Cross Discipline View of Trust, A Cade of Management Review, 1998, p3.

[8][10] 朱立群：《信任与国家间合作问题》，《世界经济与政治》2003年第1期，第18页、第19页。

[9]（美）亚历山大·温特著，秦亚青译：《国际政治的社会理论》，上海人民出版社2000年版，第370－381页。

[11] Karl Deutschedt, Political Community and the North A tlantic Area, (Princeton: Princeton University Press, 1957), pp. 123－133.

[12] 刘文斌：《台湾“国家认同”变迁下的两岸关系》，台湾问津堂书局2005年版，第26页。

[13]《对签订经济合作协议看法、民众终极统独观、马英九满意度》民调，台湾《远见杂志》

2010年4月号。
[14]《习近平会见钱复：两岸经济同属中华民族经济》，中新社博鳌2010年4月10日电。
[16]李鹏：《海峡两岸关系析论——以和平发展为主题之研究》，鹭江出版社2009年9月版，第143页。
[17]蔡志强：《认同、信任和宽容：危机治理的重要社会资本》，《科学社会主义》2006年第5期，第99页。
[18][21]转引自向长江、陈平：《信任问题研究文献综述》，《广州大学学报（社会科学版）》2003年第5期，第39－40页。
[19]陈孔立：《两岸需要“同情的理解”》，《台声》2003年第1期，第7页。
[20]苏起：《两岸需要同情的相互理解》，台湾《联合报》，2010年8月14日。

（作者为厦门大学台湾研究院院长助理、副教授）

两岸政治互信与台湾民众的政治认同

张文生

随着2008年台湾政局的变化，两岸关系迅速改善，走上了和平发展的正确轨道，也使得海峡两岸建立了初步的政治互信。2010年4月29日，中共中央总书记胡锦涛在上海会见连战、吴伯雄、宋楚瑜等台湾各界人士时指出："要继续增进两岸政治互信，不断增强两岸关系和平发展的推动力。"[1]巩固并增进两岸政治互信，为破解两岸政治难题做准备，是进一步推进两岸关系发展的重要任务。然而，影响两岸政治互信的关键因素不在于台湾当局或台湾各政党领导人的政治态度，而在于台湾民众的政治认同。

一、两岸政治互信的概念分析

政治互信，就是双方在政治上的相互信任，也是双方各自在政治上相互给予对方政治信心。大部分情况下，政治互信是通过各自的言行建立起来的，当然，也不排除通过相互口头约定、书面协定建立政治互信的情况，比如国际关系中常用的信心建立措施（CBMs）、和平协议等都是建立和巩固政治互信的书面协议的方式。

两岸政治互信，就是海峡两岸在政治上的相互信任，或者说是海峡两岸各自在政治上相互给予对方的政治信心。对于台湾来说，就是要给予大陆"台湾不会走向分裂、海峡两岸最终将走向统一"的信心；对于大陆来说，就是要给予台湾"保持台海和平稳定，两岸统一对台湾人民有利"的信心。从20世纪90年代中期开始，由于李登辉和陈水扁的内外政策，两岸政治互信被破坏殆尽。马英九上任后，两岸政治互信得以重建，并且逐渐巩固，但是由于两岸长期固有的、历史所形成的结构性矛盾，目前的两岸政治互信并非完全稳固。海峡两岸应当继续努力，使两岸政治互信得以进一步巩固、深化、稳定，为维护两岸关系和平发展的局面奠定坚实的政治基础。

2008年12月31日，胡锦涛总书记在纪念《告台湾同胞书》发表30周年座谈会上的重要讲话中提出了六点意见，其中第一条就指出："恪守一个中国，增进政治互信"，并且指出："两岸在事关维护一个中国框架这一原则问题上形成共同认知和一致立场，就有了构筑政治互信的基石，什么事情都好商量。"[2]一个中国原则始终是建立两岸政治互信的基础，只有恪守一个中国原则，两岸政治互信才能不断增强；违背了一个中国原则，两岸政治互信就会遭到破坏。

2005年，两岸关系以政党交流的模式，掀起了一个又一个的高潮。国民党、亲民党和新党都先后组织访问团参访大陆，不仅使两岸的政党关系开创了前所未有的新局面，而且国、亲、新三党与中国共产党之间建立了以"坚持九二共识、反对台独"为基础的政治互信，在两岸的政党之间建立了共同的政治基础，为两岸关系注入了新的动力。

体现"一个中国原则"的"九二共识"是两岸政治互信的现实基础。两岸政党交流尤其是国共两党交流，是巩固两岸政治互信的重要渠道。2008年5月28日，中共中央总书记胡锦涛在会见中国国民党主席吴伯雄过程中，重申了"建立互信、搁置争议、求同存异、共创双赢"的16字方针，并且明确指出：反对"台独"、坚持"九二共识"，是双方建立互信的根本基础。2009年5月26日，胡锦涛总书记在北京人民大会堂会见了吴伯雄及其访问团一行，胡锦涛总书记对于国共两党交流作了高度的肯定，这是因为国共交流有利于增进两岸政治互信，有利于促进两岸沟通与理解，有利于推进两岸协商谈判。

体现海峡两岸共同坚持"一个中国原则"的"九二共识"也是两岸两会谈判的政治基础。马英九上任以后，承诺坚持"九二共识"，为两岸两会的复谈扫除了障碍。自从2008年6月两岸两会复谈以来，海协会会长陈云林与海基会董事长江丙坤分别在北京、台北、南京、台中、重庆举行了五次会谈，双方共签署14项协议，达成1项共识。两岸两会商谈的成果是在"坚持九二共识、反对台独"的政治互信的基础上取得的，没有这项政治互信，就没有两会商谈的成果。

两岸关系在新的历史时期取得了重大的成就，走上了和平发展的正确轨道。一方面，继续推动两岸政党交流，巩固国共交流所建立的政治互信；另一方面，恢复了两岸两会的协商谈判，使两岸"三通"基本实现，两岸经济关系更加紧密，两岸交流不断扩大。以和平发展为主轴的两岸关系的推动，遏止了“法理台独”破坏两岸关系和平稳定的局面，在岛内外产生了良好的政治和社会影响，得到了大部分台湾民众的肯定与支持，为两岸关系和平发展的继续推进奠定了稳固的社会基础。然而，也要看到，两岸关系的改善并未在台湾民众的政治认同上产生立即的影响，两岸统一的进程仍旧是长期的、艰巨的、复杂的过程。

二、台湾民众的政治认同与两岸政治互信

认同（Identity）问题，即身份问题，是人们在社会存在中的基本的自我定位，是解决台湾问题所面临的核心因素。两岸统一，无论采取何种方式—和平方式或非和平方式，最终都必须解决台湾民众的政治认同问题。人们在生存过程中，面对种种自然环境与社会环境的压力，不断地形成自我意识，寻找“我是谁？我是什么？我来自哪里？我要往何处去？我怎么了？”等种种问题的答案，构成了人们对于自我的身份认知，形成文化的、社会的、政治的自我认同。“认同是人们意义与经验的来源”，[3]人们在寻找自我认同的过程中获得生存的意义与群体的结合。政治认同则是人们在政治生活中的自我归属。“人们在社会政治生活中产生一种感情和意识上的归属感。它与人们的心理活动有密切的关系。人们在一定社会中生活，总要在一定的社会联系中确定自己的身份，如把自己看作某一政党的党员，某一阶级的成员、某一政治过程的参与者或某一政治信念的追求者等等，并自觉地以组织及过程的规范来规范自己的政治行为。这种现象就是政治认同。”[4]政治认同的核心是国家认同，但是国家认同则包含政治认同与文化认同两个层面，“政治认同和文化认同都是国家认同的重要层面，他们共同创造了公民对国家忠诚的感情”。[5]

两岸关系中的政治认同问题，也就是关系到台湾民众对于自身的文化属性、民族属性、政党属性、国家属性的认知，其核心是台湾民众的国家认同，是影响台湾民众统“独”倾向的关键因素。海峡两岸的统一，最终必须实现台湾民众对于中华民族认同、对于中国认同、对于中国政府认同的回归，只有解决台湾民众政治认同的疏离问题，才能最终实现两岸的和平统一。

两岸政治互信受到台湾当局与台湾地区各政党领导人的政治态度的直接影响，但是由于经过20世纪80年代以来的政治转型，台湾已经演变成为一

个以选举为导向的多元化的政治社会。台湾民众的政治认同对于台湾当局和台湾各政党领导人的政治态度和政治行为起着关键的制约作用，因此，归根结蒂，台湾民众的政治认同才是影响两岸政治互信的基础因素。由于体现“一个中国原则”的“九二共识”是两岸政治互信的现实基础，而对于“一个中国原则”的政治认同牵涉到台湾民众对于自身的国家属性、民族属性、文化属性的政治认知，是台湾民众政治认同的核心内容。在一定程度上，台湾民众通过选举投票或政策公投支持某个政党或政治人物以表达政治认同，这使得台湾当局和各政党的领导人不得不根据本身的政治利益选择政治倾向，在“一个中国原则”和“九二共识”的问题上表现出不同的政治态度。

第一，台湾民众的政治认同决定了台湾地区各政党及其政治人物的政治选择。

由于台湾是一个选举社会，选举是台湾政治生活的核心，是引导台湾政局发展的主要因素，也是决定台湾地区各政党和政治人物政治取向的重要原因。台湾地区各政党及其政治人物基于本身的政治和经济利益，无不把选举利益放在首位，因此，选民的好恶成为引导政党和政治人物进行政治选择的主导性因素。虽然民意本身具有不确定性、不稳定性和可变性，但是台湾各政党和政治人物往往为了选票的需要，着眼于短期利益，流于短线操作，迎合选民的短时期的情感好恶，这也导致台湾政治生活中出现了民粹主义的倾向。

第二，台湾民众的政治认同影响了台湾政局的发展方向。

台湾民众的政治认同在选举中直接表现为对于各政党和政治人物的认同，选举结果影响了台湾政局的发展方向。由于台湾社会已经经历了两次政党轮替，政党轮替成为台湾政治生活中的常态。而国民党和民进党的国家认同和统“独”倾向相互区别，使得台湾当局在内外政策尤其是大陆政策上呈现出不稳定性，对两岸关系的和平稳定造成一定程度的冲击。马英九执政以来，民意支持率不断下挫，这既是执政者承担执政责任的正常发展，也是马英九当局施政失利的后果，为民进党的重新上台提供了机会，因此，不能排除民进党重新上台执政的可能性。台湾 TVBS 在 2010 年 5 月份马英九就职两周年的民调显示，马英九的满意率是 33%，不满意率是 47%。[6] 台湾《远见》杂志民调中心 2010 年 8 月份的民调显示，台湾民众对马英九的满意率仍然低迷，只有 31.0%，不满意率则为 57.0%。[7] 台湾民众对马英九和国民党的政治认同趋势将直接表现在选举中，从而影响台湾政局的发展方向。

第三，台湾民众的政治认同制约着两岸关系的发展前景。

台湾民众的政治认同也表现在对于台湾当局大陆政策的支持或反对上。当然，由于具体的大陆政策尤其是两岸经贸等相关政策较不具有政治的敏感性，同时具有互利互惠的特征，台湾民众的政策支持并不完全等同于政治认同，但政治认同往往成为政策支持或反对的借口和动员工具。民进党利用台湾社会的政治认同分歧操作反对 ECFA，反对开放陆生赴台就读就是典型的政治操作。随着两岸协商谈判的深入，政治议题摆上两岸谈判桌后，民进党操作政治认同干扰政治谈判的倾向将更加强烈。泛绿阵营将更加积极推动将两岸和平协议、两岸军事安全互信机制列入“公投”议题，使得两岸关系和平发展的前景受到台湾民众的政治认同的直接制约。

三、两岸关系和平发展对台湾民众政治认同的影响

两岸关系的和平发展符合台湾民众求和平、求安定、求发展的主流民意，得到台湾绝大部分民众的支持与肯定。当然，台湾民众的支持出于多方面的原因，有的是担心两岸关系的紧张导致战争，有的是希望两岸关系稳定从而摆脱统“独”的困扰，也有很大一部分人是希望通过改善两岸关系促进台湾经济的发展。无论出于何种原因，他们都反对民进党当政时期的“台独、分裂”政治路线挑衅两岸关系、恶化两岸关系的做法。

根据台湾《远见》杂志 2010 年 9 月号发表的民意调查，我们可以看到，虽然马英九的信任指数处在下跌的趋势，台湾民众认为两岸关系缓和的判断指数却一直维持 60% 上下。台湾当局的大陆政策也得到大多数台湾民众的高度肯定。

在台湾民众支持两岸关系缓和的同时，却体现出了台湾民意的另一面，即台湾民众要求经济利益与排斥政治结合的双重性特点。台湾 TVBS 民调中心 2009 年 12 月的民调显示，如果只有两种选择，有 68% 的民众倾向于台“独立”，13% 倾向于统一，19% 没有意见。[8] 台湾《远见》杂志民调中心 2010 年 7 月份针对当前台湾民众统“独”立场民意调查显示：51. 2% 主张维持现状，29. 0% 主张“独立”，7. 5% 主张统一；进一步针对台湾民众的“终极统独观”进行的调查显示，若两岸在经济、政治、社会各方面条件差

不多时，66.1%认为没必要统一，12.1%认为可以统一，21.8%没有明确表态；69.9%不赞成两岸最终统一，49.1%赞成台湾最终“独立”。[9]虽然这样的民调并不完全能够准确反映台湾民众的政治认同，但是却在一定程度上反映了台湾民众的政治倾向，即两岸统一在台湾社会的认同度依然不高，统一在台湾社会的基础依然薄弱。相反，“台湾独立”的认同度在台湾社会却仍处在上升的趋势。

台湾是中国领土不可分割的一部分，这是天经地义、无可置疑的客观存在和法理事实。然而，由于台湾社会的特殊历史环境，这个无可辩驳的政治和法理事实却在台湾民众中产生了认知上的异化。李登辉和陈水扁分裂主义政治路线的推行，给台湾社会带来了深刻的政治影响，也给两岸关系带来了重要的影响。在李登辉和陈水扁分裂主义政治路线的影响下，台湾民众的政治认同显得越来越混乱而迷茫，“台湾认同”呈现日益“台独化”的倾向。李登辉和陈水扁改变了蒋氏父子时期所坚持的代表全中国的“中华民国”概念，以所谓“中华民国在台湾”、“中华民国是台湾”、“台湾是一个主权独立国家，名字叫中华民国”、“中华民国是一个主权独立国家，主权与治权仅及台澎金马”等等相似的主张型塑新的国家认同，使得台湾社会“中华民国认同”与“台湾国家认同”日益重叠，“中华民国”日益成为“台湾国”的代名词。日本学者若林正丈恰如其分地以“中华民国台湾化”[10]的概念形容李登辉当政以来的台湾政治发展。

李登辉和陈水扁在岛内推行分裂主义政治路线，一边打压“中国意识”，一边扶植“台湾认同”，造成台湾社会政治认同的日益混乱和迷茫。根据台湾政治大学选举研究中心的历年台湾民众重要政治态度民调显示，从1992年到2010年，虽然认同自己既是中国人又是台湾人的比例维持在40%左右，但是中国人认同的比例大幅下跌，而台湾人认同的比例大幅上升。1992年，台湾民众认同自己为中国人的比例为25.5 %，认同自己是台湾人的比例为17.6% ；2010年6月，台湾民众认同自己为中国人的比例大幅下跌，只剩3. 8%，而认同自己是台湾人的比例大幅上升，达到52.4%。即使马英九上台，台湾人的认同仍然处在上升的趋势。台湾社会的“中国意识”越来越淡薄，而且成为政治不正确的代名词；相反，“台湾认同”却越来越浓厚，而且成为政治正确的判断标准。

台湾社会经过李登辉12年的统治，及其后民进党籍地区领导人陈水扁的8年统治，“中华民国”的外壳虽然没有改变，原有的“中华民国宪法”

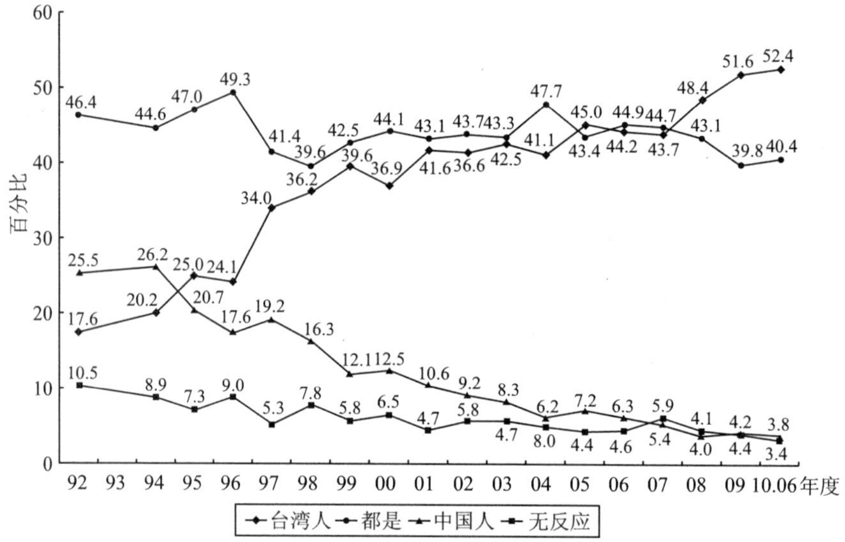

图 1　台湾人/中国人认同分布图

资料来源：台湾政治大学选举研究中心重要政治态度分布趋势图

依然部分有效，海峡两岸“一国两区”的法理定位依然存在，但是台湾民众的国家认同已经发生了根本性的改变。多数台湾民众已经从心理上接受“台湾是一个主权独立国家”的所谓“现状”，迫于现实，他们也不得不接受“中华民国”的外壳。但是此“中华民国”的内涵已经不同于蒋氏父子时期版图包括大陆和台湾的彼“中华民国”的内涵。李登辉曾经在《亚洲的智略》一书中表示：“这个‘旧国家’也已经产生本质的变化，现在的中华民国不再是以往的‘民国’，而是拥有崭新内涵的‘新的共和’（New Republic）。”李登辉还以“中华民国第二共和”来定义所谓的“新的共和”，认为：“台湾的认同问题已成熟到‘台湾中华民国’的阶段。中华民国已不再是原来的中华民国，而是‘新的共和’（New Republic），也就是‘第二共和”’。[11] 李登辉的主张也得到部分民进党人士的赞同。2007 年 3 月，以台大教授陈明通为召集人起草了“中华民国第二共和宪法草案”，目的之一是“以第二共和宪法作为台湾与中华民国的宪法连结”。[12]

台湾社会绝大多数民众认同“台湾化的中华民国”，但是他们多数仍然不认为自己是主张“台独”的“独”派，他们承认两岸有特殊的历史、文化、血缘和民族渊源，他们甚至于不排除未来两岸走向“最终统一”。在《远见》杂志 2010 年 4 月号发表的民调中，79.6% 的台湾民众自认为是中华

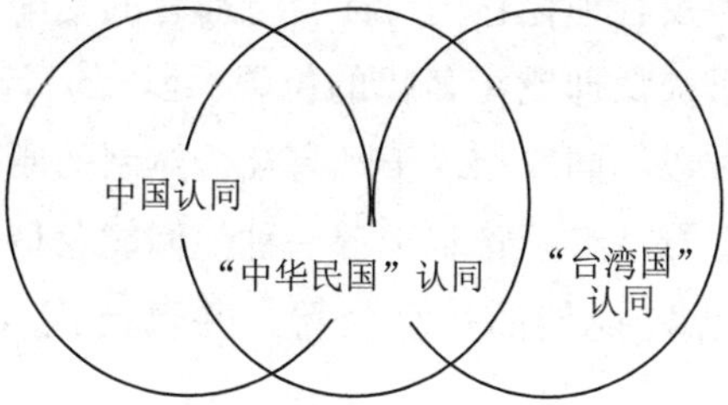

图 2　两岸政治认同现状图示

资料来源：作者自制

民族的一分子，其中泛蓝民众高达 93.1%，中立民众 75.1%，泛绿民众也有 70.1% [13] 即使他们认同海峡两岸同属中华民族，然而，他们认同的政治现状却是“台湾（中华民国）是一个主权独立国家”。即使是李登辉本人，在 2007 年 1 月 29 日接受《壹周刊》专访时仍然表示，他不是“台独教父”，“我不是台独，也从来没有主张过台独”，但是他却同时表示：“我不必追求台独，因为台湾事实上已经是一个主权独立的国家。”[14]

“台湾化的中华民国”或“中华民国的台湾化”使得未来两岸政治谈判触及和处理“中华民国政治地位”问题变得更加复杂和困难，“台湾化的中华民国”与“一个中国原则”之间的矛盾更加尖锐。表面上，这种政治认同仍然保留着“中华民国”的外壳，也没有“废除中华民国宪法”；然而，实质上，内在的国家认同已经发生了根本的变化。在两岸政治谈判的立场中，要求大陆承认“台湾（中华民国）是一个主权独立国家”是台湾社会的普遍要求，“特殊国与国关系”是目前台湾社会较为广泛的政治认同，即使马英九当局也无法违背这样的民意。中国文化大学教授邵宗海认为：“马英九只会接受九二共识，不会接受一中。”[15] 马英九要求两岸“互不否认”。“互不否认”什么？马英九没有明说，但很显然是“互不否认”双方对等的“国家认同”。

四、重构两岸政治认同是巩固两岸政治互信的有效途径

外国学者曼纽尔·卡斯特根据打造认同的形式与起源将认同区分为三种形式，即合法性的认同（legitimizing identity）、拒斥性的认同（resistance identity）、计划性的认同（project identity）。“合法性的认同由社会的支配性

制度所引介，以拓展及合理化它们对社会行动者的支配。拒斥性的认同是由那些在支配的逻辑下被贬抑或污名化的位置/处境的行动者所产生的，他们建立抵抗的战壕，并以不同或相反于既有社会体制的原则为基础而生存。计划性的认同指当社会行动者不管基于哪一种他们能获得的文化材料，建立一个新的认同以重新界定他们的社会位置，并藉此而寻求社会结构的全面改造。”[16]

台湾社会的政治认同的核心要素即国家认同正好处在上述三种划分的不同类别中。“中华民国”认同是台湾社会现存的合法性认同，在国民党重新执政后，得到台湾支配性制度的拓展，并且被塑造成台湾社会的政治认同中的最大共识。“中国认同”则在很大程度上遭遇了污名化的命运，受到台湾各种政治势力有意识的贬抑，虽然台湾社会的部分统派人士仍坚守最后的战壕，顽强抵抗各方的政治诋毁，但在台湾社会仍然居于拒斥性认同的地位。“台湾（共和）国”认同则是台湾社会的“独”派势力借助于各种各样政治的、文化的、法理的论述，有计划、有目的地试图在台湾社会重新建构的计划性认同。推动“台湾（共和）国”认同的政治势力利用20世纪80年代以来的台湾政治开放、文化多元与社会本土化趋势，通过文化运动、社会运动、政治运动的方式，不断推进台湾政治认同重构的过程，最终实现台湾社会政治结构的全面改造。

“政治认同是人们在特定社会的政治生活中产生的情感上的依赖和意识上的归属感，它与特定民族文化是紧密相关的”[17]台湾在蒋氏父子统治时期，坚持“一个中国”的政治认同，但也坚持“中华民国”是代表中国的“法统”，台湾民众在民族文化认同与政治认同上处于相互统一的状态。然而随着台湾政治的转型，这种民族文化认同与政治认同相统一的状态在一部分台湾民众中被逐渐割裂开来，“经过多年的民主化进程后（尽管路途走得崎岖），台湾人已能具体地把文化认同（以血缘、历史、风俗为基础）和政治认同（国家效忠、政治价值）进行切割。”[18]当然，这种切割只存在于部分台湾民众中，而且这种切割也只是暂时的现象。

“政治认同是社会成员与政治体系关系的反映，是社会成员在政治生活中对一定的政治体系的同向性的情感、态度和相应的支持行为。”[19]社会成员是政治认同的主体，政治体系是政治认同的客体（或称为对象），由于客体（对象）的不同，必然导致政治认同的差异。1949年以来，由于国共内战导致海峡两岸长期政治对立，存在着两个相互对立的政治体系，这两个相互对立的政治体系，塑造着两岸民众相互差异的价值观念、政党认同、国家认同，对立政治体系的现实造成了政治认同差异的现实。台湾长期维持着“国家体制”，既有“中央政府”、“宪法”和军队，也有部分国家给予它“外交承认”，台湾当局以及台湾民众不仅不可能自我否定，而且进一步要求大陆不否认甚至承认“中华民国（台湾）”的存在现实及其在国际上的政治地位。可见，两岸政治认同的差异和冲突不仅仅是历史造成的后果，也是两岸政治现实的产物。

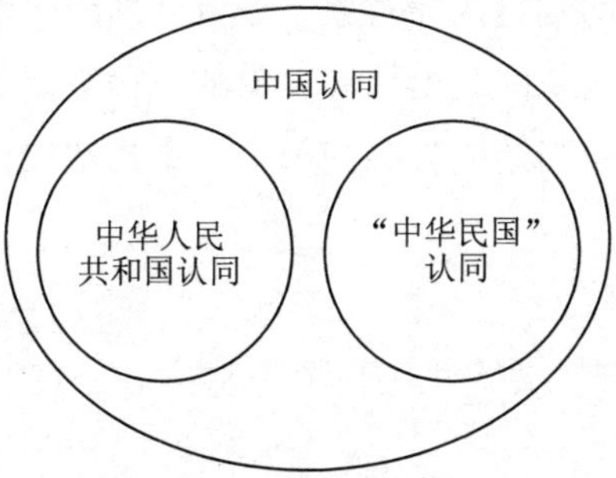

图 3　两岸政治认同的重构

资料来源：作者自制

基于两岸政治现实，现阶段消除“中华民国（台湾）”的认同几乎是不可能的。巩固两岸政治互信、建立两岸关系和平稳定互动架构的有效途径在于超越“中华人民共和国认同”和“中华民国（台湾）认同”，重塑“大陆和台湾同属一个国家”的“中国认同”。前海协会长汪道涵先生提出的“两岸同胞共同缔造统一的中国”，台大教授张亚中提出的“一中三宪”的构想，厦大台研院刘国深教授提出的“国家球体理论”等都是重构两岸政治认同的有益尝试。当然，政治认同属于政治实践的范畴，如何在相互对立的政治体系之上重构新的政治认同对象，把台湾社会的“中国认同”从拒斥性认同转变为计划性认同，这是两岸关系和平发展的进程中必须努力解决的政治难题，有待于两岸当政者以最大的耐心和最大的善意来推动两岸政治认同的重构，为两岸苍生开辟台湾海峡永久和平的新局面。

五、结　语

从 2008 年以来，两岸关系走上了和平发展的正确轨道。两岸两会的谈判日益深入，两岸民间交流更加频繁，两岸经贸关系越来越密切，然而，在两岸开创和平发展的新局面进程中，始终潜藏着两岸政治认同分歧的阴影，影响和制约着两岸政治互信的建立与巩固。在两岸政治谈判的过程中，政治认同分歧将成为达成协议的最大障碍。两岸政治认同分歧是国共内战历史遗留下来的政治难题，要破解这些政治难题并不容易。随着台湾社会政治的转型，“台独”、“分裂”思潮的泛滥，“台独”、“分裂”势力的扩张，政党政治的制约，社会多元化的发展，两岸政治认同分歧的解决面临更加复杂的岛内政治环境，也使得两岸统一的历史使命变得更加艰巨。超越两岸政治认同的现实分歧，重构新的政治认同对象，是巩固两岸政治互信的有效途径，但是，海峡两岸共同重构新的政治认同对象的过程必定是艰难、复杂、长期的过程。两岸人民和两岸当局应当共同努力，重构政治认同，巩固政治互信。

注释：

[1]《胡锦涛会见出席上海世博会开幕式的台湾各界人士》，《人民日报》，2010 年 4 月 30 日，第 1 版。

[2] 胡锦涛：《携手推动两岸关系和平发展同心实现中华民族伟大复兴——在纪念〈告台湾同胞书〉发表 30 周年座谈会上的讲话》，《人民日报》，2009 年 1 月 1 日，第 2 版。

[3] [16] 曼纽尔·卡斯特：《认同的力量》，夏铸九、黄丽玲等译，北京：社会科学文献出版社，2003 年，第 2 页，第 4 页。

[4]《中国大百科全书·政治学》，北京：中国大百科全书出版社，1992 年，第 501 页。

[5] 江宜桦：《自由主义、民族主义与国家认同》，台北：扬智文化事业股份有限公司，1998 年，第 90 页。

[6] 台湾 TUBS 民调中心“马英九总统就职两周年民调”，http；//www. tvbs. com. tw/FILE _ DB/DL _ DB/yijung/201005/yijung－20100520185157. pdf

[7] “‘马总统暨内阁施政满意度’民调”，台湾《远见》杂志 2010 年 9 月号，http；//www. gvm. com. tw/gvsrc/20100816SOIAPOOPRIR. pdf

[8] 台湾 TVBS 民调中心“第四次江陈会陈云林来台前民调”，http；//www. tvbs. com. tw/FILE _ DB/DL _ DB/doshouldo/200912/doshouldo－20091218191946. pdf

[9] “‘两岸完成签定经济合作协议、民众终极统独观、马总统满意度’民调”，台湾《远见》杂志 2010 年 8 月号，http：//www. gvm. com. tw/gvsrc/20100714SOIAP00PMR. pdf

[10] 日本东京大学若林正丈教授对“中华民国台湾化”的定义是：“以‘正统中国国家’为前提建构的战后台湾国家的政治结构（国家体制、政治体制、国民统合意识形态）转变成为符合 1949 年后只统治台湾的政治现实的结构的过程。”转引自 2010 年 3 月 24 日若林正丈教授在厦门大学台湾研究院演讲稿。

[11] 李登辉，中嶋案雄：《亚洲的智略》，骆文森、杨明珠译，台北：远流出版事业股份有限公司，2001 年，第 41 页，第 42 页。

[12] 财团法人台湾智库、中华亚太蓄英交流协会主办："审议式民主：中华民国第二共和宪法草案研讨会"会议手册，第7页。

[13] "'对签定经济合作协议看法、民众终极统独观、马总统满意度'民调"，台湾《远见》杂志2010年4月号，http：//www. gvm. com. tw/gvsrc/201003 – VSRC _ others. pdf

[14]《弃台独引中资，专访李登辉：我想访问大陆》，台湾《壹周刊》，2007年2月1日，第A028版。

[15]《邵宗海："国安会"换将影响两岸关系执行面》，中评社台北2010年2月12日电，http：//cn. chinareviewnews. com/crn – webapp/search/allDetail. jsp？id = 101228905 &sw = % E8% B5% B5% E5% BB% BA% E6% BO% 91

[17] 林伟健：《国家凝聚力：从文化认同到政治认同》，《广东省社会主义学院学报》，2009年第3期。

[18] 洪奇昌：《谈两岸文化交流下的台湾认同》，《中时旺报》，2010年4月8日，第C6版。

[19] 方旭光：《政治认同—政治实践的范畴》，《兰州学刊》，2006年第9期。

（作者为厦门大学台湾研究院政治所所长、副教授）

“法理台独”理论根源之批判

朱松岭　许崇德　易赛键

党的十七大报告指出：“在一个中国原则的基础上，协商正式结束两岸敌对状态，达成和平协议，构建两岸关系和平发展框架，开创两岸关系和平发展新局面。”胡锦涛总书记在 2008 年“12·31 讲话”中再次重申了这一立场，并强调指出：“两岸复归统一，不是主权和领土再造，而是结束政治对立。”但是，台湾岛内的“台独”势力依然存在并继续建构其基础理论以对抗两岸统一，寻求“法理台独”。对此，有必要探寻“法理台独”的理论根源，以消除两岸“鸡对鸭讲”的状态，在理论上建构国家统一的法学理论。

理论界一般认为，“台湾地位未定论”、“台湾民族论”、“住民自决论”、“中国主权观念过时论”、“台湾命运共同体论”等是“法理台独”的基础理论。笔者将“法理台独”的基础理论归纳为实体论、程序论和方法论。其中，实体论包含“台湾地位未定论”、“自决论”和“事实主权论”；程序论主要指公民投票论；囿于篇幅，方法论不在本文中涉及。

一、“法理台独”的实体论

实体（substance）一词，是古希腊哲学家亚里士多德首创的一个重要哲学概念，也是后来西方哲学史上许多哲学家划定的重要哲学范畴，又译为本体。其含义一般是指能够独立存在的、作为一切属性的基础和万物本原的东西。为了正本清源，我们重点关注“法理台独”的基础理论。

（一）台湾地位未定论

“台湾地位未定论”，是 1949 年中华人民共和国宣告成立之初，美国政府为将台湾纳入它的势力范围，使之成为远东战略的一环，公然背弃（开罗宣言》和《波茨坦公告》，无中生有地编造出来的说法。该说法强指台湾从日本统治下解放出来后，就变成了一块无主土地。由于没有任何条约言明日本已将台湾归还中国，所以要重新确定这块土地的归属。

“台湾地位未定论”的发端乃是杜鲁门在1950年6月27日的声明：“台湾未来地位的决定必须等待太平洋安全的恢复，对日和约的签订或经联合国考虑。”这就是美国所谓的“台湾中立化”政策和“台湾地位未定论”的由来。我们认为，所谓台湾地位未定论，是指美国为了将台湾纳入其势力范围，在国际法中专门编织漏洞，认为台湾尚未回归中国，借以制造矛盾，阻碍中国统一的理论的总称。这一理论后来在“台独分子”中被利用和发展，并成为“法理台独”的理论根源之一。

本来，台湾是中国领土的组成部分并无争议。1895年中日甲午战争之后，日本凭借不平等的《马关条约》强行割占了台湾和澎湖列岛。但二战期间，中、美、英三国联合签署了《开罗宣言》和《波茨坦公告》（后苏联加入），明确了日本将所窃取的中国领土，如满洲、台湾及澎湖列岛归还中国，并作为日本投降的必须实施条件之一在《日本投降条款》中为日本政府所接受[1]。中国国民政府也在1945年10月25日正式接受了驻台日军的投降，并宣布“自即日起台湾及澎湖列岛已正式重入中国版图，所有一切土地、人民、政事皆已置于中国主权之下。”对此美国并无异议。

由于朝鲜战争爆发，美国出于自身利益考虑，对台湾法律地位的政策发生了变化。台湾学者邱宏达在分析美国寻求甚至制造台湾地位未定论的原因时指出：“韩战使美国决定这个战略性岛屿不能由一敌对的政权所控制，因此，美国必须为其干涉阻挠中共‘解放’台湾制造一个法律根据。从美国的角度看来，如果台湾的地位能被称为‘未定’，则它比较容易在法理上找寻派海军进入台湾海峡的理由。基于这个考虑，美国便草拟了对日和约中有关台湾地位的条文。”[2]杜勒斯对台湾当局驻美国“大使”顾维钧威胁道：“如果美国把台湾单纯地看作中国领土……美国派遣第七舰队进入台湾海峡便师出无名……。”[3]大陆学者王缉思和台湾学者邱宏达以及部分香港学者均注意到美国故意炮制台湾地位未定论的目的[4]。

1950年1月5日，美国在关于台湾政策的声明中，杜鲁门总统明白无误地承认中国对台湾的主权[5]。朝鲜战争爆发两天后，杜鲁门总统就下令美国第七舰队防卫台湾、澎湖列岛，并且发表声明，认为“福尔摩莎（Formosa）未来地位的决定，必须等到太平洋安全问题恢复后，与日本和平解决，或者由联合国考虑而解决。”[6] 这表明，美国为了避免台湾被中国共产党所统一而对台湾问题设置政治、法律、军事障碍的思想已经开始发端。

在条约签订之前，美国曾以各种外交手法乃至“超法律”的方法，确保中国两方政府及其盟友在联合国关系台湾命运的问题的会议上没有发言权。美国国务院采取“会议策略”，阻挠中华人民共和国进入联合国[7]92，以此剥夺中华人民共和国政府对“对日条约”（即“旧金山条约”）的发言权，同时，台湾当局又未被邀请列席对日条约的会议，中国就没有任何代表可以参与制订此项合约了。美国正是精心策划了在国共两方没有任何一方参与的情况下，签订了瓜分二战成果的“旧金山条约”。以美国等国家为主导的势力在这一条约第 2 条 b 项中规定日本正式放弃对台湾和澎湖列岛的主权，但故意留有漏洞，即并不说明上述领土的主权移交给谁，这一条约为部分“台独”势力所利用，被冠以“台湾主权未定论”并成为“法理台独”的基础理论之一。

朝鲜战争结束后，美国采取了另外的措施介入台湾问题，并开始实施其在台湾问题上的两手策略。

第一手，采取所谓“国际条约”方式协防台湾。1954 年 12 月，美国与蒋介石集团签订“中美共同防御条约”：条约明定“中华民国”领土仅限于台湾本土和澎湖列岛（金门、马祖和大陈岛并不在此列）。条约明定为防御性，即台湾当局不得以攻打大陆为由请求协助。由于美国试图将两岸政治对立的现状长期化，意识形态上的论争以及当时国共两党的“法统”之争就掩盖了美国分裂中国这一问题的严重性，使得许多中国人忽略了美国插手台湾事务的内里乾坤。实际上，当时的蒋介石当局处于一方面要依靠美国援助，另一方面美国的对台政策尤其是“旧金山条约”（具体内容将在下文中论述）的签订又可能使得国民党统治台湾的合法性受到挑战的尴尬境地。据记载，当时有一位学者由于怀疑美国对台政策有助于“台独”运动的发展，并且批评国民党的漠然忍受，结果被扣上“共产党”的帽子，其部分著作也被查禁[8]。蒋介石当局对美国采取的种种“以独制蒋”措施的沉默在未来造成了潜在的危机。

第二手。扶植“台独”势力。美国方面除了在“法理”上为“台独”制造依据，以实现其“以中制苏、以蒋制共、以独制蒋”的策略外，还扶植“台独”分子和“台独”团体。1955 年，“台独”分子廖文毅在日本建立“台湾共和国”，自任第一任“总统”。应该指出的是，虽然廖文毅的

"台独"活动是在日本进行的，但是他却得到美国人的有力支持，美国人多称其为托马斯·廖（Thomas Liao）[9]。1956年1月1日，五名台湾留学生在费城组成"台湾人的自由台湾"（Free Formosans' Formosa，简称三F）小组，其目标宣称要"建立独立、民主的台湾共和国，反对所有外来的独裁政权"。两岸当局都是他们反对的目标[10]。他们在1958年将其组织改组为"台湾独立联盟"（United Formosans for Independence，简称UFO。后来，该组织在美国《外交事务季刊》（Foreign Affairs）等刊物发表"台独"言论，对海外"台独"的发展，"台独"意识启蒙、组织基础的奠定以及"台独"理论化等做了深化，对后来台湾岛内"法理台独"的发展起到重要作用。1966年，UFI在费城成立"全美台湾独立联盟"（The United Formosans in America for Independence，简称UFAI），由费正清的弟子陈以德担任首届主席。1969年9月29日，"台独"分子在纽约成立世界性的"台湾独立联盟"（World United Formosans´for Independence，简称WUFI），达成了海外"台独"的统合。1970年代之后，"台独"路线的实行、政治救援、人权号召，乃至"国会"运作及国际"外交"工作都以美国为中心展开。1982年成立的"台湾人公共事务协会"（Formosan Association for Public Affairs，简称FAPA），成为当时新兴的海外"台独"主流团体，并在美国开展"国会外交"，相当于海外"台独"的"外交部"。他们甚至将触角延伸到世界各地，包括亚洲、南美或第三世界国家。1988年12月15日，蔡武雄、李宪荣、陈唐山、李界木等成立了"台湾国际关系中心"（Center for Taiwan International Relations，简称CTIR），除对"法理台独"的核心问题即主权问题进行研究外，还广泛发展和各国相关团体的关系。它被称为FAPA之外的另一个"台独外交部"。

上述美国直接或间接支持的"台独"分子和"台独"团体和台湾岛内的"台独"势力遥相呼应，在理论上、组织上乃至其他方面提供了重要支援，并在台湾"解禁"后成为岛内"法理台独"的重要势力。这些势力在后来台湾的选举中脱缰而驰。正如有论者所言，美国政府在正式场合小心翼翼地置身台湾选举之外，而美国著名政客及政团却无意掩饰他们的干预[7]35。美国在台湾的历次选举中对柔性选举政策和"法理台独"的运用极其熟练，并在形成刚性的"台湾主体性"和推动制度性的"公民投票法"的前期工作中起到重要作用。

台湾地位未定论作为"台独分子"常用的理论工具之一，在"急独"

和“温和”的“台独分子”那里都有其追随者。前者如廖文毅、彭明敏等，后者如林浊水等。两蒋时代，用刑法严惩“台独”，但并没有注意理论上的批驳，因此，这一理论得以谬种流传。李登辉上台后，在其《台湾的主张》一书中认同了“台湾地位未定论”。并以 1951 年《旧金山条约》中日本虽然声明放弃台湾主权，但却未明文规定归还给谁，作为“台湾主权未定论”的法理基础。

“台独”大佬黄昭堂、彭明敏等认为，1950 年代的“旧金山条约”和“中日和平条约”在法理上已经产生了台湾地位未决的效果[11]。持“台独”观点的台湾学者陈荔彤认为，虽然由于同盟国间关于台湾、澎湖列岛的最终处置无法达成一致，而将之留待给时间去解决便成为较好的方法。但是旧金山和约并未要求日本指明接受者的理由，主要系反映了美国在处理韩战的全盘政策改变。……自 1950 年 6 月以后，美国对台湾地位的政策便一直是尚未决定，而美国此举乃意欲建立一些避免台湾落入中共手中的法律障碍[12]。

民进党创党时提出的“住民自决”就是建立在“台湾地位未定论”的基础之上的。1988 年 4 月 17 日，民进党“临全会”通过的“四·一七决议”就宣称，“台湾依 1951 年《旧金山对日和约》及 1952 年‘台日和约’之规定，都未以和约决定战后主权之归属，故其主权并未属于任何一个国家”。按照这一逻辑起点，民进党后来的一系列“台独”主张中，大多数都是以此理论为基础的。

（二）事实主权论

事实主权一词是 1990 年 10 月 7 日民进党第四届第二次全体党员代表大会审议“泛新潮流系”的前民进党主席姚嘉文时提出“我国主权不及于中华人民共和国及蒙古人民共和国”的提案时，经陈水扁提出修正条文：“台湾事实主权不及于中国大陆及外蒙古”，在主权前面加上“事实”二字，将所谓主权界定在“事实层面”，并将“国家”改为地理名词。这一主张否定了“台湾是中国的一部分”与两岸政权主张的“法理主权”。他们认为，主权意识是决定一个国家是否存在的最终条件。自从 1993 年“修宪”之后，在台湾存在的这个真实“国家”就有了新“主权”范畴的界定，亦即它的“有效治权”和“事实主权”已不及中国大陆，而是在台澎金马，从此台湾的“主权”就不再有争议。

至 1995 年，时任民进党主席施明德对“台独”主张的新论释中可以看出“民进党如果执政，不必也不会宣布台湾独立”。彭明敏接着也同意“赞成维持现状，等于赞成台湾独立。……台湾已经独立数十年了，因此支持现状就是支持台独，统一才是改变现状。……台湾从1949年以来即是一个主权独立的国家[13]”，按照“台独”理论塑造者的解释：“‘法律主权’系指一个权力机关，能经由法律之形式，表示国家最高无上之命令，此一机关即‘法律主权’机关。……假如‘法律主权’机关之旨意与‘事实主权’之旨意不合，则‘法律主权’必须向‘事实主权’迁就。在民主时代，这个‘事实主权’就是人民的权力，叫做‘政治主权’。我国宪法规定：‘中华民国之主权属于国民全体’，这里的‘主权’即指‘政治主权’，也就是‘事实主权’。”[14]这一荒谬的解释首先违反了他们的“中华民国宪法”，他们似乎忘记了“事实主权”的提法正是在台湾当局的警告下，迫不得已的反映。林浊水甚至认为，美国的“与台湾关系法”实际上只是限制了台湾的“法律主权”，但承认台湾的“事实主权”，所以才有“与台湾关系法”第四条“凡美国法律提及或涉及外国、外国民族、外国国家或类似实体时，此等名词应包括台湾，此等法律亦应适用于台湾。”[15]更有“台独”学者用国际惯例等来说明台湾的“事实主权”：奠基于台湾有效统治台澎金马区域，并能与其他国家透过各种方式处理双边事务的事实，台湾当局虽自1971年起不再能参与联合国，并自1975年起就只剩下二十几个正式外交关系（虽然当时仍有美国等具国际实力的邦交），但台湾凭借着经济实力仍与120多个国家维持积极的双边实质往来。1989年成立的亚太经合会（APEC）为了台湾等特例，刻意将其组织成员称为“会员经济体（Member Economics）”，并于1991年同时接受台湾、香港及大陆中国为会员。2000年签订的“中西太平洋高度回游鱼类养护与管理公约”也使非签约国的“台湾渔业实体”成为“中西太平洋高度回游鱼类养护与管理委员会”的委员，共同决议中西太平洋养护机制。台湾更成为GATT/ WTO历史第一例：以“代表一充分自主的个别关税领域的政府”身份，引用GATT第三十三条及随后的WTO第十二条申请，透过双边及多边谈判，于2002年正式成为WTO会员。这些多边政府间国际组织的例子充分显示：国际社会无法忽视台湾的经贸及远洋渔业等实力，因而必须为应付台湾独特的国际法地位而做“功能性”的创举。而世界各国皆接受台湾人所携护照入境；外国人进入台澎金马得经过台湾当局透过签证表达同意等，都显示“台湾作为一个事实国家，享有事实主权；且其事实主权受到国际普遍尊重”的明显事实[16]。

从“事实主权”论的提出开始，施明德提出民进党执政“不必也不会宣布台湾独立”。民进党新生代主张替“台独”除魅，到林浊水宣布“台湾现状是主权已经独立，建国尚未成功”，象征着民进党所谓的现状认同已经渐趋成熟。由于“事实主权”论述的存在，所以将“独立”与“建国”脱钩，倾向于以“台湾现状主权已经独立”的解释，取代了过去“独立建国”一体的思考（即认为必须透过建国运动才能宣示国家主权独立的地位）。这之后，民进党将“现状”即“台独”的论述，将维持“现状”即维持“台独”的论述进一步深化。这是经过1990年代一次次民主选举得出的结论。这意味着，这个党最终还是为了选举的利益。

虽然这一主张离“法理主权”尚有一定差距，但是这一以退为进的说法也为1991年“台独党纲”提出“法理台独”理念奠定了基础，同时这一理论也成为“防御性公投”的基础理论。“事实主权”理论在民进党内的深化及在台湾民众中的推广，对“反独”和国家统一埋下了非常不利的种子。

二、“法理台独”的程序论

“法理台独”的程序论即“台独分子”通过“公民投票”的程序制定“宪法”，变更法源、重建“法统”，以实现“台湾法理独立”。

（一）自决论

“台独分子”从逻辑上推演，既然台湾地位未定，而且“旧金山和约”及“中日条约”也没有规定台湾地位到底如何解决，何时解决，那么就需要寻求理论自己解决。所谓“自决论”就是指台湾未来的地位由台湾人民自己通过合适的程序自行决定。这一理论前期称之为“住民自决”论，后期称为“台湾人民自决”论。

住民自决论。住民自决论有着复杂的背景，也反映了部分台湾同胞对形势评估的复杂心态。一方面，美国等国试图干涉中国内政，炮制并传播了其“台湾地位未定论”，住民自决理论支持者有一部分是美国扶植的；另外，部分台湾同胞一方面不满国民党的统治方式，另一方面又惧怕大陆统一后实行社会主义制度，因此主张以“自决”来摆脱国共两党“冗长的冲突”[17]。海外“台独”的理论鼓吹者们最早鼓吹“自决论”。应该说，早期的“自决论”有着形形色色的表现，不一而足。

杨锦麟先生认为，（民进党）这个新集结的政治力量，带着“住民自决”的胎记，走上了台湾的政治舞台[18]。

1970年代以后，由于海外“台独”运动式微，用“自决”取代“台独”口号似乎成为一种必然。党外势力1978年底提出的“住民自决”主张应是最早见端倪者。党外为了“支持政府为寻求新的国际社会地位所做的一切努力，并发起重新加入联合国的运动”，针对国民党当局在“外交”上的败局等，由康宁祥、王兆钊联合发表《告同胞书》，称“台湾之未来应由现在之1700万居民共同决定。”同年12月25日，余登发等60余位党外人士签名发表了《党外人士国是声明》，亦称“我们坚持主张台湾的命运应由1700万人民来决定”[19]。“与台湾关系法’，通过后，康宁祥、黄信介等又发表了“国是声明”，形成了“住民自决”的雏形。严格意义上讲，这一时期的住民自决论是台湾当局被逐出联合国后，岛内人士对台湾前途的思考，并为台湾寻求国际空间而阐发出来的理论，这些理论和当时国民党内“革新保台”的观点有着相似之处。

1982年“立法院”质询中，党外人士首次“以自决的观念向行政院质询，要求行政院以自决原则突破外交逆境”，此后，“住民自决”逐渐成为党外人士的共同主张，并在1983年的选举中首次写入党外的“共同政见”。1983年11月15日，美国参议院外委会通过了强烈暗示“住民自决”主张的“台湾前途决议案”，称“台湾前途的解决应是和平的、不受强制的，其方式应为台湾人民所能接受的。”“他所隐含的‘自决’精神由海外台独人士引进了岛内，渗入台湾民主运动的主流。[20]

1986年民进党成立后，延续了党外时期的“住民自决”而非“自决”概念，其目的是为了维持党内各派系平衡，使之按照各自的意图做不同的解读。因此，民进党的各类代表均无法对“住民自决”做一完整的论述。

民进党创党党纲中表述道：“台湾前途应由台湾全体住民决定。依据‘经济社会和文化权利的国际规约’所揭示的原则，所有人民都有自决权，且能自由决定其政治地位，并自由追求经济、社会及文化发展。台湾的前途，应由台湾全体住民，以自由、自主、普遍、公正、而平等的方式共同决定。任何政府或政府的联合，都没有决定台湾政治归属的权利。终止台海两岸对抗。基于台湾人民之整体利益，谋求合乎人道、平等、和平的解决途径。在台海两岸政治、社会、经济制度相差悬殊下，应优先致力于改善两岸人民之生活，不应制造紧张对抗。台海两岸之问题，应由全体住民透过自由意志决定，反对由于国共双方基于违背‘人民自决原则’的谈判解决方式。[21]

当时担任民进党中常委的谢长廷解释说：“我想‘自决’是一个民主的基本前提，我们现在有很多意见。‘统一’是一个，‘自决独立’也是一个；‘邦联’也是一个。站在一个台湾人的立场上来看，我们不是为了统一而统一的。”“现在谈统一，问题太多了，我们要在这一代花费很长时间来适应大陆的一套，这等于要牺牲一代或二代人的利益。”因此，“等到大陆和台湾在民间的交流已经有了一段很长的时间后，大家比较了解了之后，再谈统一比较好。”目前，“我赞成‘自决’”，[22]。民进党第二任主席姚嘉文认为：“‘自决’就是要由同一块土地上的人们，大家都共同有机会，以公开的民主程序来决定未来前途，而不是由这块土地上的少数几个自行决定。故要自决先要民主，当人民能够自觉了，则民主才算落实。”[22]当时很多人都有“自决和独立福建师范大学学报（哲学社会科学版）2010年上没有等号的关系”[23]等言论。1987年，谢长廷又提出所谓新的“台湾意识”或被称为“台湾命运共同体的自卫意识”的概念，即“在国共长期对峙之下，台湾面临中共政权强大的威胁和压力，所有住民自然形成台湾岛命运共同体的台湾意识；这个新的台湾意识，包含所有本省、外省同胞，也包含了国民党内，是为了全体同胞在这里能够互相融洽，结为一体。”“所谓新的台湾意识，无非成之于命运共同体的自卫意识，是旨在于消弭省籍界限的融洽意识。”“在台住民自决运动中，系包含在台大陆人在内的自觉，亦即以‘台湾岛命运共同体的意识’为基础，而非朝向以统一为最高目标与价值的方向。”[24]后来，这一理论一直在民进党内受到推动，到今天还在民进党的党纲之内。

民族自决论。台湾民族自决论由来已久，但性质并不相同。1895年“台湾民主国”运动就是用“自决”理论确立了“自决纲领”，但这一纲领是针对日本殖民主义讲的，有其正当性。海外“台独”以及后来的“法理台独”支持者关于“台湾民族论”、“海洋民族”以及视国民党为“外来殖民统治”等，都是构建台湾民族的表现。

台湾人民是中国人民的组成部分，都属于中华民族是个不争的事实。此类论述也极多、极丰满、极有说服力。但是，“台独分子”依然要解构中华民族，塑造所谓“台湾民族”，其目的就是要适用民族自决论。“台独分子”王育德构思的台湾民族采取了Ernest Renan的命运共同体的观点，指出汉民族只是 Volk，并非民族，而台湾民族则是要由台湾 Volk 脱离汉 Volk 的一个共同体。后来，彭明敏和黄兆堂也采取了这种主观认定的方法[25]。李登辉加以修饰后改称为生命共同体。

前述的理论推理是：并非所有的台湾人都是来自大陆，或是对“非少数民族”的故国有感情上的牵挂，因此华人国家的定位根本是无视少数民族的存在。如“台独分子”廖文毅用混杂血统论建构“台湾民族”：“先天的我们（台湾人）继承印尼、葡萄牙、西班牙、荷兰、福建、广东以及日本人的血统，换句话说，融合少数民族、汉、日、拉丁、条顿诸民族的血统。”[26]而“台独分子”王育德则指出，民族是资本主义诞生以后的产物，因而汉民族不是民族，台湾则是在日据时期发展为台湾民族，必须建立民族国家，透过国家这一容器，以精练民族这个“内容物”。[27]“台独分子”许世楷则指出，台湾人在中国近代民族主义尚未形成前即已移住台湾，而在诸多外来支配者的统治下逐步发展出独立的民族意识，但因没有自己的独立国家，因而是有限的意识。[28]

其实，“台独”分子在塑造“台湾民族”的时候，也害怕台湾的“少数民族”通过自决权将他们非法化。因为，按照他们的逻辑，国际法上的“第三代人权”上看待集体权利，“少数民族”的“民族权”包括认同权、自决权、文化权、财产权和补偿权。他们最担心的是对台湾少数民族土地权的设释和落实。因为，土地权背后是少数民族的主权能否被接受，以及民族自决权如何透过自治权的行使来成立自治区。其实，“台独分子”知道，“民族自决权”里包含有是否允许一国内部的民族自决问题。因此，将包括少数民族、闽南人、客家人和外省人在内的所有人混同到一起，编造成“台湾民族”，一方面可以为自己的所谓“民族自决”去编造一个“民族”，另一方面也想杜绝少数民族用这种自决权将他们撵出台湾岛。

前台联党秘书长施正锋说：“台湾独立建国的正当性在于台湾人想要行使民族自决权，不过，最根本的前提是台湾人已经明显地升华为台湾民族，也就是说，台湾人除了还想保有自己的土地以及生活以外，更重要的是享有自己的国家，而不是任何一个国家都好。”他同时赤裸裸地表明：“‘政治’民族是经过想象而来的共同体，除了建立过去的集体记忆、现在的共同经验，更要建构未来的共同愿景；也因此，民族的认同上可以经过选择而取得。开明的台湾民族主义者应该会接受政治民族的定义，也就是如何将多元族群塑造为台湾民族，具体而言，就是透过对话、协商，来解构、建构、以及重构大家都能接受的民族认同。”[29]

（二）“法理台独”的“公民投票程序论”

台湾学者许宗力（现为“大法官”）认为，所谓公民投票基本上是由政府举办，由公民直接对“事”而非对“人”，以投票表达其接受与否的意见。“事”包括法律、议案或个别政策议题，所以法案为行使对象的创制、复决，以及只针对个别政策议题为行使对象的所谓政策投票（policy vote），都包括在公民投票的范畴内[30]。苏永钦则认为：“籍由公民正式的投票来形成公共事务的决定时，不论标的、程序和效力如何，往往都会套用到（公民投票）这个词[31]。”他认为，创制、复决或者公共政策的公民票决都可以成为公民投票，甚至涉及国家主权或国际法义务的公民（住民自决）（self-determination），或者涉及为制定宪法而进行的公民（住民）票决，也都属于公民投票的概念范畴[31]。主张“台独”的陈隆志认为，公民投票概念中的“公民”并不一定明确地指称宪法中所谓的具有参政权的公民（台湾地区“宪法”第130条），而有时是泛指“国民”、“人民”，甚而有时是指称居住于某一地域内的“住民”，所谓，公民投票乃包括公民、国民、人民及住民投票的概念在内[32]。台湾学者曲兆祥认为，公民投票基本上是个泛称的概念，它是指政治系统（political system）的成员对公共事务以票决的形式来表达意见。其范围颇为广泛，从国家主权的处理、宪法的制定或个别公共政策的采纳与否，乃至无法律效力的“咨询性公民投票”等都属于公民投票所指涉的范畴。他认为，无论怎么界定公民投票的概念，其基本性质是颇为清晰的，即无论哪个层面的公民投票，其性质都属于公民（住民）的直接民权，一如孙中山先生在民权定义中对民权的定义是选举、罢免、创制和复决权。而周阳山教授则一针见血地指出：“‘直接民权’的概念与制度设计，在当今台湾的实质运作，却有了很大的性质改变。过去八年里，在陈水扁主政之下，‘直接民权’已被简化为‘公民投票’（referendum），甚至夹杂着‘住民自决’（plebiscite）的意涵，而且其具体内涵已偏离直接民权的精神，在民主巩固的符号意义上，也有了本质性的改变。”[33]231 可见，在周阳山教授那里，已经判断陈水扁的“住民自决”就是“公民投票”，是故意制造概念混淆，用“公民投票”之形掩盖“法理台独”之实。在台湾素有“蔡公投”之称的“台独分子”蔡同荣更是在T恤衫上印上了plebiscite一词。“立法院”第一个“公投法草案”也是他提出来的，这个

“草案”中就包括了“不设限条款”，也就是允许台湾人民就主权、领土、国号、国歌等关键性的象征符号进行公投。在陈水扁及其幕僚的心目中，“公投”一词主要系指“住民自决”，而非孙中山先生所设计的“复决”。基于此，民进党政府积极推动的“公民投票”，实系“住民自决”的一种变体，其主旨在于推动“新国家”的独立行动，并非一般民主自由体制下常规化的直接民主或公民投票，更非孙中山先生“权能区分”主张之下籍“直接民权”以促进“政府善治”的民主手段[32]

可见，台湾方面在两岸关系的“公投”上所指的是“plebiscite”，由于plebiscite一词曾被拿破仑叔侄及希特勒用来作为独裁的工具，许多人回避使用plebiscite一词而以：referendum取而代之，致使出现了上述二词使用中的混乱。下文关于“防御性公投”的论述就是从plebiscite这个意义上展开论述的。

民进党在“台湾前途决议文”的说明中强调：“主权的独立与自主，是国家安全、社会发展及人民幸福的前提。台湾主权独立，与中华人民共和国互不隶属，既是历史事实，也是现实状态。这不但是台湾生存的条件，也是发展民主政治与创造经济奇迹的依凭。”不过，民进党也在这份重要决议文中首度正式承认“中华民国”国名，并强调“台湾是一主权独立国家，任何有关独立现状的更动，必须经由台湾全体住民以公民投票的方式决定。”

这一“法理台独”程序的理论看起来及其复杂，实质无非就是“住民自决”，或把“住民”改成“公民”，称之为“公民自决”，其本质在于推动“法理台独”。

三、结　语

“法理台独”理论经过多年发展，已经形成一整套理论体系。这套理论体系试图从根本上颠覆台湾属于中国的历史事实，重新构建一套“台独”理论并运用到实践中。这套东西在理论上是错误的，在实践上是反动的。它对两岸关系的和平发展已经造成了严重的挑战和巨大的风险。我们必须从理论根源上对其进行彻底的批判，进而寻找到对它的应对之道，从而在理论建构和实践中消除“法理台独”对两岸关系的影响，使两岸关系从和平发展走向统一。

参考文献

[1]《台湾问题与中国统一（白皮书）》，张万明著：《涉台法律问题总论》，北京，法律出版社，2003年．第155页。

[2] 邱宏达：《中国、美国与台湾问题》，录于氏：《中国与台湾问题的分析与文件汇编》，台北：商务印书馆，1975年，第3页。

[3] 陈志奇：《美国对华政策三十年》（增订版），台北：《中华日报》，1981年，第53页。

[4] 邱宏达：《台湾澎湖法律地位问题研究》，录于氏：《中国与台湾问题的分析与文件汇编》，台北：商务印书馆，1975年。王缉思：《论美国"两个中国政策的起源》，袁明、哈里·哈丁：《中美关系史上沉重的一页》，北京：北京大学出版社，1989年，第325页。《台湾——过去、现在与未来》，香港：盘古出版，1975年，第46－48页。

[5] 杜鲁门总统称："美国和其他同盟国已经接受了中国在台湾岛主权运作的事实。" American Foreign Policy1950－1955：Basic Documents，Vol. U（Washington，D. C.：U. S. Government Printing Office，1957），pp. 2448－2449.

[6] Ibid，p. 2468；U. S. Department of Stare，Bulletin，Vol. 23（3July，1950），p5.

[7] 鲍绍森：《<台独>幕后：美国人的倡议与政策》，台北：海峡评论出版社，1993年。

[8]（台湾）王晓波：《台湾史与台湾人》，台北：东大出版，1988年，第1－2页，第262－271页。

[9]（台湾）黎明文化事业股份有限公司编辑部：《透视台独》，1989年，第6页。

[10] 李天福（卢主义）：《自由的号角：三F及UFR之起源》，吴三连台湾史料基金会（主办）：《自觉与认同：1950－1990年海外台湾人运动研讨会》，2003年12月9日－11日，第1页。

[11] Inre陈隆志、Harlod Lasswell："ormosa，China and the United Nations"（1970）；彭明敏、黄昭堂：《台湾在国际法上的地位》（1993）等，李鸿禧也持这种观点。

[12] 陈荔彤：《台湾主体论》，元照出版，2004年，第173－174页。

[13]《"赞成维持现状等于赞成台独"，彭明敏与中央党部沟通做成"消毒"兼抢选票说帖》，《联合报》：1995年9月29日，第二版。

[14] 陈春生：《台湾主权与两岸关系》，翰芦图书出版有限公司，2000年，第78页。

[15] 林浊水：《两个典范新旧不同》，《中国时报》2005年3月20日。

[16] 卓慧苑：《强化事实低调处理法理》，《中国时报》2007年9月2日。

[17] 林劲：《略论台独思潮的社会历史根源》，朱天顺：《当代台湾政治研究》，1990年，第193页。

[18] 杨锦麟《"住民自决"述论》，朱天顺：《当代台湾政治研究》，1990年，第203页。

[19] 姚嘉文、陈菊：《党外文集》，第48页。

[20]《民进党应修改"住民共决"主张》，香港：（中报）1986年12月16日。

[21]《民主进步党党纲》，中华全国台湾同胞联谊会研究室：《透视台湾民主进步党》（上），第79－80页。

[22] 中华全国台湾同胞联谊会研究室：《透视台湾民主进步党》（上）。

[23]（台湾）《大华晚报》，1987年2月14日。

[24]［美］《台湾公论报》，1987 年 1 月 26 日。

[25] 彭明敏：《自由的滋味—彭明敏回忆录》，台北：彭明敏文教基金会；黄兆堂：《台湾那想那利斯文》，台北：前卫出版。

[26] 廖文毅：《台湾民本主义》，东京：台湾民报社，第 40 页。转引自黄兆堂：《战后台湾独立运动与台湾民族主义的发展》，收录于施正锋编：《台湾民族主义》，台北：前卫，1994 年，第 200 页。

[27] 王育德：《台湾民族论》，《台湾青年》，第 35－37 号，1963 年，第 10－12 页。转引自黄兆堂：《战后台湾独立运动与台湾民族主义的发展》，第 204－206 页。

[28] 许世楷：《台湾人意识的形成》，《台湾青年》第 39 号，1964 年，第 2 页。

[29] 施正锋：《民族自决权——台湾独立建国的民族主义观点》，庄万春：《台湾独立的理论与历史》，台湾教授协会：《前卫》2002 年，第 207 页。

[30] 许宗力：《宪法与公民投票——公投的合宪性分析与公投法的建制》，陈隆志：《公民投票与台湾前途——公投研讨会论文集》，1999 年，第 93 页。

[31] 苏永钦：《创制复决与咨询性公投—从民主理论与宪法的角度探讨》，（宪政时代》第 27 卷，2001 年 10 月。

[32] 陈隆志：《公民投票与台湾前途——公投研讨会论文集》1999 年，第 60－63 页。

[33] 周阳山：《公民投票与民主巩固—台湾宪政改革的困境与纠结》，《台湾政治发展学术论文集》，厦门大学台湾研究中心、厦门大学台湾研究院，2006 年 8 月 25－27 日。

（作者朱松岭为北京联合大学台湾研究院两岸关系研究所副教授；许崇德为中国人民大学法学院教授、博士生导师；易赛键为中国人民大学法学院博士研究生、《求是》杂志社政治编辑部编辑）

台湾地位的国际法依据

褚静涛

由于中国内战，台湾与大陆分离一直至今。因台湾问题引发的冲突接连不断、错综复杂，涉及政治、经济、军事、法律、历史、心理等诸多层面。无论是历史事实还是法律地位，台湾都是中国领土不可分割的一部分。台湾岛内的分离势力为逞其目的，从国际法中寻找“台独”的立论依据。他们以《旧金山和约》中日本“放弃台澎”为口实，竭力鼓吹“台湾地位未定论”，诉求台湾“独立”，难免引起部分民众的盲从及附和。为此，笔者不揣浅陋，依据国际法，来详析台湾属于中国领土的一部分，《旧金山和约》、“中日和约”并没有否定台湾属于中国领土，就教于关注台湾前途的人们。

一、《开罗宣言》、《波茨坦公告》的法律约束力

台湾是中国领土不可分割的一部分。1895 年，日本强迫清政府签订《马关条约》，侵占台湾。收复包括台湾在内的所有失地是中国人民的共同愿望。珍珠港事件爆发后，收复台湾提上国民政府的议事日程。

为协商反法西斯作战，在罗斯福总统及丘吉尔首相的邀请下，1943 年 11 月，蒋介石赴开罗参加中美英三国首脑会议。11 月 27 日，蒋介石与美国总统罗斯福、英国首相丘吉尔在开罗联合发表《对日作战之目的与决心之公报》，也就是通称的《开罗宣言》，明确宣示：“三国之宗旨，在剥夺日本自从一九一四年第一次世界大战开始后在太平洋上所夺得或占领之一切岛屿。在使日本所窃取于中国之领土，例如东北四省、台湾、澎湖群岛等，归还中华民国。”

通过《开罗宣言》，中国政府征得美国与英国的支持，以宣言的方式向全世界确认台湾原属中国领土及日本强占的非正义性，表达了美英两国对台

澎归还中国、恢复中国对台澎主权的庄严承诺，是处理台湾问题的重要国际法依据，从而避免了台湾归属的国际化。

《开罗宣言》从其名称、内容及表达方式，属新闻公报。个别人以《开罗宣言》是新闻公报，只是中、美、英三国表达的意愿，不是严谨的国际条约，因而不具有国际法约束力。其实，这是在误读国际法，是在抹杀《开罗宣言》的国际法性质。

国际法上的国际条约（international treaty）或协议是一个内涵丰富的概念，可用各种不同的方形表述，如条约、公约、协定、宣言、协定书、换文、文件。不成文国际法规定，条约具有形成条约的条件，就是当事国“有意识地表达意愿”，即使是口头协议，亦可成立并与条约具有同等的约束力。成文的条约法（treaty law）中，1969 年《维也纳条约法公约》和 1978 年《关于国家在条约方面的继承的维也纳条约》均规定仅适用于国家间的条约：“称‘条约’者，是指国家间所缔结而以国际法为准之国际书面协定，不论其载于一项单独文书或两项以上相互有关之文书内，亦不论其特定名称如何。”关于公约、条约、协定、议定书、盟约、宣言，甚至换文、备忘录、宣告、同意之声明等，一般国际法教科书根据具体内容，可以列为条约或与条约具同等效力之承诺。

宣言（declaration）表达的内容较复杂，有时是条约，有时不是条约。大体可分为三种情况，1. 如果两国或数国于会谈后，就重大国际问题所发表的是不规定具体权利和义务的宣言，则不属于严格意义上的条约。2. 不仅就重大问题发表声明，而且还规定了某种权利和义务者，即具有条约的性质。3. 有的宣言本身就是一个条约，规定了国家的行为规则。如 1856 年《巴黎海战宣言》规定了海战四原则。

《开罗宣言》表明了三大国对日作战的决心、意志与诉求，也就规定了三大国的权利与义务，因而对美国、英国、中国就具有法律上的约束力。如果《开罗宣言》对美国、英国没有约束力，美国、英国何必要与中国共同发表这个《对日作战之目的与决心之公报》呢？从广义上讲，《开罗宣言》具有国际条约的约束力。《开罗宣言》没有采用一般的法律文件的形式，三国领袖未签署，因而对中美英三国就不具有约束力是毫无道理的。这种论断无论就国际习惯法还是成文法，都是站不住脚的。

德国投降后，日本战败指日可待。1945 年 7 月 26 日，美、英、中三国发表《促令日本投降之波茨坦公告》（Potsdam Proclamation），宣布（第八条）“开罗宣言之条件必将实施，而日本之主权必将限于本州、北海道、九州、四国及吾人所决定其他小岛之内”。

条约的加入（accession），又称附入，是指没有在多边条约上签字的国家或国际组织，于多边条约签署后参加该条约并接受其拘束的正式法律行为。即非缔约方接受条约的权利和义务，成为条约的当事方。

《波茨坦公告》不仅将包括台澎归还中国之内容的《开罗宣言》正式列为日本无条件投降所须遵守的规定之一，还由于其后不久苏联的加入，使该公告成为四强的共同保证，对四国都有约束力。

8月14日，日本政府宣布接受《波茨坦公告》。次日，日本天皇广播投降诏书。9月2日，日本在向各同盟国投降而签署的无条件投降书中表示“接受中美英三国共同签署的、后来又有苏联参加的1945年7月26日的波茨坦公告中的条款”。

接受（acceptance）和赞同（adherence）与批准、加入一样，都是国家或国际组织表示同意承受条约约束的方式，具有相同的法律效果。但它们适用的场合不同。

日本在投降书中已清楚表明接受《波茨坦公告》中的条款，日本也就无条件地接受了《开罗宣言》并履行必须将台澎归还中国的规定。

《开罗宣言》、《波茨坦公告》、《日本降书》中关于台湾属于中国领土以及日本必须将侵占中国的领土归还中国得到中国、美国、英国、苏联的确认以及日本的接受，环环相扣，构成了国际法的有效约束力。1945年10月25日，台湾光复。中国政府正是根据《开罗宣言》、《波茨坦公告》、《日本降书》中相关内容，恢复对台湾行使主权，将台湾重新划归为中国一行省，进行有效治理。

二、《旧金山和约》及“中日和约”的签订

按照美英等国的安排，台湾的地位必须等到对日和约的总解决。对日和约本应根据《开罗宣言》、《波茨坦公告》，对中国政府对台湾恢复行使主权加以追认，履行法律上、技术上的程序，而不能推翻先前的承诺，以对日和约来否定《开罗宣言》、《波茨坦公告》的法律约束力。

1949年10月，中华人民共和国宣布成立，承接了中华民国的主权。蒋介石集团败退台岛。美国为了维护其西太平洋的战略利益，阴谋干涉中国内

政。1950 年 6 月，朝鲜战争爆发，杜鲁门总统宣布，命令第七舰队驶入台湾海峡，阻止国共双方的相互进攻，“台湾未来地位的决定必须等太平洋安全的恢复，对日和约的签订或经由联合国的考虑”。此时，美国政府公开否决关于台湾归属的战时协议及美国自己在其中的承诺，企图剥夺中国收回失地的权利和对台湾的领土主权。

为了阻止解放军攻占台湾，美国调整先前对台湾法律地位的一系列承诺，制造模糊空间。1950 年 8 月 25 日，美国驻联合国代表奥斯汀致函联合国秘书长赖伊，称“该岛的实际地位是：它是一块由于盟军在太平洋的胜利而从日本手里接收过来的领土。像其他这样的土地一样，它的法律地位在国际上采取行动决定它的前途之前是不能够确定的。中国政府经盟国要求接受了该岛日本军队的投降，这就是现在中国人在那里的原因。”他们想要表明：中国政府接收和管辖台湾，是受盟国委托的一种临时性质的管理，不构成台湾主权的移转；在对日和约决定其未来地位之前，台湾仍属军事占领地。

国际上，任何两个国家或交战团体，战争结束后，不再打仗，但在法律层面，战争状态仍然存在，“和平条约”是要满足终止战争状态的需要。在对日和约的草拟阶段，美国未邀请中华人民共和国参加，也未邀请蒋介石集团参加。

1951 年 9 月 4 日，美国在旧金山召开“对日和约”会议。苏联、波兰、捷克反对此和约草案，拒绝签署。印度、缅甸拒绝参加会议。9 月 8 日，美、英、日等 48 国代表在此草案上签字，此和约草案即成为美英片面对日和约之定本。《旧金山和约》（San Francisco Peace Treaty）用同等有效的英文、法文、西班牙文、日文写成，共七章二十七条，全文包括：一、和平；二、领土；三、安全；四、政治及经济条款；五、要求及财产；六、争议之解决；七、最后条款。它是以美国为首的西方阵营操纵的，符合美国利益与诉求，违反了相关国际协定，损害了中国、苏联等国主权与领土完整，因此缺乏正义性与合法性。

关于签约之宗旨，《旧金山和约》申明“日本与每一盟国间之战争状态，依照本条约第二十三条之规定，自日本与该盟国间所缔结之本条约生效时起，即告终止。”

关于“领土”，《旧金山和约》申明“日本放弃对台湾及澎湖列岛的一切权利、权利根据和要求”，但是未明确其归属。

《旧金山和约》中有数项“日本放弃”的承诺，如“日本放弃对千岛群岛及由于1905年9月5日朴资茅斯条约所获得主权之库页岛一部分及其附近岛屿之一切权利，权利根据与要求。”“日本放弃对南威岛及西沙群岛之一切权利、权利根据与要求。”

美国主张通过《旧金山和约》来解决台湾的法律地位。但在《旧金山和约》签署后，日本仅是“放弃台澎”，而未明确其归属，似乎台湾法律地位仍未确定。“日本放弃台湾论”（当时国际上称“台湾地位未定论”）试图在国际法上造成一种错觉，似乎台湾在法律程序上仍没有回归中国。回顾其出笼的经过，不难发现，它是美国出于政治、军事需要的某一个阶段对华政策的产物，为用军事力量阻止解放军攻占台湾预留伏笔。

针对“对日和约”的草拟，中华人民共和国中央人民政府外交部长周恩来，于1950年12月4日发表声明：“中华人民共和国中央人民政府是代表中国人民的唯一合法政府，它必须参加对日和约的准备、拟制与签订。中国国民党反动残余集团绝对没有资格代表中国人民，因而它没有资格参加任何有关对日和约的讨论和会议。对日和约的准备和拟制如果没有中华人民共和国的参加，无论其内容与结果如何，中央人民政府一概认为是非法的，因而也是无效的。”指出“开罗宣言、雅尔塔协定、波茨坦公告及1947年6月19日远东委员会各国所同意通过的对投降后日本之基本政策，这些由美国政府参加签字的国际文件，乃是共同对日和约的主要基础。然而，美国政府递交苏联政府的备忘录，其第一条，竟拟定‘缔约国家：任何或一切愿意在所建议的和可能获得协议的基础上媾和的对日作战国家’。这就是说，美国政府业已公开表明推翻开罗宣言、雅尔塔协定、波茨坦公告和远东委员会对投降后日本之基本政策中所规定的共同对日和约的基础。”“关于台湾和澎湖列岛，业已依照开罗宣言决定归还中国，关于库页岛南部与千岛群岛，业已依照雅尔塔协定决定交还及交予苏联。这些业已决定了的领土问题，完全没有重新讨论的理由。美国政府要求对于这些领土问题重新予以决定，是完全破坏了已经成立的国际协议，故意侵犯中华人民共和国和苏联的合法权益，企图从中达到侵略的目的。美国政府业已武装侵略中国台湾省，就是一个鲜明的证据。”

《旧金山和约》签字后，1951年9月18日，周恩来外长昭告世人：“《旧金山对日和约》由于没有中华人民共和国参加准备，拟制和签订，中央人民政府认为是非法的，无效的，因而是绝对不能承认的。”

1942年1月1日，对轴心国宣战的26个国家，在华盛顿签署《联合国家宣言》，后来增至47个国家。《联合国家宣言》规定：加入宣言的国家不得单独地与德、日、意签署和约。如果要与战败国日本签署和约，必须要以全体成员的一致行动和同意为前提。在中国没有参加旧金山和会及苏联等国家拒绝签字的情况下，《旧金山和约》违背了《联合国家宣言》的限制性规定。中华人民共和国不是条约的当事国，根据国际法“条约不拘束第三国原则”，《旧金山和约》对中华人民共和国没有法律约束力。

在《旧金山和约》中，美国未明确规定日本应与中华人民共和国，还是与蒋介石集团缔结和约。日本政府批准《旧金山和约》后，出于反共的需要，美国强迫日本政府与蒋介石集团签订和约，以弥补中国没有参加《旧金山和约》的不足，并结束日本与中国间的战争状态。

退居台湾的国民党政府只是期望复兴前朝的“残缺政府”，无法代表1949年10月之前的那个完整的中国，但它却没有放弃对全中国主权的申索。

1952年4月28日，美国宣布《旧金山和约》生效。同日，日本与蒋介石集团达成“‘中华民国’与日本国间和平条约”（又称“中日和约”、“台日和约”）。8月2日，台日签署“中日和约”。8月5日，台日双方交换“和约批准书”，“和约”即日起生效。

依国际法领土的“处分原则”，日本在《旧金山和约》中放弃了台澎，已经不能处理处分过的领土，1952年4月28日在台北达成的“中日和约”中只好重述《旧金山和约》的内容，而没有再作处分。?

“中日和约”第一条即是，“由于本条约签定，‘中华民国’与日本国间之战争状态，自本约发生效力之日起，即告终止。”台日双方达成，第二条“兹承认依照公历一九五一年九月八日在美利坚合众国金山市签订之对日和平条约（以下简称金山和约）第二条，日本国业已放弃对于台湾及澎湖群岛以及南沙群岛及西沙群岛之一切权利、权利名义与要求。”第十条“就本约而言，‘中华民国’国民，应认为包括依照‘中华民国’在台湾及澎湖所已施行或将来可能施行之法律规章而具有中国国籍之一切台湾及澎湖居民，及各属台湾及澎湖之居民及其后裔；‘中国民国’法人，应认为包括依照‘中华民国’在台湾及澎湖所已施行或将来可能施行之法律规章所登记之一切法人。”第十一条“除本约及其补充文件另有规定外，凡在‘中华民国’与日本国间因战争状态存在之结果而引起之任何问题，均应依照金山和约之有关规定予以解决。”

“中日和约”以承认《旧金山和约》为前提，沿袭了“日本放弃台澎”的表述，却未明确表明台湾归还中国。蒋介石集团为争取美国的军事援助，为美军在台海游弋大开绿灯，委曲求全，做出让步，没有强求日本以正式文字的表述方式将台湾归还中国，某种程度上损害了国家主权与领土完整。

对此，1952 年 5 月 5 日，周恩来外长针对美国宣布对日和约生效发表声明，指出“美国政府强令日本吉田政府和在台湾的中国国民党反动残余集团缔结所谓‘和平条约’，显然是企图用这个所谓‘和约’，把它所一手培植的两个走狗联合起来，妄想借此构成对我中华人民共和国的军事威胁。”再次声明：“我们坚持一切占领军队必须撤离日本；对于美国所宣布生效的非法的单独对日和约，是绝对不能承认的；对于公开侮辱并敌视中国人民的吉田蒋介石‘和约’，是坚决反对的。”

中华人民共和国中央人民政府坚决反对《旧金山和约》、“中日和约”，这两个条约对中华人民共和国不具有法律上的约束力。

三、台湾属于中国领土得到美国政府的承认

中华人民共和国成立后，控制全中国绝大部分土地、人口，得到越来越多的国家承认，“中华民国”实际控制地区只剩下台湾、澎湖、金门、马祖等岛屿，无论从土地面积、人口数量以及国际影响力，都不能再代表全中国。作为曾经代表全中国的“中华民国”的消亡并不意味着“中华民国政府”随之消失。一些国家内部发生变故，前政府被推翻，但没有被消灭，盘踞一方打游击或者成立“流亡政府”。目前的“中华民国政府”不再是一个代表全中国的政府，仅是全中国范围内的一个地区政府，在形式是前朝政府的延续，从实质上看是台湾地区的民选政府，对台湾地区实施行政治理。

经过中国人民的长期抗争，对于台湾是中国领土的一部分，美国政府采取承认的态度。1972 年 2 月 27 日，中华人民共和国总理周恩来与美国总统尼克松在上海签署联合公报（简称《上海公报》），关于台湾问题，中方重申：“台湾问题是阻碍中美两国关系正常化的关键问题；中华人民共和国政府是中国的唯一合法政府；台湾是中国的一个省，早已归还祖国；解放台湾是中国内政，别国无权干涉；全部美国武装力量和军事设施必须从台湾撤走。中国政府坚决反对任何旨在制造‘一中一台’、‘一个中国，两个政

府'、'两个中国'、'台湾独立'和鼓吹'台湾地位未定'的活动。"美国声明："美国认识到，在台湾海峡两边的所有中国人都认为只有一个中国，台湾是中国一部分。美国政府对这一立场不提出异议。"《上海公报》奠定了中美两国建交谈判的基石。

1978年12月16日，中美发表建交公报，明确宣布"中华人民共和国和美利坚合众国商定自1979年1月1日起互相承认并建立外交关系"，美国"承认中华人民共和国政府是中国的唯一合法政府。在此范围内，美国人民将同台湾人民保持文化、商务和其他非官方关系"；美国政府"承认中国的立场，即只有一个中国，台湾是中国的一部分"。在建交公报发表当天，美国政府声明，在中美建交的同日，"即1979年1月1日，美利坚合众国将通知台湾，结束外交关系，美国和'中华民国'之间的共同防御条约也将按照条约的规定予以终止。"曾经一手操纵"日本放弃台湾论"的美国政府，在中国人民的坚决斗争下，最终不得不在法律文件中正式承认台湾是中国的领土。之后，始作俑者美国政府基本已经不再提及破坏中国收复台湾正义性与合法性的"日本放弃台湾论"。

日本政府也表明类似的立场。1972年9月29日，《中日政府联合声明》发表，双方宣示，"日本国政府承认中华人民共和国政府是中国唯一合法政府。""中华人民共和国政府重申：台湾是中华人民共和国领土不可分割的一部分。日本国政府充分理解和尊重中国政府的这一立场，并坚持遵循波茨坦公告第八条的立场。"这再次突显了《波茨坦公告》、《开罗宣言》的法律约束力。日本也不得不承认侵占台湾和将台湾归还中国的事实。

四、"台湾地位未定论"不能成立

美国干涉中国内政，以"和约"的法律位阶一般高过"宣言"、"公告"等，通过"超法律"的"旧金山和约"，企图取代《开罗宣言》等一系列国际法律文件，制造"日本放弃台湾论"，却又未明文规定台湾归还中国，形成模糊空间，将台湾纳入美国的军事保护范围，使得台湾长期与大陆分离。

近20年来，随着台湾岛内分离势力的坐大，"台独"分子对"日本放弃台湾论"却如获至宝，作为鼓吹"一中一台"、"台湾独立"的法律依据，编入科教书，欺骗台湾民众，一直至今。1988年4月17日，民进党二届一次临代会通过“四一七主权独立决议文”，称：“台湾依1951年旧金山《对日和约》及1952年台北‘中日和约’之规定，都未以和约决定战后主权之归属，故其主权并未属于任何一个国家，当然亦独立于北京‘中华人民共和国’之外。台湾未来是否应维持独立之国际地位，或与中共结合，成为中国之一部分，应由台湾人民公决，本党党纲坚持住民自决原则，乃是坚拒非经台湾人民同意之任何安排。”

1994年8月2日，民进党发表《在“台湾是台湾，中国是中国”的现实基础上重构两岸秩序——民主进步党台湾主权宣达书》，称：“在1949年，中国共产党建立中华人民共和国，国民党政权自南京辗转流亡至台湾。就国际法而言，当时的台湾仍是日本的领土。”“1951年9月，盟国为结束与日本在法理上的敌对状态，与日本缔结旧金山和约。日本在和约中宣布放弃各项对台湾与澎湖的‘所有权利、权利名义与要求’，但和约也未规定这些‘权利、权利名义与要求’应归属于那一国。对日和约是正式终止台湾为日本殖民地并且清楚指明台湾新身份的一份权威文件。就国际法而言，合约内容已经取代了战时盟国在开罗和波茨坦就处置台湾（福尔摩沙）的方式所作出的各种声明。因此，从法律上来看，台湾已经脱离日本，但并不属于中国或其他任何国家，参与签约各国的共同希望是：台湾地位虽暂时不确定，却将在适当时机，根据联合国宪章原则——相当重要的‘人民自决原则’和‘不以武力取得领土的原则’来做决定。”

“台独”分子以《旧金山和约》为依据，否定《开罗宣言》、《波茨坦公告》的法律约束力。照“台独”分子的逻辑，即使以《旧金山和约》为依据，也不存在台湾法律地位未定的问题。

日本“放弃台澎”，就等于台湾地位未定吗？两者之间并不能划等号。《旧金山和约》虽然没有重申《开罗宣言》、《波茨坦公告》关于台湾归还中国的承诺，但也没有公开否定《开罗宣言》、《波茨坦公告》的合法性。《旧金山和约》第八条申明：“日本承认盟国现在或今后为结束自1939年9月1日开始之战争状态而缔结之一切条约以及盟国为恢复和平或关于恢复和平而订之任何其他协定之完全效力。”该条文中战时盟国所作的“一切条约”或“协定”，当然包括《开罗宣言》与《波茨坦公告》。在《旧金山和约》的所有条款中，根本找不到“台湾法律地位未定”的任何字句。

“日本放弃台湾论”只能证明，日本承认侵占台湾的非正义性以及正式承诺放弃侵占中国的领土。“日本放弃台湾”不等同于“台湾地位未定”。

“台独”分子把“日本放弃台湾论”等同于“台湾地位未定论”，完全是对《旧金山和约》的曲意解释。

“台独”分子又搬出《联合国宪章》，而根据《联合国宪章》，用武力强占的领土是非法的、无效的。日本侵占中国领土台湾，自然不存在对台湾拥有主权，并且要物归原主，何来台湾地位未定？

台湾有学者提出关于台湾定位的新见解，主要观点是：1. 1945 年到 1952 年的台湾（台澎）：是国际法上法律地位未定的军事占领期。2. 在台湾的“中华民国”因为 1952 年“中日和约”的签订、生效，其领土更拓展而包括台澎。3. “中华民国”的有效领土范围是台澎金马，这个“中华民国”是在台澎及其他有效统治范围内的“中华民国”，而不是过去统治中国大陆的中华民国。4. 在 1952 年 8 月 5 日“中日和约”生效之后，只有“中华民国”有权对台澎主权做进一步的处理，其他台湾地位未定的言论没有法理基础。

“台湾定位新论”竭力强调“中日和约”的合法性，以此作为台湾回归“中华民国”法律程序的依据。即使完全以“中日和约”作为依据，其第四条“兹承认中国与日本国间在中华民国三十年即公历一九四一年十二月九日以前所缔结之一切条约、专约及协定，均因战争结果而归无效。”台湾确实从未离开过祖国怀抱，何来台湾在“中日和约”生效前法律上不属于中国的结论呢？

《开罗宣言》、《波茨坦公告》的权威性及法律约束力确凿无疑，台湾光复就是在践行《开罗宣言》、《波茨坦公告》，并且得到了当时美国政府的支持与承认。《旧金山和约》、“中日和约”是冷战初期的产物，美国让日本“放弃台澎”、却未明确台湾归还中国，是要阻止解放军攻占台湾，而非鼓吹台湾“独立”。中华人民共和国从未承认《旧金山和约》、“中日和约”的合法性。尽管《旧金山和约》、“中日和约”都是“非法条约”，但在默认和实践《开罗宣言》、《波茨坦公告》的承诺，而非公开完全否定。因此，无论是依据《开罗宣言》、《波茨坦公告》，还是不被中华人民共和国政府承认的《旧金山和约》、“中日和约”，台湾都是中国领土不可分割的一部分。

探讨台湾的法律地位，我们还是要回归相关的国际法条文以及当时的时空背景。执其一端、片面解释显然是不妥的，既不能以理服人，也无助于厘清台湾的法律地位。持“台湾地位未定论”的“台独”人士中，很多人是律师出身，精研国际法，照理应比大众更了解《旧金山和约》、“中日和约”

的全部内容，却无中生有，强词夺理，来为“台独”寻找国际法依据。

综上所述，日本强迫清政府签订《马关条约》，侵占台湾。《马关条约》是不平等条约，日本窃取台湾是非正义的。通过《开罗宣言》、《波茨坦公告》，美国、英国承认台湾为中国失地并支持中国从日本手中收复台湾。1945年10月，台湾光复，中国政府恢复对台湾行使主权，是在践行《开罗宣言》、《波茨坦公告》。因中国内战导致台湾与大陆再次分离。美国为干涉中国内政，借《旧金山和约》，制造“日本放弃台澎论”，遭到中国人民的坚决反对。《旧金山和约》改变不了台湾作为中国一部分的历史事实与法律依据。“中日和约”以接受《旧金山和约》为前提。《旧金山和约》、“中日和约”对中华人民共和国不具有约束力。“台独”分子却借口“日本放弃台澎”，图谋分裂国家领土。即使以《旧金山和约》、“中日和约”为依据，也找不到“台湾地位未定”的词句。

注释：

[1]《开罗会议政治问题会商经过》，张瑞成编《光复台湾之筹划与受降接收》，台北，近代中国出版社1990年，第31页。

[2] 有关“宣言”及“国际条约”的论述，参见詹宁斯、瓦茨修订《奥本海国际法》第九版第一卷第二分册，北京，中国大百科全书出版社1998年中译本，第613－616页、625－640页。另参见慕亚平等著《当代国际法论》，北京，法律出版社1998年，第472－474页。

[3]《波茨坦公告》，《国际条约集（1945－1947）》，北京，世界知识出版社，1959年，第77－78页。

[4]《日本投降条款》，国务院台湾事务办公室研究局编《台湾问题文献资料选编》，北京，人民出版社1994年，第852页。

[5]《美国驻联合国代表奥斯汀致赖伊的信》，国务院台湾事务办公室研究局编《台湾问题文献资料选编》，第866页。

[6]《旧金山对日和约》，世界知识出版社编辑《国际条约集（1950－1952）》，北京，世界知识出版社1959年9月，第335页。

[7]《周恩来外长关于对日和约问题的声明》，世界知识出版社编辑《国际条约集（1950－1952）》，第355－356页。

[8]《周恩来外长关于美国及其仆从国家签订旧金山对日和约的声明》，《人民日报》1951年9月19日。

[9]《日台和约》，国务院台湾事务办公室研究局编《台湾问题文献资料选编》，第910页。

[10]《周恩来外长关于美国宣布非法的单独对日和约生效的声明》，世界知识出版社编辑《国际条约集（1950－1952）》，第391－392页。

[11]《中美联合公报》，北京《人民日报》1972年2月28日。

[12]《中美建交公报》、《美国政府声明》，北京《人民日报》1978年12月17日。

[13]《中日政府联合声明》，国务院台湾事务办公室研究局编《台湾问题文献资料选编》，第1006页。

[14]《四一七主权独立决议文》，全国台湾研究会编《民进党大陆政策演变》，北京，2001年，第9页。

[15]《在“台湾是台湾，中国是中国”的现实基础上重构两岸秩序——民主进步党台湾主权宣达书》，全国台湾研究会编《民进党大陆政策演变》，第91页。

[16]《旧金山对日和约》，世界知识出版社编辑《国际条约集（1950－1952）》，第338页。

[17] 参见林满红著《猎巫、叫魂与认同危机——台湾定位新论》，台北市，黎明文化事业股份有限公司2008年3月，第56、57、66、95页。

（作者为中国社会科学院近代史研究所副研究员）

“本土化”与当代台湾地区政治转型的动力与进程

郑振清

近年来，很多人津津乐道中国台湾地区的民主化，认为台湾[1]新兴的民主制度有其自我生成的动力。不过，当年号称“台湾民主之父”的李登辉却表白台湾民主化光环背后的本土化动因与目标。1998年，经过四次“修宪”后权位稳固的李登辉吐露心声：真正驱动台湾民主化的关键就是“本土化”，用一句话来说就是“身为台湾人的悲哀”，驱动他“将国民党政权本土化，希望使台湾成为台湾人的台湾。”[2]2000年，国民党在“总统选举”中败选，李登辉下台后回顾台湾政治转型进程，公开承认：“台湾的民主化究竟有何目标？简单来说，就是台湾的本土化。”[3]日本政治学者若林正丈从历史演变的角度，强调“台湾化”（本土化）对于民主化的重要意义：“在台湾，民主化即是台湾化，对部分人来说，台湾化是追求民主化的附属产品……不过，或许另有更多人因为渴望台湾化，才认可民主化的必然。”[4]今天，当台湾不分蓝绿阵营都宣扬“台湾主体性”的时候，李登辉和若林正丈的说法启发我们进一步认识台湾政治转型的本土问题意识和本土社会动力。本文探讨本土化背景下台湾主要政治力量如何博弈、如何促进政治制度演变，重新审视台湾政治转型的动力与进程，分析其中本土化与民主化的关联，以期比较全面、客观地认识当代台湾地区的政治转型。

一、中国台湾民主化研究的限度

过去20多年来，台湾学者和国际学者十分重视台湾政治转型研究，相关文献比较丰富，基本上把台湾的政治转型看作美国政治学家亨廷顿（Samuel P. Huntington）所称“第三波民主化浪潮”的典范，其长处和贡献在于从中国台湾经济—政治关联发展的“现代化理论”范式分析国民党与台湾民主转型的关联。对台湾民主化进程[5]、国民党“党国”体制演变[6]、“宪政改革”[7]、派系政治[8]、政党认同与政党形态[9]等问题作了深入研究。不过，应该指出，民主化并非最近20多年来台湾政治发展的全部内容，民主化研究范式有其限度。中国台湾地区政治体制转型的主要内容，不仅包括解除“戒严”体制、全面开放定期选举、多党竞争和党政分际、调整权力制衡机制等以“民主化”为名的制度变革，还有深层次的政治——社会变迁——以台湾为主体的本土认同兴起，并发展成排斥中国国家认同的政治社会思潮。这个现象，超出了民主话语的涵盖范围，其实是另一场深刻的政治变革——本土化，主要内容包括“中华民国”政治体制和政治认同的台湾化。

由于角度的限制，不少研究忽视1988年以前蒋经国本土化政策与李登辉时期民主化的关联，也忽略了李登辉调和“中华民国”和台湾“本土意识”的努力及效应。跳出单纯民主话语的迷思，我们能够全面透视中国台湾政治转型中政治社会结构中的本土化趋势，认识本土化与民主化互为因果、一体两面的特殊性。

二、本土化与国民党威权体制的渐变

蒋经国时期的本土化，本质上是吸纳台湾省籍精英进入“中央政权”的人事政策，以加强国民党统治台湾地区的合法性。在此基础上启动的“政治革新”旨在改革原有“戒严”体制和威权体制的弊端，保证“中华民国”政治体制持续生存与发展，客观上引发了国民党威权体制向自由化方向的渐变。

（一）本土化政策的起因、特点与效应

本文所谈的“本土化”，主要指“中华民国”政治体系为了主动或被动适应台湾本土意识和本土利益的兴起而进行的政策调整、制度变革以及认同转变，亦即“台湾化”。这是1949年以后在台湾地区“省籍矛盾”的基础上产生的政治社会思潮。

1946年，台湾光复不久，全岛总人口609万人，但1951年总人口暴增到786万人，约增加180万人，这主要是国民党携带大批大陆军民眷属赴台所致。20世纪60年代，来自大陆的所谓“外省籍”（相对于台湾“本省

籍”而言）及其后裔（外省第二代）人口占全台人口的13%左右，主要是军人、公职和教师及其眷属，其中部分精英人士，受过国民党的培养以及操“国语”的缘故，很容易进入国民党把持的“中央机关”及公营事业工作。在“行政院”系统，1950－1960年的12位“行政院”部会首长全为外省籍，没有本省籍。在党务系统，1969年国民党中央委员99人，只有6人是本省籍，仅占6%，其余皆为外省籍。在军队系统，到20世纪60年代后期，在士官层级本省籍约占53%，外省籍约47%；在尉官层级，本省籍占14%，外省籍占86%；而到了将官层级，本省籍仅占1.3%，外省籍占98%[10]。可见，层级越高，本省/外省的结构越不平衡。在国民党以党领政的体制下，这部分外省籍群体除了垄断党、政、军、特之外，还控制了“立法”、“司法”、教育、警察等系统。这就造成台湾本省人感觉外省籍少数群体把握“中央政权”、统治作为多数群体的本省人的印象。这种人口结构与政治结构的特殊性，在冻结“中央民意代表”和“中央”层级公职选举的背景下，还使得国民党“中央政权”的政治合法性一直受到台湾本省人的质疑。此外，由于1947年“二二八事件”和20世纪50年代“白色恐怖”的阴影，给这种外省主宰本省从属的关系，带来长期的敌对与不信任情绪。这种人口—权力分配上的结构性省籍矛盾乃是20世纪70年代以后台湾地区的政治变迁的根源与基础。

1971年以后，由于国民党政权被迫退出联合国，一场严峻的统治合法性危机来临，既有的省籍矛盾成为重大隐患。刚刚担任“行政院长”的蒋经国不得不提出“本土化政策”，即通过吸纳台湾本省籍政治与经济精英进入“中央政权”，来化解这场政治危机[11]。蒋经国的本土化政策，只是整个“本土化”的初始环节，该政策有助于缓解迫在眉睫的国民党世代权力交替问题，达到“革新保台”的目的，暂时得到国民党内外各方势力的认可[12]。

本土化政策选拔的新一代政治经济精英，有如下几个特点：一是以台湾省籍为主；二是年轻且学有专长，一般是50岁以下的专家型人才；三是社会形象良好，当时被称为“青年才俊”。其中部分人士如许信良、张俊宏在时任“救国团”主任的李焕支持下，改组《大学杂志》，倡导政治改革，成为新兴的改革群体。蒋经国还在阳明山“革命实践研究院”开设“国家建设研究班”，从中选拔培训党政军的接班人，其中台籍本省人和外省人比例接近。

20世纪70年代以后的台湾党政高层中，台湾省籍的精英比例大幅度提升。1972年后，台湾本省籍内阁阁员的比例由11%增加到29%，此后，"行政院副院长"、"内政部长"、"交通部长"以及台湾省主席、台北市长都由台籍人士担任。1975年蒋介石去世，虽然依法由"副总统"严家淦继任"总统"，但蒋经国经过蒋介石多年来的刻意培养，已经总揽党、政、军、情系统的大权，并接任国民党主席。此后，国民党中常委中台籍人士的比例大幅增加，到1987年蒋经国去世前夕，台籍中常委比例已达到半数。1978年蒋经国接任"总统"，同时安排台籍谢东闵任"副总统"，以显示省籍平衡意味。1984年，蒋经国提名本土化政策下培养出来的李登辉竞选"副总统"，而当时俞国华内阁中台籍阁员比例已达到36%[13]。1987年，蒋经国支持台籍黄尊秋和林洋港分别出任"监察院院长"和"司法院院长"。

蒋经国的本土化政策对台湾政治转型产生了深远影响。首先，对国民党体制内精英心态的影响。在威权体制下得到栽培的很多本省籍精英成为国民党政权体制的既得利益者，因此，在20世纪80年代末、90年代初政治反对派转向激进之时，选择了体制内改革道路。其次，对政治转型方式的影响。由于国民党当权派与政治反对派都具有台湾省籍的本土属性，台湾"朝野"政治冲突的背后，潜伏着大量政治交易与合谋，避免冲突扩大。在此背景下，台湾所谓的"宁静革命"，亦即渐进、温和的政治转型方式，才有可能的空间。最后，对政治改革焦点问题的影响。经过蒋经国十几年在本土化名义下的精英增补后，国民党政权的整体本土化，亦即台湾化，已经成为一种明显的趋势，国民党中常会、"总统府"、"行政院"、"监察院"、"司法院"等核心机构的重要人事都发生了结构性的省籍变化。在整个"中华民国"政治体系中，只剩下"中央民意机关"和军队系统没有变化，前者直接涉及代表的合法性问题，成为后来政治变革的焦点。

（二）本土政治反对运动对国民党的压力

1949年以后，国民党政权根据《动员戡乱时期临时条款》[14]、《戒严令》、《总动员令》及大量配套的法律、法规在台湾进行威权统治。1972年以后，由于对政治改革手段策略看法上的分歧，以《大学杂志》为问政平台的本土"青年才俊"群体，开始出现分裂。一部分本省籍国民党地方精英开始与国民党体制外的反对势力结合，与国民党推出的候选人争选公职。1975年8月，黄信介、张俊宏、康宁祥等创办《台湾政论》杂志，其参与者都是清一色的台籍人士，不仅继承《大学杂志》的自由主义理念，而且参与地方选举，以实际行动反对国民党。1977年11月，在台湾五项地方公职人员选举中，国民党遭到迁台以来的首次重大挫折，不仅爆发了群众为抗议国民党选举舞弊而焚毁中坜警局的“中坜事件”，而且让党外人士一举赢得了4个县市长、21席省议员和6席台北市议员席位。在1978年的增额“中央民代”选举中，黄信介、林义雄、施明德等人组织“台湾党外人士助选团”，第一次进行全岛巡回助选造势。

1979年8月，许信良、吕秀莲、张俊宏、施明德等党外人士创办《美丽岛》杂志。1979年12月，《美丽岛》杂志社和党外人士举行纪念“世界人权日”大游行，遭到军警镇压和逮捕，由此酿成“美丽岛事件”。翌年3月国民党当局受到美国国会议员的施压，不得不同意公开审判被捕的党外人士并允许媒体报道。党外人士趁机造势，宣传其政治理念，斥责情治机关的残暴，得到台湾社会广泛同情与支持，对国民党威权体制产生巨大的冲击。“美丽岛事件”爆发后党外势力积极开展社会动员，活动更加频繁，江鹏坚、尤清、陈水扁、谢长廷、苏贞昌等辩护律师群体从此走上政治舞台。1983年，谢长廷组建“党外中央后援会”，此后“党外编联会”与“党外公政会”相继成立，为组织反对党做准备。1986年9月28日，党外各派合流，突破“党禁”成立民主进步党。1989年，台湾三项地方公职人员选举（指省议员、县市长、县市议员选举）中，首次出现国民党、民进党两党竞争的态势，民进党获得将近40%的选票，给国民党带来严峻的压力。

与此同时，在“戒严”体制下，台湾的军、警、宪、特构成严密监控社会的暴力机关，制造大量冤案，严重践踏了台湾的人权，台湾社会的不满情绪与日俱增。1980年“林宅血案”[15]、1981年“陈文成命案”[16]、1984年“江南命案”[17]等残酷迫害政治反对派的政治案件，激起了台湾社会公愤，重伤蒋经国和国民党的形象。台北第十信用社（“十信”）由于金权勾结腐败，出现大量不正常放款及库存资金不足，于1985年2月崩溃破产，10万多人受害，一时民怨沸腾。为此，蒋经国决心着手彻底整顿党风，大幅革新政治体制。

（三）“政治革新”启动

本土化政策为蒋经国启动政治革新和李登辉推进民主化奠定政治前提。对国民党而言，1947年公布实施的《中华民国宪法》乃是国民党政权的

"法统"标志，可以被冻结，但却不可以废止。因此，蒋经国推动的政治革新，主旨是恢复正常的"宪政"秩序。这与台湾民间社会和反对派的政治诉求有一致性，使得这场"革新"能迅速冲破国民党内部保守派的掣肘，并且在蒋经国去世后继续下去。

1986年3月底，国民党十二届三中全会召开，通过中心议题案，提出"要以党的革新结合行政的革新……带动全面的革新"[18]，蒋经国还在国民党中常会上宣称"时代在变，环境在变，潮流也在变，因应这些变迁，执政党必须以新的观念，新的做法，在民主宪政体制的基础上，推动革新措施，唯有如此，才能与时代潮流相结合，才能与民众永远在一起。"[19]这次会议之后，蒋经国成立"政治革新小组"，指示研究6大政治问题，包括制定"国家安全法"、人民团体组织法制化、充实"中央民意机构"、地方自治法制化、革新党务、调整各项政策等。国民党的政治革新从此进入实质议程。1987年7月，蒋经国最终下决心，解除长达38年的军事戒严体制，废止30种有关法令、法规和条例。1987年底1988年初，蒋经国去世前夕开放了"党禁"、"报禁"，恢复了《中华民国宪法》规定的新闻出版自由和结社自由等。

不过，虽然取消《戒严令》，但是《动员戡乱时期临时条款》仍然存在。为了维持统治秩序，国民党当局在取消《戒严令》的同时还颁布《动员戡乱时期国家安全法》，将戒严体制中有关"国家安全"的规定纳入该法。由于《动员戡乱时期临时条款》（"宪法附属条款"）和《动员戡乱时期国家安全法》（根据该《临时条款》和《中华民国宪法》制定的法律）的存在，台湾继续处于"动员戡乱时期"，而国民党的威权统治秩序虽然开始松动，但是性质没有改变。

三、精英分裂、本土合流与政治转型动力

1988年元月，蒋经国突然去世，李登辉匆忙继位，引发台湾政治继承与权力交接的波澜起伏。台湾政治转型与政治继承中的精英分裂及其后的本土势力合流提供的动力密切相关。

（一）本土"弱王"现象与国民党高层精英分裂

李登辉在国民党内被蒋经国当作"接班人"栽培，有一定声望，论个

人形象有平民学者身份，论籍贯有本省籍优势，能得到不满国民党统治的台湾民众支持。不过，当时蒋经国留下来的权力分布比较均衡：行政权掌握在“行政院长”俞国华手中，党权掌握在中央党部秘书长李焕手中，军权掌握在“参谋总长”郝柏村手中，“国安会”掌握在“国安会秘书长”蒋纬国手中，另外蒋介石遗孀宋美龄不时影响重要人事。当年两蒋之所以能独揽大权，靠的就是在以党领政体制下身兼国民党最高领袖的地位，而李登辉在国民党政权内部并无政治班底。因此，李登辉虽然按“宪法”继任“总统”职位，但如果不掌控国民党中央，逼退“党国”体制内可能的挑战者，只能成为第二个严家淦[20]。由此不可避免地引发了国民党内部权力重新洗牌，进而影响台湾政治发展的走向。这种由“弱王”争权引发统治集团分裂的现象，在世界政治史上不乏先例。但是，李登辉固权的举动不仅造成国民党高层权力重组，而且改变了台湾政治转型的走向。

1988年7月，国民党十三全大会召开，李登辉担任党主席并主导大会议程，重新选举国民党中常委，台湾本省籍比例第一次超过半数。十三全之后，李登辉着手布掌各方权位，首先改组“内阁”，架空“行政院长”俞国华的权力，并于1989年5月迫使俞国华辞职，由李焕接任。同时，安排宋楚瑜接任国民党中央党部秘书长，收回由李焕把持的党务大权。1989年11月，李登辉以升任“国防部长”为名把郝柏村调离掌握军令系统的“参谋总长”职位，逐步掌控军权。

李登辉的本土化思维及行动引起国民党外省籍元老及部分新生代的反抗。1990－1993年，国民党内部发生以李登辉为核心的“主流派”和以外省籍元老为核心的“非主流派”的政治斗争。1990年2月，在“总统”换届提名候选人过程中，支持提名李登辉的国民党主流派与非主流派针锋相对，引发国民党内讧。3月，李登辉、李元簇组成的搭档击败林洋港、蒋纬国搭档当选“总统”、“副总统”。紧接着，李登辉为了扩权，利用非主流派的内部矛盾，于1990年5月任命郝柏村替代李焕担任“行政院长”，将李焕逼出政治舞台。此后李登辉纵容“台独”势力，郝柏村坚决反对，两人的矛盾还由于军权之争不断积累[21]。在李登辉的操作下，郝柏村内阁直接面对国民党主流派“立委”和民进党的压力，终于在1993年2月被迫总辞。李登辉立刻任命本省籍的连战接任“行政院长”。自此，李登辉全面掌控行政、党务、军权、情治等方面。此后，他以“五院革新”为名大幅调整高层人事，国民党中央秘书长、“国安会”秘书长、“立法院”、“监察院”、“考试院”的正、副院长和“司法院”的副院长、台湾省主席均换成主流派的骨干人物。在“行政院”内，“国防部”、“财政部”、“经济部”、“交通部”、“教育部”、“法务部”、“经建会”、“退辅会”、“侨委会”等重要部会首长都由李登辉提拔的中生代精英接班。1993年以后，虽然郝柏村、林洋港等非主流派高层元老还担任国民党副主席职位，赵少康、郁慕明等国民党外省籍中生代“立委”组建“新党”并宣布与李登辉划清界限，但是，以李登辉为首的本土势力全面掌握台湾党政军大权的时代已经到来，国民党开始了新一轮的本土化，重建“台湾主体性”成为新的任务。

日本学者若林正丈对1993年之前李登辉的政治行动与台湾民主化进展做了详细分析，指出台湾政治变革背后具有深刻的台湾本土型“民族主义”崛起的背景[22]。这其实是国民党政权在台湾本土化的深刻反映。

（二）国民党内外本土势力合流

李登辉能够在国民党内部顺利排斥异己，巩固地位，与其善于动员和呼应外部社会力量及反对党有关。李登辉本人曾经表示：“如果没有反对党的存在，改革很难发动，因为单单要透过国民党内部进行改革是不可能的。”[23]

台湾“解严”、开放“党禁”和“报禁”之后，民间社会运动风起云涌，农运、工运、学运、环保等各种本土社会运动骤起。新成立的民进党以本土政党自居，鼓动各种本土社会运动走向政治抗争，向国民党施加压力。1990年3月16－22日，来自台湾各地的6000多名大学生在台北中正纪念堂广场静坐示威，提出四大政治诉求：解散“万年国会”，重建“国民大会”；废除《动员戡乱时期临时条款》，重建“宪法”秩序；召开“国是会议”以及制定政治经济改革时间表。这就是台湾著名的“野百合学生运动”。面对此情势，李登辉答应召开“国是会议”处理“宪政体制”和政经改革问题，正面回应了“野百合学运”和民进党的政治诉求。6月底，李登辉召开以“国是会议”为名的多方咨询会议，参加者包括台湾“朝野”政党代表、民间组织代表、甚至还有刚从海外回台的“台独”分子，议题包括：“国会改革”、“中央和地方政府制度”、“宪法改革”等重大政治议题。

“国是会议”之后，李登辉在国民党内成立“宪改小组”，排斥党内非主流派和保守力量，确定以“一机关两阶段”方式修宪。这样，“宪改”问题，从大规模的社会动员，到形成朝野政治共识，最终回到国民党政权体制内部来运作。在这个过程中，国民党体制内外本土政治力量的联合是关键的动力。

四、“修宪”与政治转型进程

台湾政治民主化转型进程具有明显的渐进性、阶段性特点，这与国民党联合党内外本土力量，通过体制内“修宪”控制转型进程，约束激进力量有关。

（一）“释宪案”与“国会”体制重建

在1949年以后将近半个世纪内，国民党政权被当作“非民主”政权的根源之一，乃是封闭“中央选举”，造成“中央民意机关”主要由外省人控制，台湾本省精英缺乏“中央参政”的路径[24]。1954年1月，“司法院”大法官会议决议做出“释字第三十一号解释”，规定第一届“中央民意代表”的改选应待“光复大陆”后再举行，试图利用司法手段掩盖政治问题，但却不能真正解决问题。司法“释宪”表面上为“国会”代表的任期问题解套，但是任期背后的代表合法性问题依然悬而未决。

李登辉从体制内呼应了民进党和“野百合学运”，主张通过司法手段解决合法性困境。1990年6月，“司法院”大法官会议通过“释字第二六一号解释”，要求第一届“中央民意代表”在1991年底之前全部退职，并应适时举办“全国性”民意代表选举，以确保“宪政”体制运作。据此解释，1991年12月，“国民大会”及“立法院”重新选举。这是重建适应台湾本土民意的新的“国会”体制，是李登辉时期“本土化”的关键内容。

（二）三次“修宪”与“新共和”

1990年至1991年，台湾政治革新在推进中出现两种方案，涉及“宪政体制”与“国家认同”问题：一种要求“制宪”，即彻底改造整个政治体制乃至国家结构，建立“台湾共和国”；另一种坚持“修宪”，即通过渐进改革的方式除弊立新，维持“中华民国”的基本制度。由于当时国民党还能够通过过去几十年的制度建设与治理绩效主导政治体制改革进程，加上李登辉的政治手腕，改革最后回归到国民党政权体制内进行，“修宪”成为通过小成本取得大改进的共识性改革方案。

“修宪”采取“一机关两阶段”方式，“一机关”即“国民大会”，“两阶段”指先由第一届“国民大会”进行程序性“修宪”，再由改选重组的第二届“国民大会”进行实质性“修宪”[25]。第一次“修宪”的主要内容为：正式终止“动员戡乱时期”，废除《动员戡乱时期临时条款》；在《中华民国宪法》本文之外增列十条“增修条文”，对“国大代表”、“立法委员”、“监察委员”的选举及任期以及“总统”权力进行规定。第二次“修宪”依旧不更动该《宪法》本文，而是对“增修条文”进行修改，规定“总统”由台湾地区全体选民选举产生，任期4年，并对“司法院”、“检察院”、“考试院”的正副“院长”、“大法官”、“监察委员”和“考试委员”有提名权；“国大代表”任期为4年，“国民大会”罢免“总统”必须经“国大代表”总额的1/4提议，2/3同意方可；“国民大会’拥有“监察院”、“考试院”、“大法官”的同意权；“监察委员”任期为6年，拥有弹劾、纠举和审计三权，取消了原来对“大法官”和“考试委员”的人事同意权；规定“省长”与“直辖市长”改由直接民选产生。

在当时背景下，全面改选“中央民意机关”，意味着“中央民意代表”全部应由台湾本土民众选出。这时候出现一个结构性的政治困境：“中华民国”政权如果按台湾主流民意全面改选“国会”代表，实现在台湾的合法性，就会失去代表全中国的“法统”；反过来，如果要坚持“法统”就得保证大陆籍“国会”代表的职权，这又得回到“万年国会”的老路，有违台湾本土的主流民意。面对这个难题，国民党和民进党寻求妥协，最终采取技术手段在形式上化解困境：设置“区域（民意）代表”和“不分区（民意）代表”，前者通过区域性的选举，代表台湾各地方的利益，后者根据政党所得选票比例决定名额并由各党提名，名义上代表“全国”利益。对“中华民国政府”而言，不分区代表的存在，是希望免除“中央民意代表”只代表台湾利益的印象，对改革者而言，不分区代表制之所以可行，关键在于代表当选与否取决于台湾本土居民选举结果[26]。

1994年7月，第二届“国民大会”召开临时会议进行第三次“修宪”，依旧只修改“增修条文”。新条款规定“总统”改由选民直选产生，实行相对多数当选制，“总统”罢免案需经选民过半投票同意，同时取消“行政院长”在“总统”人事决策上的“副署权”等。据此，1996年3月，所谓“中华民国”第一次“总统、副总统”公民直选举行，李登辉和连战搭档当选第九任“正、副总统”。

从第一次“修宪”所重建的“国会”代表性，到第二次“修宪”所确立的“省长”与“直辖市长”直接民选，以及经由第二次和第三次“修宪”最终确立的“总统”由所谓“自由地区”直选产生，国民党政权通过一种渐进的方式，逐步强化其对内的代表性。对此李登辉十分得意，他后来公开指出：“现在的中华民国不再是以往的民国，而是拥有崭新内涵的‘新的共和’。”[27]

由于国民党政权的体制弊端与政权代表性问题直接相关，代表性问题又与国家认同问题相关，因此台湾政治转型不可避免地引发台湾民众国家认同的错位乃至断裂。在准备启动“政治革新”时，蒋经国意识到必须采取措施控制政治改革的范围，为此曾提出“反台独、反共产和反暴力”的三项原则，据此，1987 年颁布的《动员戡乱时期国家安全法》规定人民集会结社不得主张“分裂国土”。但在李登辉当政下，“自由民主”价值高于一切，各政党均把赢得选举当作至上目标，对此规定视若无睹，而李登辉当局亦听之任之，造成台湾社会在国家认同上出现断裂和混乱。在这种背景下，“台独”思潮披着“言论自由”的外衣不断传播，分裂势力藉着历次选举走上政治舞台。在两岸分离分治的背景下，台湾本土化与民主化转型给“台独”主张和分裂势力提供了舞台，这是台湾政治转型与两岸关系演变的奇特历史命运。

（三）新“宪政体制”与新政党政治形态

1996 年 12 月，在李登辉主导下国民党与民进党本土势力再次合作，召开“国家发展会议”，达成第四次“修宪”共识。1997 年 7 月第四次“修宪”，意味着“中华民国”“宪政体制”的大改造：五权体制实际上变成三权分立，奠定了“双首长制”（dual executives system）。不过，由于国民党、民进党政党体制的影响，这种体制在实践中偏向“总统制”。根据图 1 概述 1997 年第四次“修宪”以后台湾地区“宪政”制度的内容如下：

第一，“总统”与“立法院”皆由定期直选产生，具有同等的正当性意义。第二，“总统”任命“行政院长”不需“立法院”同意，并与“行政院长”分享行政权力。这体现为延续“副署权”制度，但是取消“行政院长”在人事任免和解散“立法院”问题上的副署权。第三，“行政院”向“立法院”负责并接受质询，“立法院”对“行政院长”有提出并表决“不信任案”的权利[28]。不信任案通过后，“行政院长”应于 10 日内提出辞

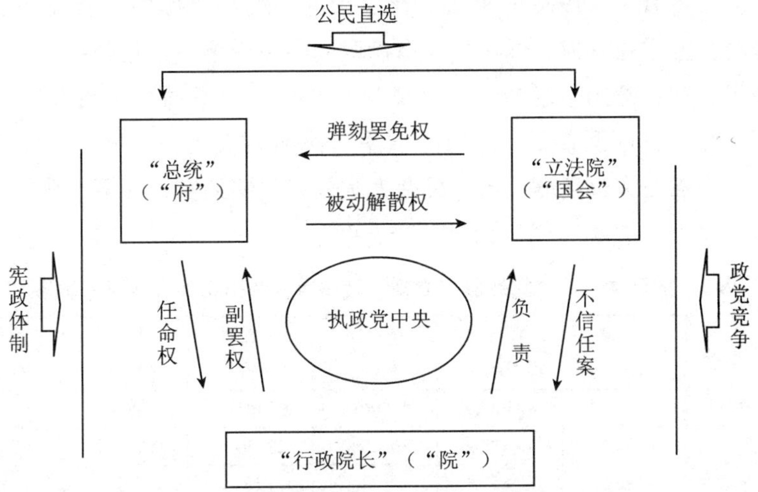

图1　台湾主要权力分立—制衡体系

资料来源：根据《中华民国宪法》和《宪法增修条文》（1997）制图。

呈，并得同时呈请“总统”宣告解散“立法院”（此为“被动解散权”）。第四，“立法院”对“总统”、“副总统”有罢免和弹劾权，但通过的门槛很高[29]。“立法院”提出弹劾案，需由“司法院大法官”审理并组成“宪法法院”判决。第五，“立法院”对“总统”提名“监察委员”、“考试委员”和“司法院大法官”名单行使审查及同意权。此外，第四次“修宪”还通过“精省案”，冻结台湾省长及省议员选举。“精省案”使得台湾省在“中华民国”“宪政”体制下形同虚设，达到了“废省”并打击民望甚高的民选台湾省长宋楚瑜的目的，有利于塑造李登辉主张的“中华民国在台湾”的新“国家定位”。

第四次“修宪”使得台湾“宪政”体制大局重定，此后台湾还进行了3次“修宪”。1999年，第五次“修宪”，“国民大会”企图自我延任，随后经“司法院”大法官会议判为无效。2000年，第六次“修宪”，“国大”由常设型改为任务型，大部分权力划归“立法院”。2005年，第七次“修宪”彻底废除“国大”，“立委”选举改行“单一选区两票制”。此外还通过“公投入宪”，亦即“中华民国”的“国号、领土变更和宪法修改”，必须交由台湾公民投票复决。

经过几次“修宪”，台湾的政党政治形态发生了很大的改变。表1整理了1992－2008年，国、民两大政党在台湾“立委”选举中的得票情况和当选席次。可以看出，1998 年之前，国、民两党的得票比例“立委”席次都大致维持在五成对三成，国民党在台湾政局中扮演第一大党和主导力量。新党、亲民党和台湾团结联盟（台联党）等小党曾经短暂性地崛起，但 2008 年实行“单一选区两票制”[30]的“立委”选举制度以后，这些小党很难获得席位，影响力大幅萎缩。国、民两大政党有足够的实力为本党籍候选人辅选，争夺每个“立委”选区的唯一当选席次。

表 1　国民党、民进党历届“立委”选举重要数据统计（1992 – 2008）

政党别/届别		第二届（1992）	第三届（1995）	第四届（1998	第五届（2001）	第六届（2004）	第七届（2008）
国民党	总得票数	—	4348089	4659679	2949371	3190081	5010801
	得票比例	59.00%	46.06%	46.43%	28.56%	32.83%	51.23%
	当选席次	95	85	123	68	79	81
	席次比例	—	51.83%	54.70%	30.22%	35.11%	71.69%
民进党	总得票数	—	3132156	2966835	3447740	3471429	3610106
	得票比例	31.60%	33.17%	29.56%	33.38%	35.72%	36.91%
	当选席次	51	54	70	87	89	27
	席次比例	—	32.93%	31.10%	38.67%	39.56%	23.89%
其他	当选席次	新连线 25	新党 21，其他政党 4	新党 11，其他政党 21	亲民党 46，台联 13	亲民党 34，台联 12	无盟等 5

资料来源：第二届“立委”选举资料来源为《中国时报》1992 年 12 月 20 日报道，第三、四、五、六届“立委”选举资料来源：政治大学选举研究中心资料库“台湾地区近年选举结果统计”（http：//esc. nccu. edu. tw/newchinese/data/election%20data01. htm），其中“当选席次”采“区域立委”、“不分区立委”与“侨选立委”的总和，“席次比例”指各政党当选总数与“立法院”总席次比例。第七届“立委”选举资料来源：“中央选举委员会”第七届“立法委员”选举统计网址：http：//www. cec. gov. tw/zh – tw/T4/s00000000000. html；其中“得票比例”采第一阶段得票率，即各党政党票得票数与总得票数之比。（另注：第二届“立法院”总席次 161 席，第三届“立法院”总席位 164 席，第四、五、六届“立法院”总席位均为 225 席，第七届“立法院”总席位为 113 席）。

在这种背景下，两党候选人都以区域选民的本土/在地需求为竞选指针，大打“本土牌”、“在地牌”的政见，同时两大政党也都以台湾的本土政党自居，争夺台湾本土利益的代表权，促使 2008 年以后台湾本土型两党政治成型[31]。这也是本土化驱动下台湾政治转型的一个重要内容。

总的来说，台湾政治转型整体进程如图 2 所示。以本土化人事政策为基础，蒋经国的“政治革新”开启了台湾威权体制的自由化渐变。李登辉执政后，推动以“国会改选”和“修宪”为制度变革、以定期选举为核心的民主政治，建立竞争性的本土政党政治形态，“中华民国”政治制度不断台湾化，引发政治认同的台湾化。陈水扁执政后，继续推动本土化，积极建立台湾主体性，甚至推进“法理台独”。在这个过程中，本土政治势力是关键的组织力量，他们把平等的本土政治参与诉求和公开的民主政治制度相结合，既推动了中国台湾地区政治运作的民主化，也加深了“中华民国”政体的台湾化。

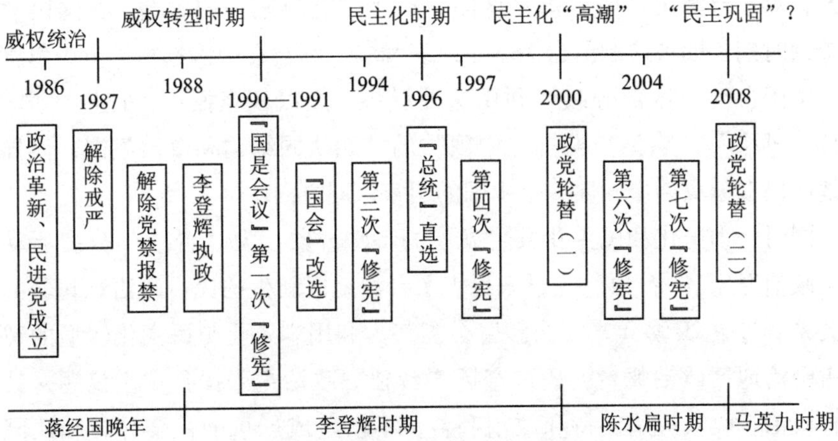

图2　台湾政治转型进程大事表

图表来源：作者制图

总　结

总的来说，在独特的社会历史背景下，中国台湾地区政治的本土化与民主化具有很多共同点。首先，具有相同的对立面，亦即“中央政权”必须体现本土民众的利益代表，实现本土的民主政治参与。其次，具有相同的问题意识，亦即解散“万年国会”，重建台湾本土民意的代表制度。最后，具有相同的社会基础，亦即台湾本省籍政治精英和民众成为政治转型的直接推动者。

由于有这些共同点，在台湾政治转型进程中，本土化与民主化是共生发展、双面一体的。一方面，从蒋经国开始到李登辉的本土化，推动了“中华民国”政权在党政人事、民意代表合法性、“宪政”体制乃至“国家认同”等发生了适应中国台湾地区本土社会现实的重大变迁，为中国台湾地区本土民众的民主政治参与开辟了道路。另一方面，台湾地区政治体制和政治运作的民主化，特别是历次台湾居民直接选举，落实了本土政治经济新要求。在此基础上，台湾地区的“宪政”体制、权力结构与利益群体紧密互动，一步一步推进政治体制转型，引发新的权力分配，促成新的公共政策。某种程度上，台湾的政治转型可以看作是本土化推动下的威权体制的民主化，这是台湾政治转型经验区别于其他国家和地区民主化的最大特点。

中国台湾地区政治转型过程中，本土化和民主化的这种特殊的共生互动形态，对于台湾民众的“国家认同”产生了意料之外的影响。在国民党威权统治时期长期被压制的台湾本土意识和本土利益在历次选举动员中急剧反弹。中国台湾地区部分政客利用这种形势，加以刻意操作，宣扬“本土”对抗“外来”、“台湾”对抗“中国”的二元认同结构和政治氛围，误导台湾地区民众偏离两岸同属一个中国的国家认同方向。

同时，本土化和民主化共生发展的特殊现象，为“台独”分裂活动提供了政治温床，“台独”反过来毒害了台湾地区新生的民主政治和脆弱的两岸关系。过去 20 多年来“台独”分裂势力利用本土化与民主化转型的契机抢占台湾地区政治舞台，通过宣扬“台独”政治主张操弄选举议题，鼓动民粹政治，收获选票支持和政治利益，不惜造成严重的社会分歧和认同混乱，不惜损害两岸关系健康发展。这种本土民主政治的异化现象在李登辉执政后期和陈水扁执政时期表现得最为突出。从 2008 年以来台湾地区内部几次重要选举可以看出，台湾地区民众经过多次重要选举的洗礼，越来越能够以理性、务实的态度看待“台独”，认识到“台独”没有出路。可以说，“台独”势力的高潮已经过去，但“台独”主张在台湾地区的选举政治中仍然存在，仍然值得我们警惕。此外，由本土化引发的“强化台湾主体性”的意识不断传播，在民主化带动下“中华民国体制”与“台湾主体性”日趋融合，两岸关系和平发展乃至和平统一还有漫长的道路要走。

注释：

[1] 指中国台湾地区，即台、澎、金、马等岛屿，简称为“台湾地区”或“台湾”，下同。

[2] 林佳龙、邱泽奇主编：《两岸党国体制与民主发展》，第 130 页，月旦出版公司，1999 年版。

[3] 李登辉、中岛岭雄：《亚洲的智略》，第 35 页，远流出版公司，2000 年版。

[4] 若林正丈：《蒋经国与李登辉》，第 219 页，远流出版公司，1998 年版。

[5] 参见林佳龙、邱泽奇主编：《两岸党国体制与民主发展》，第 127 ~ 140 页，月旦出版公司，1999 年版。

[6] Cheng, Tun - Jen and Stephan Haggard, eds., *Political Change in Taiwan*, London: Lynne Rienner Publishers, 1992. also see: Diamond, Larry, Marc F. Plattner, Yun - han Chu and Hung-mao Tien, eds., *Consolidating the Third Wave Democracies: Region - al Challenges*, Baltimore: Johns Hopkins

University Press，1997.

[7] 谢复生：《宪政体制、选举制度与政党运作》，《理论与政策》，1994 年第 8 卷第 2 期。

[8] 陈明通：《派系政治与台湾政治变迁》，第 221 ~ 240 页，月旦出版公司，1999 年版。

[9] 陈明通、郑永年主编：《两岸基层选举与政治社会变迁》，第 127 ~ 168 页，月旦出版公司，1998 年版。

[10] 杨莲福：《人口问题与台湾政治变迁》，第 140 ~ 141 页，博扬文化，2005 年版。

[11] 王振寰：《台湾的政治转型与反对运动》，《台湾社会研究季刊》，1989 年第 2 卷第 1 期。

[12] 汤志杰：《重探台湾的政体转型：如何看待 1970 年代国民党政权的“正当化”》，《台湾社会学》，2006 年第 12 期。

[13] 王振寰：《台湾的政治转型与反对运动》，《台湾社会研究季刊》，1989 年第 2 卷第 1 期。

[14] 国共内战期间，蒋介石于 1947 年 7 月发布《戡乱总动员令》，又公布《动员戡乱完成宪政实施纲要》，宣布全国进入所谓的“动员戡乱时期”。国民党主导下的“国民大会”于 1948 年颁布《动员戡乱时期临时条款》作为《中华民国宪法》的单项附属条款，规定该《临时条款》在“动员戡乱时期”优先于“宪法”适用，内容为赋予“总统”有超越《中华民国宪法》限制的“紧急处分权”。据此“总统”可以不经“立法院”、“行政院”批准径直采取重大行动。国民党政权迁台后四次修改《临时条款》，使之成为多项条款，让蒋介石在 1954 年“总统”任满后再“连选得连任”四届“总统”（1954 – 1975），并使蒋氏父子得以通过“国家安全会议”独揽大权。因此《动员戡乱时期临时条款》被称为凌驾于“宪法”之上“太上宪法”，直到 1991 年 5 月才由李登辉宣布废除。

[15] 1980 年 2 月，党外人士林义雄因“美丽岛事件”而被“警总”以叛乱罪起诉并拘禁候审。2 月 28 日，林义雄的母亲和双胞胎幼女在台北市住处被杀惨死，长女被刺重伤。该案爆发后很多人认为系国民党当局情治单位“杀一儆百”的做法，但至今尚未破案。

[16] 1981 年 7 月，台籍留美学者陈文成因资助《美丽岛》杂志社，回台后被“警总”约谈，但翌日被发现死于台大校园，警方称其为“畏罪自杀”，但美国专家验尸后发现陈文成被凌虐致死的痕迹。该案至今未破。

[17] 1984 年 10 月，台籍旅美作家江南在美国旧金山市郊住宅内被枪击致死。调查显示该案系国民党情报部门指使台湾竹联帮首领陈启礼等所为，蒋经国次子蒋孝武被指涉案。

[18]《中央日报》，1986 年 3 月 30 日。

[19]“行政院”新闻局编：《蒋经国先生全集》，第 20 册，第 36 页，1991 年版。

[20] 严家淦原为“副总统”，于 1975 至 1978 年接替病逝的蒋介石担任“总统”，但台湾“党、国”大权掌握在“行政院长”兼国民党主席的蒋经国手中。

[21] 2009 年 8 月 8 日，作者在北京访问郝伯村。

[22] 参见若林正丈：《台湾——分裂国家与民主化》，序章，第 50 ~ 51 页，月旦出版公司，1994 年版。

[23] 林佳龙、邱泽奇主编：《两岸党国体制与民主发展：哈佛大学东西方学者的对话》，第 130 页，月旦出版公司，1999 年版。

[24] 即便 1969 年以后在台湾地区实行“中央民意代表”的增选和补选，但是台湾本省人在“中央

民意机关”的比例仍然极少。

[25] 1991 年底改选组成第二届“国民大会”，第一届“国大代表”退职。

[26] 叶俊荣：《民主转型与宪法变迁》，第 17 页，元照出版公司，2003 年版。

[27] 李登辉、中岛岭雄：《亚洲的智略》，第 41 页，远流出版公司，2000 年版。

[28] 需得全体“立法委员”1/3 以上联署提案，全体“立委”1/2 以上表决赞成才能通过。

[29] 罢免案需经全体“立委”1/4 提案，全体“立委”2/3 表决同意后，送交全民公投决定；公投罢免案时由全体选举人总额过半数参与投票，有效票过半数同意即为通过。

[30] 单一选区两票制是一种混合型选举制度，结合了比例代表制和多数代表制（小选区制）的选举制度。选民需要投两票，一票选人，一票选政党，用来决定选举最终的当选席次总数。

[31] 参见郑振清：《选举制度、社会分歧与台湾政党政治新形态的形成》，《台湾研究》，2008 年第 3 期。

（作者为清华大学公共管理学院台湾研究所助理教授）

台湾政治走向的结构分析

刘小年

自马英九上台后，台海关系出现了持续趋缓、向好、和平发展的态势。如何保持这种好的态势，服务于两岸人民的根本利益，最终实现祖国的和平统一，这是摆在中华民族复兴之路上的一个重大问题。为此，需要探讨台海关系变化的内在根据，分析台湾政治的走向，并针对性的采取相关政策措施，本文尝试从国际政治的结构视角对此进行探索。

结构分析在台湾政治走向研究上的适用性

1. 什么是结构分析的视角

所谓结构分析的视角，就是从结构的角度分析国际政治。结构，根据国际政治理论，是指“一系列约束条件”，它“通过奖励某些行为，同时对某些行为进行惩罚来进行选择”。[1]因此，结构在一定程度上可以解释国际政治事件或进程。

2. 台湾政治走向结构分析的适用性

台湾政治走向结构分析的适用性，主要表现在以下两个方面：

一是由于政治生活的系统性，对政治包括国际政治进行结构分析是必要的与可行的。政治生活的系统性，在于政治是人的社会生活的一个方面，而社会生活本身是一个复杂的人类生存系统。这种人类系统“历史的第一个前提无疑是有生命的个人的存在。因此，第一个需要确定的具体事实就是这些个人的肉体组织，以及受肉体组织制约的他们与自然界的关系”[2]。作为社会子系统，政治也是多种系统因素——如政治权力、利益、制度、文化、组织等相互作用的统一。“政治学”需要“研究结合在社会里并相互依存的人类”。[3]

对政治生活进行系统分析，可以发现：政治生活本身是“一个行为系统，它处于一个环境之中，本身受到这种环境的影响，又对这种环境产生反作用”，也即一种对来自社会与自身的输入进行转换并输出的结构过程。[4]这种结构过程理论，正好简洁而准确地揭示了民主社会政府或政治系统回应社会要求进行公共管理与公共服务的本质。因而，迅速成为现代政治学研究的流行框架。

由于国际政治的“政治”属性，因此可以从类比的角度得到一个推论，即国际政治也可以进行系统分析。事实上，在国际政治研究学术圈，将国际政治看成不同层次的国际政治行为体的相互作用，已经是一个基本的研究出发点。与之相应，当代主流国际政治理论都不约而同从结构角度探讨国际政治问题，主张或者物质因素、或者制度因素、或者观念因素主导的国际政治结构或国际体系规定了国际政治行为体——国家行为的后果。[5]

总之，由于政治生活的系统性，从系统理论对政治及国际政治进行结构分析是必要的，也是可行的。

二是由于台湾政治具有的政治属性与国际因素的双重特征，因此可以对其走向进行结构分析。台湾政治的政治属性主要表现在：虽然它没有主权，只是一个地区性的政治共同体，即作为与大陆分治下的一个中国的地方政治实体，却拥有自己指挥的军队、由本行政区域公民选举产生的政府以及管理特定区域的人口与领土。在现实地行使政治管理权力，提供政治管理对内与对外的相关职能。

所以，仅此一点，就可以对它进行政治学上的结构分析。但是由于本文不是要对台湾政治走向进行一般政治学意义上的结构或系统研究，而是要从国际政治的角度展开探讨，因此，还需要进一步分析台湾政治是否具有国际因素。

虽然台湾问题是一个中国下国共双方内战形成的两岸分治问题，是一个国家内部如何结束分裂走向统一的问题，是中国的内政，但由于台湾问题的历史因素与现实影响，在处理台湾问题上无法避免它曾经作为殖民地留下的影响，如日本的影响，这种影响如日本文化的渗透与经济上的关系、日本在台湾地区安全上的作用、日本对台湾民进党包括台独人士的作用等；[6]另一方面，在国共内战期间及更早时期，由于美国对中国的影响与事务的介入，它在台湾问题上历史与现实地都构成了一个重要的外部角色，一个难以忽视的国际因素。事实上，在历史上，如果不是美国直接向台湾海峡派遣军舰，大陆可能早就打过台湾海峡，以武力统一了祖国。[7]

基于台湾政治以上双重属性，从结构角度研究它是需要的与可能的，或者说适用的。

3. 台湾政治走向结构分析的方式

在国际政治的结构分析方式上，华尔兹指出："对国际政治的解释，尤其是关于确定战争的原因及和平的条件"，可以"按照原因所在的层次——人、国家或者国际系统——加以区分"。[8] 奈则进一步建构起三个层次结合分析国际政治的结构框架，在他看来"个人层次的解释是不够充分的，因为国际政治的性质是由国家而非个人所决定的"，因此，"有意义的解释通常都把第二个（国家或社会）和第三个（国际体系）分析层次结合起来"，并且根据简约原则，在分析时以体系层次的解释为起点，"如果体系层次的解释被证明是不恰当的话，那么我们把就可以把注意力转向体系内部的单位，增加分析的难度，直至得到合理的解释"。[9] 在具体层次的内涵上，奈在个人层次上指领导人的个性，国家层次上指国家的利益与权力等现实主义因素，在国际体系层次上指制度、观念与物质等综合方面。[10] 同时，他还指出，三种层次之间，体系是影响国际政治的深层原因，国家是中间原因，个人是突发原因。[11]

根据奈的框架，下面分析台湾政治走向时，从个人——台湾地区领导人马英九的个性、台湾地区的政治共同体的现状、台湾与大陆关系及国际政治等方面探讨。具体认识马英九的个性时，又从其形象建构、政治行为或历史、政治认识等方面来归纳，因为人的目标或需要——形象，是通过其行为建构，受其认识引导的。对台湾作为一个地区政治实体则从其社会结构与政治体制方面来研究，因为政治是耸立社会之上的上层建筑；对台海关系及国际政治则主要基于现实主义的影响力依其观点来讨论。

另外，在奈对国际政治原因间关系分析的基础上，这里主张以领导人代表国家的决策为主线，将个人、国家（或政治共同体）及国际体系的层次原因统一起来，形成一个动态的三种层次之间有机统一的解释框架，即认为国际政治，不过是多元互动视角下民众与领导互动由领导代表国家选择，利用现有国际格局、文化与制度，来追求国家利益、行使国家权力、维护国家合法性的过程。[12]

1. 马英九的个性

可以在总体上以两个字来概括：务实。表现在他的认识上，他作为政治人物，一贯地讲“台湾优先”；在当选台湾地区领导人前，讲过台湾前途的多种选项；[13]当选后，则突出了“九二共识”这个主题。之所以这样，在不同时期讲不同的话，在于马英九是一个务实的政治人物，他需要根据政治形势与环境的变化及时调整自己的策略：“台湾优先”是与他作为台湾地区的政治人物的身份相一致的；台湾前途的多种选项，则是一种选战策略——争取不同政治观点的人投自己的票；“九二共识”则关切到台湾与大陆的血肉联系特别是经济上的共生关系。

马英九的务实性，还表现在他的行为上。作为台湾地区活跃的政治人物，青年时代马英九是保钓先锋，也当过台湾地区最受推崇的“总统”蒋经国的秘书，后来作为国民党的副秘书长，担任过李登辉时代的“政务委员”，然后是竞选台北市长、国民党主席，及现在的台湾“总统”。马英九一路走来，官位不断攀升。在和平年代，政治人物的上升管道显然首要的不是英雄时代的理想与魅力，而是一种现实的竞争与政绩。

另外，马英九的务实性，也可以从其形象塑造上来分析：从一般的社会观感来说，他很帅，从官商关系来讲是典型的不粘锅，从特定的民众来讲是鞠躬背后的责任。[14]这种形象，与李登辉时代的黑金政治以及陈水扁时代的贪腐形成了巨大的反差，因而，在民众心理烙印甚深，为马英九的政治上升与马英九时代的来临提供了观念上的空间。

对于马英九的务实个性，这里可以从一个代表性的案例来进一步说明。在台湾红衫军发起倒扁运动的高潮时刻，施明德这位总指挥曾一度想率领红衫军冲击陈水扁的“总统府”，但被马英九劝止。[15]也许在此可以设想，如果马英九不劝阻施明德，陈水扁要做完他剩下的“总统”任期肯定是十分困难的，甚至有可能就此丢掉“总统”权位。如果马英九真如形象中塑造的具有理想主义的清廉先生，那么，他这种劝阻行为，让贪腐政权延续的政策就令人费解了。所以，现实地分析，马英九的行为，在于他对形势的务实评估：一方面，他当时是台北市长，具有维护台北市稳定的职责；另一方面，如果红衫军冲击陈水扁“总统府”并下台，则根据台湾法律，继位的是“副总统”吕秀莲，这样，可能会让国民党的行动失焦，不利于国民党争取政权的目标；第三，就算陈水扁不下台，红衫军的声望与实力将持续上扬，如此，对国民党来说，多一个强有力的争夺政权的竞争对手，也不是什么好事。而事后的事态发展，红衫军气势经此“三鼓而竭”，国民党抓住陈水扁“政权”的贪腐不放，推举马英九在“总统”选举中终于大获全胜，赢得台湾“大选”与“立法院”选举。所以，马英九的选择是一种务实的权衡，最终做了一件对自己和国民党有利的决定。

2. 台湾政治共同体的基本特征

一是台湾政治共同体之下的台湾社会具有多元化及蓝绿分裂的特征。台湾自国民党战败入台并经营台湾以来，其社会结构发生了显著的变化：一方面，台湾社会形成包括三大阶级，即以上层官僚与资本家为主体约 50 万的社会上层阶级；以中小企业主、农业资本家、大企业的经理管理人员、自由职业者、上层知识分子、工程技术人员、部分军公教人员、一些经营有方的农民、渔民等构成的总数 700 万的社会中产阶级；以及 300 万农民和 700 万蓝领工人、少量经营不善的渔民等组成的社会下层阶级。[16] 由于社会阶级分化迅速，利益诉求的多元化，加之海峡两岸政治分治的现实和曾经的殖民历史，台湾社会形成了认同一个中国的蓝与具有台独倾向的绿的对峙特征。就全台湾而论三大阶级又在蓝绿意识形态上通过地域结构呈现出“北蓝南绿中间不蓝不绿”的结构。[17]

二是台湾政治共同体之体制具有西方民主宪政下的两党竞争的特点。随着上个世纪 80 年代中后期蒋经国放开党禁，台湾政治旋即突破一党专政局面，到目前已有 100 多个政党。但是由于台湾社会蓝绿对峙的结构，最终通过选举体制形成两大党即民进党与国民党竞争的局面。两党在意识形态主要是在两岸认同上具有针锋相对的主张，即国民党经连战改革后重新认同“九二共识”，民进党则倾向台独。[18] 而且各自拥有一定规模的支持选民，像民进党常年的支持者就维持在 30% 左右。[19]

3. 作为台湾政治共同体外围环境的结构属性

一是两岸关系之大陆方面。呈现出政治分治特点及强弱稳定发展的态势。具体来讲，就是台湾与大陆在一个中国框架下政治分治，各自管理一定区域的政治社会事务；同时两者相比，自分治发生起，就一直是台湾综合实力弱，大陆综合实力强，而且自上个世纪 70 年代后两者之间的差距随着大陆的迅速崛起而有愈来愈扩大的趋势。

二是作为两岸关系外围之国际环境方面，一方面，国际政治仍然是一种主要讲究实力与追求国家利益的现实主义及无政府状态；另一方面，在全球化下又呈现出相互依存的特征。在这样的背景下，随着中国大陆的崛起，一个中国的原则在世界上得到多数国家的支持；另一方面，对台湾地区政治具有重大影响的唯一超级大国——美国，也从自己的国家利益出发，对台海关系持一种现实主义的维持台海现状的政策。[20]

结　论

1. 台湾政治走向之一：马英九的政策优先序

从马英九的务实个性出发，结合台湾政治之其他两个层面的现实，可以得到台湾政治发展的政策优先序，即：一是台湾优先。这是因为马英九及其国民党提取政治资源与获得政治权力的根据都在台湾地区，在于能否获得台湾民众的支持与认同。换句话说，国民党从大陆去台后已经现实地台湾化或地方化了。所以，为了维护政治人物的生命与政党的生存及影响力，必须在政策理念上要喊出台湾优先的口号。这也是台湾所有积极的政党都必须要做的。或者说，只有越本地化才越能生存。在马英九就任“台湾总统”时他就说，自己的施政原则是“坚持‘以台湾为主，对人民有利’”。[21]

二是“九二共识”。在台湾政治人物或政党要生存必须本土化，但仅此又是不够的，因为本地化最后还是要落到台湾民众的基础上。由于台湾社会多元化与蓝绿对峙的结构，台湾政治人物与政党在竞争体制下，只有代表一定的民众才能与其他政治人物或政党相区隔并站得住脚。又由于作为对手的民进党及其政治人物，大都或明或暗持台独倾向，因此，国民党的政治人物或政党只有抱一个中国的立场，坚定“九二共识”，才能在残酷的政治竞争中获取一席之地，才有胜利的希望。这也是国民党在台湾地区民主化改革之后的历史所证明了的。所以，马英九在政策面要推行或端起的一个政治口号必然是“九二共识”了。另一个方面的原因，则是两岸情势及国际格局。两岸一体，都是一个中国的组成部分，在经济社会文化等方面紧密相关，利益与共，因此，作为政治人物，作为执政者，马英九必须要对台湾的发展负责，要把握这种两岸一个中国的现实，并以此为契机获得发展的空间。像台湾参加 WTO 活动，就在既不违背一个中国原则，又照顾两岸分治现实的条件下，大陆与台湾互动，形成一种务实安排。况且，从国际来讲，在现实主义主导下，多数国家面对中国崛起的现实及由此产生的国家利益拓展机会，都纷纷支持一个中国原则。美国也从自身利益出发，要求维持台海现状，而台海现状本质就是两岸分治、一个中国。所以，根据内外情势，适应台湾发展需要，马英九必然要推动“九二共识”，并以此发展两岸关系。对此，他在就任“台湾总统”时说：“一九九二年，两岸曾经达成‘一中各表’的共识，随后并完成多次协商，促成两岸关系顺利的发展。英九在此重申，我们今后将继续在‘九二共识’的基础上，尽早恢复协商，并秉持四月十二日在博鳌论坛中提出的‘正视现实，开创未来；搁置争议，追求双赢’，寻求共同利益的平衡点。两岸走向双赢的起点，是经贸往来与文化交流的全面正常化，我们已经做好协商的准备。希望七月即将开始的周末包机直航与大陆观光客来台，能让两岸关系跨入一个崭新的时代”。[22]

三是渐进主义。虽然从台湾本土与外部情势来讲，马英九会推行台湾优先与“九二共识”的政策，但并不会采取激进的方式。马英九表示：“对未来两岸关系发展抱审慎乐观的看法，因为两岸之间的冰山‘只是融了一小块’，双方都要持续努力投入推动。”[23]究其原因：一方面，在认识上，台海关系的改善面临历史与现实等诸多错综复杂的因素，难以一蹴而就；另一方面，激进的政策面临台湾社会政治结构之蓝绿对峙及两党竞争的挑战与限制；第三，急剧改变两岸现状，不符合美国现行维持两岸现状政策，面临巨大国际政治压力，而台湾自两岸分治以来在安全等事务方面一贯具有依赖美国的情况。

以上三个方面，可以简单地概括，即：为了生存，需要台湾优先；为了发展，需要“九二共识”；为了安全，需要渐进主义。

2. 台湾政治走向之二：马英九政策的干扰序

按照台湾政治结构分析之三重原因，马英九的政策除主要面或基础面的优先序列外，也有作为对立的干扰序列，具体也是三个方面：

一是选举政治。作为务实的政治人物，马英九在面对台湾两党竞争的体制，在民主宪政的框架下，在激烈的选战中，为了面对蓝绿对峙的社会结构与最大限度获取选票，必然要对政党与自己基本政治认知作出一定的偏移，或者尽可能呈现蓝绿通吃的局面，如此形成选举政治，在政策上呈现出对优先政策偏离的情况，如模糊“九二共识”、往本土化发展等。在选举之后，这些竞争政治的承诺又会对竞选上台的马英九构成现实约束。在2003年连宋配的选举中，国民党就曾经在统独立场上一度严重倒退：强调“维持现状”，不提“九二共识”；“不排除‘台独’为台湾未来选项”。[24]

二是任期政治。由于台湾实行民主宪政，马英九的执政是有一定任期的。特定的任期必然会与台湾问题的历史性构成冲突，这样，第一，在特定任期内只能完成一定的任务；第二，也难以对相关事务作出长期战略规划；第三，就是有长期规划，随着两党竞争与选举政治的发展，有可能在政党轮替后被束之高阁。这样，就对台湾政治走向之稳定性构成威胁，对渐进主义形成挑战。关于任期政治的考虑，马英九“……承认，现时是改善两岸关系的最好时机，但目前不会谈统一问题：我的态度是‘不统、不独、不武’，‘不统’就是在我的任期之内，最多只有8年，不会跟大陆去讨论两岸统一的问题。其次我绝对不支持‘法理台独’主张。第三，我反对用武力来解决两岸之间的问题”[25]。

三是岛链政治。台湾由于处于第一岛链上的战略位置，美日等介入甚深。台独及台湾的安全，自其与大陆分治后就受到美日等国家的重大影响。[26]在这样的国际格局下，台湾有可能成为强国干预中国内政与制衡中国崛起的棋子。[27]作为务实的政治人物，马英九也要顾及这种政治情势。在推行其政策优先序时注意平衡外部压力。

3. 台湾政治走向之三：大陆对台政策之优化序

为了推动两岸和平发展及至最终统一，大陆对台湾政治走向——体现在台湾马英九当局政策上——必须进行干预，以朝向优化之目标：

一是实施民心政治。在国际政治理论中，国际结构之个人、国家与体系层面是相互作用的，共同决定了国际政治事件的进程。其中，按照奈的见解，领导人的个性，决定了国际政治之战争与和平的走向。其实，领导代表国家作出决定，是受社会结构制约的。也即领导决策时，要考虑特定国家之民众的民意与国情。因此，据此可以从民意引导的角度对台湾政治走向进行干预，通过大陆对台政策，实施寄希望于台湾人民的政策，让更多的人接受一个中国与“九二共识”，最终达到多数稳定认同两岸和平发展与国家统一的目标。这样，就可以有力钳制台湾台独倾向人士对马英九贯彻“九二共识”政策施加的阻力，也可以为和平统一创造决定性的条件。这种条件功能，表现在它还可以削弱任期政治与选举政治的影响，甚至可以在一定程度上取消外国大国推行岛链政治的借口。

二是实施战略政治。这是考虑到台湾问题的复杂性，及其中包含的国际因素，需要长期经营，进行战略规划。这样，可以抵消选举政治、任期政治及岛链政治等不确定因素或外部因素的干扰，使台海关系的发展朝着既定方向——即国家统一方向前进。另一方面，也利于发挥台湾在国家统一与民族复兴上的战略作用，有利于两岸繁荣，有利于中国现代化。实施战略政治时，一方面要有规划，要以国家利益为导向；另一方面，要抓住机会，有促进两岸统一的机遇意见，不失时机地推进两岸和平发展与统一的事业。

三是实施主体政治。在台湾问题上，向来有大陆、台湾与国际——美国等三方。如果台湾人对祖国的认同是一个基础性的因素的话，那么，能够引导台湾人朝这个认同努力靠拢的力量，却主要来自大陆。因为在台湾内部其主要政党都本土化了，台湾优先使国家统一呈现出不确定性，正如前面讲过的马英九的多种选项。同时，作为中国内政，台湾问题的处理只能主要依靠中国人自己。因此，最终的关键的力量就是大陆统一的决心和实力及科学决策了。至于国际因素，如美国的出发点是其国家利益，对于中国统一它主要是从自己的利益考虑的，如果利益相抵触它完全有可能反对中国统一。所以，要实现台湾政治继续走向和平发展和国家统一的方向，需要以中国人自己为主。其中，又决定性地需要以大陆为主。需要通过大陆的崛起，来抵消国外干预的效力，及在道义上形成不干涉中国内政的国际舆论；需要通过大陆的睿智来引导两岸互动合作及至实现一个国家的最大认同；需要大陆的政策来反对分裂祖国的行为，抑制台独。

总之，对台湾政治可以进行结构分析。通过这种分析，可以发现台湾政治现行主流走向，也可以认识到相关的政策干扰方面，并有针对性地提供大陆的优化控制政策，从而引导台海关系朝着和平统一方向迈进。

注释：

[1] 肯尼思·华尔兹．国际政治理论．信强译．上海人民出版社，2008：77

[2] 马克思恩格斯选集（第1卷）．人民出版社，1972：24

[3] 休谟．人性论．商务印书馆，1996：6－7

[4] 伊斯顿．政治生活的系统分析·第2版．王浦劬译．华夏出版社，1998：21

[5] 亚历山大·温特．国际政治的社会理论．秦亚青译．上海人民出版社，2008，译者前言：11、17

[6] 日本对台湾文化的影响甚至在部分人中形成了一种媚日心态，在军事上则相当仰仗以前的美台军事联盟及当代美日的安全防御系统，在台独人士的发展上早期日本曾是台独分子大本营。

[7] 1950年6月27日，美国总统杜鲁门下令以美国第7舰队进驻台湾海峡，称此举是为了保护朝鲜战场侧翼的安全，同时阻隔国共两党的军事冲突。同年8月1日美国又决定增派第13航空队常驻台湾。由于美国军事的直接介入以及美中之间长期存在的军力悬殊，使大陆武力解放台湾的策略受到严重挫折。

[8] 肯尼思·华尔兹．国际政治理论．信强译．上海人民出版社，2008：19

[9] 小约瑟夫·奈．理解国际冲突：理论与历史．张小明译．上海人民出版社，2009：46、48－49

[10] 同上书：97“图3.2”、77－82、64、50、240

[11] 同上书：98－99

[12] 任何统治阶级都以政治合法性为基本目标，这是由于国家与社会的关系，国家是以社会为基础的，必须回应社会的要求，获得民众对统治的认同。

[13] Fjskyfass. 马英九“台独选项说”掀风波．福建社会科学院，2006－11－22

[14] 陈叶群．《人物》马英九．中国新闻网，2009－07－10

[15] 施明德爆料：倒扁时警方偷说铁丝网有缺口……．中国评论新闻网，2009－09－09. http：//www. chinareviewnews. com

[16] 秋日．台湾社会结构概况．中国台湾网，2005－12－07

[17] 海航．北蓝南绿：民进党成中产阶级眼中反动势力．中国台湾网，2006－10－21

[18] 陈璟春．联合报：民进党的“政治饭碗”就是仇恨中．中国台湾网，2009－04－24

[19] 虎尔．民进党与陈水扁的“前景”预测．网易两岸论坛，2006－12－30. http：//huer010. blog. 163. com/blog/static/2158414020061130530506 47/

[20] 乔德建．美重申不支持“台独”反对单方面改变台海现状．新华网，2006－03－16

[21] 你的柔情．台湾省省长——马英九的5·20就任发言．通吃岛证券网，2008－05－22. http：//www. i918. cn/

[22] 你的柔情．台湾省省长——马英九的5·20就任发言．通吃岛证券网，2008－05－22. http：//www. i918. cn/

[23] 马英九首次会见港澳媒体 称改善两岸关系正当时．香港商报，2008－04－15. 深圳新闻网

[24] 徐松涛．国民党统“独”立场严重倒退 和平统一变数增加，2003－12－22. http：//www. sina. com. cn

[25] 马英九首次会见港澳媒体 称改善两岸关系正当时．香港商报，2008－04－15·深圳新闻网

[26] 刘佳雁．台独思潮与活动五十年的蜕变．世界知识，2004（6）

[27] 董晓．美“捆绑”台湾蓝绿2008选举更诡谲难测．中国台湾网，2007－06－16

（作者为东莞理工学院副教授、博士）

民进党意识形态的基本特征分析

林　劲

所谓政党的意识形态，是指政党成员对周围世界以及政党本身的认知体系，是一个政党成员共同具有的认识、思想、信仰、价值等，也是该党政治纲领、行为准则、价值取向的思想理论依据[1]。政党的意识形态不仅在凝聚内部共识、合理化政策主张、约束规范成员以及号召动员选民等方面起着重要作用，而且是该党确定政策方向及设定政治议题的重要依据。一般较为成熟和稳定的政党，都有自己的一套意识形态体系，而人们通常也以此来识别、选择以及支持某个政党。作为台湾的主要政党之一，民进党有着一套鲜明的意识形态。本文将从多元性与复杂性、反体制色彩和本土牌等方面就民进党意识形态的基本特征进行分析。

一、民进党意识形态的多元性与复杂性

在海内外普遍印象中，民进党是一个“台独政党”。的确，自 1990 年代初以来，伴随“国家认同”歧异而来的统独争议，成为台湾政坛最为复杂的政治分歧，一再成为某些政党和候选人在选举中用于政治动员的工具，相当程度地影响政党的组成以及政治资源的分配。通过政治人物的言论、媒体的报道、两岸的互动，如今一般台湾民众不必花费太多的资讯成本，也无须具备太多的认知和概念技巧，即可认知主要政党及候选人在统独光谱序列的位置。在党纲中明确以建立“主权独立自主的台湾共和国”为目标的政党，民进党的“台独”意识形态显然与国民党、亲民党、新党等认同和捍卫“中华民国体制”、反对“台独”的泛蓝政党形成了鲜明的对比，成为该党最显著的特色。尽管如此，如果仅仅关注而强调这一点，对于全面、客观地了解民进党是远远不够的，实际上民进党的意识形态是一个包罗万象、十分复杂的观念体系，其复杂性主要体现以下方面：

首先，从意识形态体系的构成来看，除了“台独分离主义”之外，自由民主、社会福利以及环境保护等诉求都是民进党意识形态体系的重要组成部分。一方面，这是政党政治逻辑的必然要求，是适应选举竞争、扩大政治版图的必然选择。因为在利益分化和思想多元的台湾社会，仅仅依靠“台独分离主义”这单一且狭隘的意识形态，民进党是无法凝聚足够的支持力量的，面对不同阶层和群体的需求，只有分别提出具有针对性的政治主张，整合各种相关的意识形态，才能赢得相应的支持。另一方面，从民进党的成长背景来看，其前身“党外”势力就是一个由反对国民党的各种政治力量组成的异质性程度很高的松散联盟或联合阵线。各种政治力量之间对于台湾政治社会问题的看法及主张并不一致，有的侧重于关注政治社会资源的分配问题，有的侧重于关切政治体制改革问题，有的侧重于关心台湾政治定位和未来走向问题，即便是重视同一议题的人士，其价值取向和主张也不尽相同。民进党的成立，很大程度上只是将松散的联盟加以组织化而已，并未能消除他们在政治理念上的差异，各类意识形态主张仍然保留下来，成为民进党意识形态体系的组成部分。对于民进党意识形态的纷繁复杂状况，有党内人士坦言：“其实，民进党内除了反对国民党这一点有共识之外，其他没有任何共识”[2]。此言尽管有点夸张，但却道出该党意识形态的错综复杂性。此外，确有这样一批民进党人，对于党的各种意识形态并不热衷，他们参与民进党是基于自身的政治利益，包括“台独分离主义”的各种意识形态，都只是他们进行政治斗争甚至是内部权力资源斗争的工具而已。

其次，民进党意识形态的复杂性，不仅体现在横向的多元性，而且体现在纵向的可变性，即根据形势的变化而对其意识形态作出调整及其诠释。从主导性意识形态的变迁来看，民进党并非自始就是“台独政党”，“台独分离主义”成为其主流意识形态有其发展变化的过程。在上世纪 70 年代至 80 年代，由于国民党长期专制统治及政治资源分配的省籍不平等造成台湾政治结构的不合理，民进党及其前身党外势力以反对专制独裁、实现政治民主化和本土化为最重要的政治诉求，并获得越来越多台湾民众的支持。尽管他们曾经提出带有“分离主义”色彩的“住民自决”、“台湾国际主权独立”等主张，但并没有得到大多数台湾民众的认同。甚且，在两岸关系议题上，民进党成立初期的大陆政策，比当时顽固坚持“不接触、不谈判、不对话”等政策的国民党当局更积极和开放。因此，在 1991 年 10 月通过“台独”党纲之前，自由民主意识形态无疑是民进党主导性的意识形态。正因如此，当时民进党才可能容纳费希平、朱高正、林正杰等一批反对国民党专制而主张两岸统一的政治精英。随着台湾政治民主化和本土化的渐次落实，自由民主意识形态已经成为各个政党意识形态的公分母，因此原先的民主政治诉求逐渐失去其感召力。同时上世纪 80 年代末至 90 年代初国际形势剧变，大陆因为发生北京风波而遭到西方国家的孤立，冷战格局的瓦解导致二战结束以来最大规模的独立运动浪潮，给当时民进党内激进“台独”势力予空前的鼓舞[3]。他们的极力推动使民进党在五届一次全代会上通过了“台独”党纲。自此，“台独分离主义”成为民进党的主导性意识形态，成为区别于其他政党的最显著标志。

此外，尽管“台独分离主义”已经成为民进党的主导性意识形态，但是党内对于“台独”主张的认知和态度一直存在着分歧。以往民进党也根据形势的变化对“台独”论述进行多次调整，使得其“台独”路线在激进与务实之间摆荡。在“台独”党纲通过的当年年底，民进党在二届“国大代表”选举中遭到重挫，证明其激进的“台独”主张并未获得多数选民的认同，从而引发党内是否修改“台独党纲”的争论，这一争论自始成为 20 世纪 90 年代民进党内路线斗争的主轴。特别是随着李登辉全面掌控台湾政权，其分离主义路线越来越明显，而且较之于“台湾独立”主张更具蒙蔽性和欺骗性，民进党陷入不仅得不到倾向统一选民的支持，而且也无法开拓中间选民的票源，甚至连基本支持者的票源也难以完全保住的窘境，于是党内要求重新检讨“台独”路线、淡化“台独”诉求、重新诠释“台独”内涵的呼声不断增强。在各种压力之下，当时民进党领导人许信良和施明德等推动一系列“台独路线”转型，在阐释“台湾已经独立”的基础上，他们先后提出“如果民进党执政，不必也不会宣布台湾独立”的主张，从而使民进党逐步走向“体制内台独”的路线。在 1996 年 3 月举行的台湾首届“总统”民选中，由于主张激进“台独”路线的民进党籍候选人彭明敏的惨败，引发党内对“台独”路线的检讨。随后，新生代提出“台湾独立不是什么神圣的使命，而是务实的政治主张”、“台湾独立不是最优先的政治目标，而是为了实现其他政治理想的途径”、“台湾独立不一定以‘台湾’作为国家的名称”等主张[4]，进一步向“台独”基本教义派发起挑战。务实派的转型动作引起“台独”基本教义派的强烈反弹，并最终导致“台独”基本教义派另立门户而成立“建国党”。此举并未严重削弱民进党，反而减小进一步路线转型的内部阻力，并使选民得以区别民进党与“建国党”在

“台独”理念上的差异。在1999年5月八届二次全代会上，民进党通过接受“中华民国”“国号”的《台湾前途决议文》。2000年政党轮替后，陈水扁主政初期基本承袭民进党“台独”路线转型的成果，主张“新中间路线”，并作出“四不一没有”[5]的承诺。然而，不久之后，陈水扁及民进党再次一步步滑向激进“台独”路线的深渊。在2008年的“立委”选举和“总统”大选中，民进党接连遭受惨败，激进“台独”路线再次成为众矢之的。在这种情况下，民进党未来是否再次调整其“台独”路线，受到海内外广泛的关注。但是下台之后的民进党并未对相关路线及政策做出调整，原因在于不具有调整的迫切性且具有因为调整而发生内部分裂的危险性。

二、民进党意识形态中的反体制色彩

如果以政党追求的目标或是对现行政治体制的立场作为标准，可以把政党区分为反体制（或体制外）政党与支持体制（或体制内）政党。前者以改变或推翻既存的宪政体制、社会经济结构为目标，其所采取的手段可能是革命式或者是通过参与既存体制的运作来达成目标；后者则是认同既存宪政体制，政党之间的主要竞争乃是政策方面的分歧，并在政治过程中相互妥协、制定政策[6]。按照这一分类标准，在以往政治发展过程中，先是与威权体制抗争以推动台湾政治民主化和本土化，后来又否定“中华民国体制”、以“台湾独立建国”为目标的民进党，无疑是一个“反体制政党”。然而，在台湾政治语境中，“体制内”和“体制外”之间的区别不仅体现在政党的目标或对于既存政治体制的态度上，还体现在政党所选择的斗争策略和手段，如群众运动一般被视为“体制外路线”，而议会路线则被视为“体制内路线”。以下从政党目标及其斗争策略分析民进党意识形态中的反体制色彩。

在威权统治时期，国民党当局以所谓“动员戡乱”、“反共复国”为名，实行一党专制统治，严厉镇压政治异议人士，限制反对党的成立，拒绝在台湾施行“民主宪政”，所谓的“中央民意代表机构”40年不曾换届改选；同时在政治资源分配方面对外省籍人士进行政策倾斜；在经济资源分配方面实行少数人特权垄断；剥夺了台湾民众的各项政治权利和公民权利。作为反国民党势力的集合体，党外势力以及后来的民进党向不合理的政治经济社会体制展开激烈的抗争，并型塑强烈的反体制性格。从当时的抗争目标来看，其“反体制”色彩主要体现在以下两个方面：一是反抗架空“宪政”的“动员戡乱体制”，要求实现政治体制的民主化；二是反抗政治资源分配的省籍不平等结构，要求实现政治本土化。有台湾学者指出，当时“台湾的省籍分歧大于阶级分歧，而指向政治体系本身认同与结构层次的冲突也明显大于政治体系内的功能性竞争”，因此，民进党是个“兼具台湾意识与反体制色彩的本省人政党”[7]。从反对运动的斗争策略来看，尽管其内部对于走议会路线还是走群众运动路线一直存在争议，但是当时体制内政治权力资源几乎被国民党独占，反对运动人士难以在体制内推动改革，必然选择体制外群众运动路线，通过动员不满国民党统治的群众走上街头表达要求及展开抗争，以强大压力迫使当局进行各项改革。

90年代之后，随着台湾政治民主化和本土化的渐次落实，民进党的抗争目标发生了变化。1991年10月，民进党通过“台独”党纲，意味着该党的主要抗争目标，由原先反对独裁专制和政治资源分配的省籍不平等，转变为以公开否定“中华民国体制”、建立“台湾共和国”为目标。甚且，民进党和当时主政的李登辉一起，进一步向“中华民国体制”的基础——即所谓的“大中国意识形态”发起挑战，通过不断宣扬所谓的“台湾主体意识”，以增强其“台独”主张的正当性，这是具有浓厚反体制色彩且更高层次的政治目标。然而，事实证明激进“台独”主张无法得到大多数台湾民众的认同，并非“十全大补膏”，而是“票房毒药”；随着政党实力的增长，民进党在体制内推动改革以至走上执政不再是不可能，而政权的本土化也使得民进党和国民党的对立有所缓和[8]；过去动辄发动群众走上街头以及在民意机构中频繁挑起肢体冲突的做法严重地伤害民进党的形象。于是从90年代中期开始，民进党展开了路线转型的一系列举措，在政治主张上淡化反体制的“台独”诉求，从否定“中华民国体制”的“体制外台独”路线逐渐转向承认“中华民国体制”的“体制内台独”路线[9]，其中最重要的标志就是通过正式承认“中华民国”“国号”的《台湾前途决议文》。另外，在斗争策略上民进党也调整过去的群众运动路线，逐渐与社会运动疏远，减少街头抗争的次数和烈度，转而致力于通过选举竞争以获取更多的政治资源。经过90年代中后期的转型，民进党已经大幅淡化反体制色彩，努力塑造理性的、负责任的反对党形象，从而逐渐获得越来越多先前对其抱持疑虑的选民、尤其是中产阶层选民的信任。这也是民进党能够在2000年“总统”选举中获胜的原因之一。

在 2000 年上台执政以后，民进党当局虽然表示遵守不挑战“中华民国体制”的所谓“四不一没有”承诺，但是后来的事态证明，民进党的代表人物不断公开发表否定“中华民国体制”的言论，陈水扁甚至以极为轻蔑的态度指称“中华民国是什么碗糕”。在实际行动上，民进党极力推动“公投制宪”，妄图抛弃“中华民国体制”，以斩断两岸在法理上的联系。作为政党意志的体现，民进党于 2007 年 9 月通过以“正名制宪”为目标的《正常国家决议文》，重返“台独党纲”的原点。更为严重的是利用所掌握的行政资源，推行以“去中国化”为核心内容的“渐进式台独”政策，以将“台独”理念落到实处，为各种反体制行为提供思想意识、文化教育的基础。

在 2008 年“立委”选举和“总统”选举连遭挫败后，民进党再次面对路线选择的问题。尽管“激进派”和“务实派”之间围绕路线选择的争议不断，但整体上已有淡化反体制色彩并向中间路线靠拢的趋势。在选后的内部检讨中，激进“台独”路线受到强烈的批判；在其后的党主席选举中，被认为较温和理性的蔡英文击败“台独”基本教义派支持的候选人辜宽敏，而蔡英文上任以后转而强调民进党要证明比国民党有更强的处理政策、议题的能力，从而使得民进党不只是国民党的反对者，更是一个竞争者[10]；此外，陈水扁因为贪腐弊案身陷囹圄，连带地使激进“台独”主张的道德正当性遭到严重削弱。面对体制内权力资源急剧萎缩的现实，民进党重返街头的声浪再次高涨，有人甚至主张民进党即使要走议会路线，也应该是强硬的、不惜瘫痪议事的强硬议会路线[11]。自马英九上台执政以来，民进党已发动多次大规模的街头抗争活动，特别是在 2008 年 11 月初大陆海协会长陈云林赴台期间，民进党的抗议活动更是造成严重的流血冲突事件。随后，民进党将 2009 年确定为“社会运动年”，并在中央党部增设“社会运动部”，以为长期街头抗争做准备[12]。

民进党的反体制性格，对其自身发展及台湾政党政治运作都产生很大的影响。首先，虽然民进党及其前身党外势力一直都有明确的反体制目标，但并没有采取革命式的暴力手段，始终都把参与体制内的选举竞争作为重要的斗争手段，在实现政治民主化之后选举竞争更成为最主要的斗争手段。至于其所发动的街头抗争，如果按照严格的标准，即以是否为当时政治体制所容许的话，那么，虽然在威权统治时期街头抗争是被严格限制的“体制外”行为，但在民主化之后则是被容许的“体制内”行为，当然抗争的烈度必须在非暴力的限度之内。因此，民进党及其前身党外运动一直以来都主要是在体制内来追求其反体制的目标。这种在行动策略上进入体制且又坚持反体制目标的做法，使得民进党在实际运作上矛盾重重。在坚持“一中”并且追求统一的《中华民国宪法》之下搞“台独”，谈何容易。既要做，又不能明言自己在做；既想自圆其说，又难以自圆其说，于是便会有混淆问题、文不对题的状况出现[13]。这正是李登辉和陈水扁在执政时期推行“台独”路线的真实写照。其次，民进党鲜明的反体制性格，不可避免地与认同和维护既存体制的其他政党产生激烈的冲突，从而对于台湾政党政治的正常运作产生严重的影响。如果说早年民进党反抗威权体制有其正当性的话，那么在民主化和本土化实现之后仍然执著于对“中华民国体制”的否定，则使台湾社会陷入“国家认同”分裂的境地，导致难以妥协的认同性议题成为台湾政党竞争的主轴。从近年来台湾政党政治的运作来看，政党的分歧主要不是低层次的政策议题，而是高层次的意识形态。政党之间因为缺乏互信而展开恶性竞争，又因为恶性竞争进而挫伤互信，从而使得许多政策性议题、包括民生和经济议题也因为泛政治化而未能得到理性的讨论和妥善的处理。

三、民进党意识形态中的“本土牌”

20多年来，台湾意识形态领域最大的变化就是本土意识（即所谓“台湾意识”、“台湾主体意识”）的持续高涨。民进党凭着“本土政党”的出身以及较为系统的本土论述，在本土意识的推动过程中扮演着重要的角色。长期以来，民进党在选举中时常将“本土牌”作为攻击对手、切割选票的重要手段，确实一度由此占尽便宜。所谓“本土牌”，在台湾的政治场域中，指的是一种糅合省籍及族群冲突、统独矛盾、两岸对峙等意涵，通过煽动对立情绪，区分出“我群”与“他群”的概念，借此切割选民群体的斗争策略[14]。“本土牌”之所以成为民进党的一种斗争策略，与台湾政治发展历程以及民进党的成长背景密切相关。

在台湾政治转型中，政治本土化始终是一条主轴。由于在国民党威权统治时期，一方面，当局以“动员戡乱”和“反攻大陆”为借口，坚持所谓“法统”、拒不实施民主，民众的政治参与权利受到压制；另一方面，当局为维持其在台统治的“正当性”，刻意用“中国文化”与“大中国意识”

粗暴地贬抑台湾的“乡土文化”与“乡土意识”，加之“二二八事件”的历史悲剧以及戒严时期的“白色恐怖”所造成的省籍矛盾和冲突，台湾省籍民众蓄积了强烈的“被压迫意识”。于是，“本土化、台湾化”成为政治转型的主题，并夹杂着民主意识和分离主义意识。当时以本省籍人士为主的反对运动，选择省籍问题作为政治动员的工具，在各种选举场合以“本省人投给本省人”，“台湾人选台湾人”为号召来争取支持。在此阶段，“本土牌”体现为利用省籍及族群矛盾，虽然对于扭转由国民党外省籍精英长期垄断政治权力的局面，具有一定的正当性，但这一策略不可避免地加剧省籍、族群的矛盾，并沦为某些政党和政客权力斗争的工具。

进入90年代之后，随着台湾政治环境的巨大变迁，民进党的“本土牌”操作出现一些新特点。

首先，自李登辉上台之后，国民党内的省籍矛盾逐渐公开化，外省籍精英被逐步排挤出权力核心，而民进党基于省籍情结和“台湾人出头天”的心理，在国民党内争时给李登辉予大力支持，极力“抹红”国民党内外省籍精英及新党，冠之以“外省集团”、“外省人政党”、“急统派”、“中共同路人”等帽子。

其次，李登辉主导国民党展开了一系列的本土化转型，同时逐渐抛弃“一个中国原则”和“大中国意识形态”，走向分离主义路线，并致力打造与“本土牌”密切相关的“台湾生命共同体”、“台湾主体意识”等理念。因此，民进党的“本土牌”除了对新党及国民党外省籍人士尚能起点作用之外，对于国民党本土派人物则失去了威力，这无疑给民进党带来莫大的压力，并成为其后推动路线转型的重要原因之一。

再次，随着台湾政坛统独争议渐趋白热化及两岸关系的跌宕起伏，“本土牌”加入了煽动敌视大陆和利用两岸对立的内容，为了激发“台湾主体意识”以获取选举利益，“台独”分裂势力通过不断挑起事端以塑造大陆对台湾“蛮横打压”的负面形象。总之，这一时期“本土牌”的内涵得到进一步扩充，由于以李登辉为首的国民党本土势力和民进党在政治理念的趋近，尤其是二者都倾力鼓吹“台湾主体意识”，使得民进党无法独占“台湾”和“本土”的种种好处，只能与国民党既竞争又合作。

在2000年“总统”大选中，民进党以微弱优势胜选，一跃成为台湾的执政党，此后政坛步入泛蓝、泛绿两大阵营对峙时期。下台之后的国民党对李登辉的分离主义路线进行了清理，同时加强与亲民党、新党的合作，积极推动两岸的和解和交流。而民进党当局顽固坚持“台独”主张，极力推行“渐进式台独”以及“去中国化”政策，不断地冲击和恶化两岸关系。于是，在蓝绿两大阵营意识形态差距拉大及李登辉投入绿营的情况下，民进党以“本土政权”自居，掌握本土论述主导权，不遗余力地利用“本土牌”对蓝营展开持续的攻击，通过建构一整套理论论述，充分运用媒体包装将“民进党 = 民主 = 本土政权 = 爱台湾”，同时相对应地把国民党、亲民党、新党与“外来政权”、“外省人”、“威权专制”、“中国”、“中共同路人”、“出卖台湾”等画上等号，通过口耳相传予地下电台、宗教社团、竞选桩脚等各种信息网络，向选民灌输、散播“本土优先”思想[15]。在选举及个别重大事件中，民进党都或明或暗地利用“本土牌”成功地挑起部分民众的情绪。而蓝营在“本土牌”面前曾一度处于被动挨打的局面，从而不得不采取一系列相应的本土化转型动作并着力建构系统的本土论述来应对民进党的本土论述霸权[16]。在利用“本土牌”打击蓝营且再三尝到甜头之后，民进党变本加厉地将“本土牌”的效用发挥到淋漓尽致。

进而，在某些政治人物的操弄下，“本土牌”的打击对象不断扩大，甚至蜕变为赤裸裸的内部权力斗争工具。从民进党与台联党的关系来看，当初李登辉主导成立台联党所标举的主要目的就是要结合所谓“本土力量”，协助民进党“稳定政局”，以巩固“本土政权”，两党合作共同对抗“非本土”或“不够本土”的蓝营。而后，随着民进党与台联党关系的恶化，民进党对李登辉及台联党也祭出“本土牌”，质疑后者对于本土路线的坚持[17]。此外，“本土牌”也被民进党某些政客用于党内权力斗争，导致严重内讧。在2007年“立委”和“总统”选举党内初选过程中，被“台独”基本教义派绑架的当权派，竟然将“本土”作为检验党员忠诚与否的工具，于是部分民间形象较好而不“挺扁”或者在两岸关系持务实态度的参选人被冠以“十一寇”[18]。甚至连“总统”候选人谢长廷以往的“宪法一中”主张，在初选过程中也难逃竞争对手“本土牌”炮火的攻击[19]。此外，这一时期民进党的“本土论述”最为人诟病的是沦落到不分是非的地步，尤其是在陈水扁政权因贪污腐败和施政无能而造成民怨沸腾的时候，民进党当权派竟然利用“本土牌”将挺扁与反扁的斗争操弄为本土与非本土、爱台与卖台、泛蓝与泛绿及南部与北部的对立，公然蔑视普世价值和民意，引起党内有识之士的批判。前民进党文宣部主任陈芳明写道：“把陈水扁视为本土政权，其实是对本土最大的羞辱。本土，岂能容许贪腐？本土，岂能纵容反民主？本土，岂能施用清党手段？然而，在本土的面具下，在民主开放社会不该发生的倒行逆施，竟然都发生了，而且，都一一实现”[20]。

由操弄“本土牌”的脉络可见，民进党是根据政治需要而随时对“本土论述”内容作出调整，逐步扩大斗争范围。蓝营、台联党、党内异议人士、反扁人士、北部、中国大陆甚至美国政府[21]，都曾经成为民进党“本土论述”所塑造的“他者”，随着民进党本土论述的工具性色彩渐趋明显，尤其是一度沦为主政者掩盖贪腐无能的遮羞布，其道德正当性不可避免地受到严重削弱。而民进党处处以“本土”正统自居、动辄将自己等同于“台湾”、不尊重民众自由选择的心态和举措，令许多台湾民众极为反感。

然而，2008年两场重要选举接连惨败的残酷现实，使部分民进党人士意识到，过度操弄本土意识，不仅无法打败对手，而且可能反噬自身。于是，在选后的反省和检讨中，民进党代表人物一再表示需要“重建本土论述”，时任主席谢长廷在谈到党的未来定位时指出，民进党推动的“台湾主体意识”，已经获得社会共识，未来民进党“不再垄断台湾或本土”，而必须和很多“本土政党”竞争进步性[22]。这实际上承认国民党等政党已是本土政党、今后不能再乱扣“外来政权”帽子的事实。继任主席蔡英文在检讨“本土论述”时承认，“过去在政治攻防中，尤其在选举过程中，有些人有意无意地（我相信是无意的）把‘本土’窄化成一种排他性的观念。这种窄化的本土诠释忽视了移民社会最需要的包容，跟我们团结成为生命共同体的需要是矛盾的”，因此，民进党需要对其最核心的本土价值“进行重新诠释”，将“‘本土’重新诠释为一个包容性的观念，让这个社会所有的新旧移民不分族群都能共享‘本土’”[23]。这无疑切中以往民进党本土论述的症结所在。然而，这一理念能否得以落实令人质疑，下台以来，民进党动辄把马英九政府积极推动两岸协商与谈判的作为斥之为“倾中”、“促统”、“卖台”，甚至发动大规模街头抗争行动，在显示民进党的实际作为仍未摆脱其“本土论述”中根深蒂固的“恐中”与“仇中”思维的束缚。

注释：

[1] 田卫东：《略论政党意识形态的功能》，《理论前沿》1997年，第20期。

[2] 刘国深：《民进党意识形态研究》，九州出版社2005年2月第1版，第15页。

[3] 郭正亮：《民进党转型之痛》，台湾天下远见出版股份有限公司，1998 年 5 月 20 日第一版，第 68 页。

[4] 周奕成等：《台湾独立运动的新世代纲领》，参见郭正亮著《民进党转型之痛》，第 297 - 303 页。

[5] 所谓“四不一没有”，即“不会宣布台湾独立，不会更改国号，不会推动‘两国论’入宪，不会推动改变现状的统独公投，也没有废除国统纲领与国统会的问题”。

[6] 吴文程：《政党与选举概论》，台湾五南图书出版公司 1996 年 1 月初版，第 18 页。

[7] 林佳龙：《威权侍从政体下的台湾反对运动——民进党社会基础的政治解释》，台湾《台湾社会研究季刊》第二卷第一期，1989 年春季号，第 126 页。

[8] 参见郭正亮：《选举总路线下的民进党》，载于游盈隆主编：《民主巩固或崩溃——台湾二十一世纪的挑战》，台湾月旦出版股份有限公司 1997 年 10 月初版，第 205 页。

[9] 所谓的“体制内台独”路线仍然具有反体制的色彩，因为民进党所谓接受“中华民国体制”，其实只是接受“中华民国”作为“国号”，从主张建立“建立主权独立自主的台湾共和国”转变为主张“台湾已经是一个主权独立的国家”从而“没有必要宣布独立”而已，在他们看来，“中华民国”等同于“台湾”，这显然违背“中华民国宪法”的“一中架构”。由于“台独”目标本质上是反体制的，因此所谓“体制内台独”的概念本身是矛盾的。

[10] 蔡英文：《坚持“勤政、清廉、本土”的价值民进党有更深的责任》。民主进步党网站：http：//www. dpp. org. tw. /。

[11] 李彦谋：《群众与议会，民进党的两难》，台湾《新新闻》，第 1132 期，2008 年 11 月 13 - 19 日。

[12] 《民进党拟增“社运部”519 全面体检马政府》，中国评论新闻网：http：//www. chinareviewnews. com/doc/1008/7/4/2/100874252. html? coluid = 7&kindid = 0&docid = 100874252。

[13] 沈卫平：《两岸关系应该如何定位——兼评“一边一国论”》，《中国评论》2003 年 3 月号。

[14] [15] [21] 郑又平：《民进党选举策略中“本土牌”运用之政治分析》，“国家政策研究基金会”网站：http：//www. npf. org. tw/particle - 3025 - 2. html

[16] 为了迎战 2008 年的“总统”选举，国民党于 2007 年对党章做了重大的修改，首次将“台湾”写入党章，宣示“以台湾为主，对人民有利”；马英九出版《原乡精神》一书，提出自己的“新本土论述”。国民党建构本土论述的目的就是要破除对手以“外来政党”攻击的魔咒，并指出民进党本土论述的封闭、保守，主要方向是不断强化“中华民国”与“台湾”或“本土”的联结。

[17] 李正修：《背离“主权在民”的民进党政府》，台湾《中央日报》网络报，2007 年 5 月 16 日。

[18] 所谓“十一寇”即林浊水、李文忠、洪奇昌、段宜康、沈发惠、蔡其昌、林树山、郭正亮、郑运鹏、罗文嘉和沈富雄等十一人。他们是民进党务实路线的代表，对于陈水扁及民进党当权派多有批判。

[19] 《苏贞昌狠批谢长廷：宪法一中把大家当傻瓜》，星岛环球网：http：//www. stnn. cc/hk _ taiwan/200704/t20070424_ 520744. html。

［20］《陈芳明：视扁为本土政权，是对本土最大羞辱》，中国评论新闻网：http：//www.chinareviewnews.com/crn-webapp/new/doc/docDetail.jsp？docid=100544256。
［22］谢长廷：《台湾维新，从民进党开始》，民进党新闻稿，民主进步党网站：http：//www.dpp.org.tw/。
［23］蔡英文：《以新本土观捍卫台湾》，台湾《中国时报》，2009年3月22日。

（作者为厦门大学台湾研究院教授）

关于民进党“台独”转型的研究

——基于该党群体思维的社会学考察

潘　雨

2008 年 5 月国民党重新获得执政权，两岸关系取得了突破性进展，和平发展、共创双赢成为两岸关系的主流，“台独”空间进一步被压缩，同时，失去政权的民进党尤其是其高层和精英层也逐渐显露出转型的迹象。鉴于此，本文试运用社会学理论分析民进党群体思维方式，以探讨未来民进党转型的可能性空间。

一、民进党群体思维特征的表现

群体思维是美国耶鲁大学社会心理学家欧文·贾尼斯（Irving Janis）于 1972 年提出的。他认为，当一个具有高度聚合性的群体十分关注某个议题，并在认知上保持全体一致性，以至于无法对所有可选择或替代方案进行理性评估的时候，群体思维现象就发生了；群体思维是指一种特定的思维模式——寻求一致（concurnence seeking）在群体中占统治地位时群体成员忽视对其他选择方案的现实性评价，最终导致群体思维效率、事实验证能力与道德判断力的下降。总之，群体思维是一种社会心理现象，它是具有高凝聚力的群体为保持内部一致性而不能客观接受其他可行办法或方案，从而确保群体内迅速达到高度一致。[1]

贾尼斯的群体思维模型概括了群体思维产生、发展和对群体决策造成影响的过程，包括诱发群体思维的八种前提条件、群体思维的八种表现症状和群体思维对群体决策的七种影响（如表 1 所示）。

表1　贾尼斯（Janis）群体思维模型

诱发群体思维的八种前提条件	群体思维的八种表现症状	群体思维对群体决策的七种影响
①群体凝聚力	①无懈可击错觉	①替代方案的不全面调查
②群体与外界的隔绝	②集体行为的合理化	②决策目标的不全面调查
③命令式的领导	③对异议者施加压力（即从众压力）	③对所偏好选择的风险考虑不足
④缺乏有条理的决策方法程序	④全体一致性的错觉	④信息收集不足
⑤群体成员同质性较高	⑤对群体外成员（对手）的刻板思维	⑤信息处理中存在偏见
⑥外部压力	⑥对群体道德深信不疑	⑥缺少对放弃方案的重新评估
⑦时间压力	⑦自我压抑	⑦未制定例外的权变方案
⑧较低的自尊	⑧心灵卫士	

资料来源：参见 Irving Janis，Victims of Groupthink：A Psychological Study of Foreign－policy Decisions and Fiascoes，Boston：Houghton Mifflin Company，1972.；邱国栋、李依然：《并行式构建取代互补式构建——决策团体再造研究》，《东北财经大学发展研究参考》2007年第8期，第4页

将贾尼斯的群体思维模型置入于民进党群体的考察，我们不难发现民进党群体思维已经严重影响和左右着其决策，呈以下特征：

1. 无懈可击错觉，过分乐观，盲目自信，不管事实与他们的基本假设的冲突多么强烈，认为自己永远不会失败。民进党内很多精英都深知“台独”是个假议题，走向“台独”就是走向死亡，但是，为了政党利益、派系利益以及个人利益，不断在其支持者中高举“台独”大旗，在绿营支持者中强化这种假设。

2. 集体合理化，忽视决策可能有误的警告。“逢中必反”，将所有“反中”议题合理化，以强化其“台独”路线的“理想性”和“崇高性”。面对ECFA议题，民进党高层和精英们内心深知不签ECFA台湾经济将没有出路，但是他们必须为反对而反对。

3. 将“台独”作为毋容置疑的信念和群体固有的道德标准，使其成员认为自己是完全正义的。不分是非，只看颜色，已经成为民进党鉴别一切的标准了。民进党面对陈水扁的弊案无法给予正面的批评与切割，反而多次举行挺扁集会，正是这种道德判断的结果。

4. 排斥理性异议，对于怀疑群体共同观点的人实行群体施压，认为他们不忠诚。“十一寇”就是因为主张松绑两岸关系、支持“三通”的某些务实主张，结果被视为反扁、亲中属异类而招致挞伐，致使落得党内初选全军覆没之惨剧。

5. 压制偏离群体一致的思想与行为，形成全体一致的错觉。作为代表台湾中下层民众且又聚集了相当数量的中南部地区党员的政党，民进党及其支持者凡在两岸关系、“台独”路线等政策决策时，他们则表现出高度的一致性，不同的仅是程度和时间的缓急等方面的差异。“高度一致性”的意识形态是民进党及其支持者最为典型的群体压力特征，进而影响着其决策走向。如图 1 所示，在施明德发起的“红衫军”倒扁运动中，倾向民进党的民众有 85. 5%采取不支持态度；在连战访问大陆时，担心其卖台的绿营民众有 63. 5%；在是使用“台湾”还是“中华台北”名义加入国际组织时，有 91%绿营民众选择了“台湾”；有 59%的绿营民众认为熊猫来台是统战工具；有 90. 5%的绿营民众“比较希望台湾成为一个独立国家”；对 ECFA 议题，有 77%的绿营民众不赞成马政府签署 ECFA。[2]

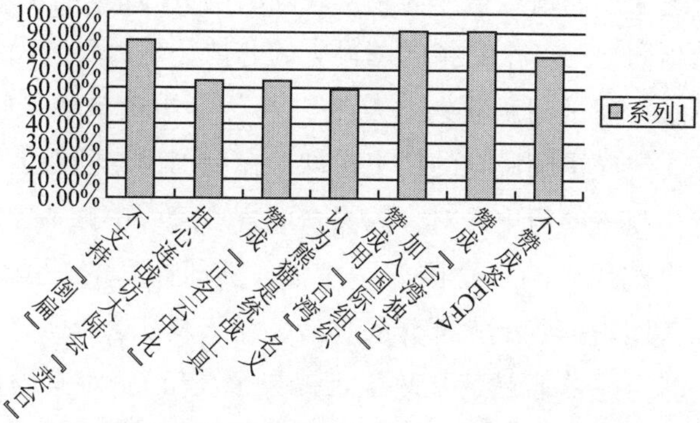

图 1　绿营民众意识形态高度一致性的表现

蔡同荣曾直言：“台独党纲是民进党至高无上的神主牌，放弃台独立场，民进党即如失魂之徒，全党势必分崩离析，意志离散”。[3] 邱义仁也说“台独是民进党的最高道德”。一些不认同“台独”的创党时期人士纷纷遭排挤被迫退出党，如费希平、朱高正、林正杰等。即使是认同“台独”的党员，仅是反对将“台独”无限上纲也不被容忍。2007 年，主张淡化意识形态、实行务实的两岸政策、走“中间路线”的沈富雄等所谓“十一寇”则被套上反扁、亲中帽子，进而被逐出权力层。显然群体思维导致民进党内歧义被抑制而难以产生较大的争议，在政策决策时往往因为没有大歧义而无法进行辩论，其结果就是导致“高度一致”假象的不断被强化。

6. 存在高度自觉的自我任命心理卫士特点，民进党成员及其支持者有着自觉防止意见到处扩散的意识，例如鲜少见其成员在媒体等公众场合对陈水扁弊案进行批评。

二、诱发民进党群体思维的原因分析

基于民进党群体思维的特征表现，可以发现诱发民进党群体思维形成的因素主要为以下三个方面。

1. 历史悲情惯性是其群体思维方式的基础。街头运动、体制内抗争为形式的政治革命和斗争政治是贯穿于民进党历史的主线，也是其获取政权的基本手段。这种政治革命和斗争政治对组织内成员及支持者的一致性有着较为迫切和突出的需求，高度凝聚的斗志和统一的意志往往是他们有效发动政治动员以及战胜执政者的有力支柱。所以，民进党根据台湾特殊的历史和现实状况，有效地采用悲情意识作为它实现政治动员的基本手段。民进党的悲情有两个目标指向：第一个是指向国民党的悲情。是以反国民党独裁专制争民主自由为诉求，通过刻意渲染“二・二八”等历史事件来唤醒民众对过去的集体记忆，突显了国民党的历史包袱，在反国民党问题上形成一致性的群体行为。近代以来的历史，对台湾民众而言有着心中抹不去的集体伤痛记忆。长达半个世纪屈辱的“亡国奴”生活，随即而来的是国民党独裁统治下，外省官僚集团占据着绝大部分的政治、经济及社会资源，致使台湾本省精英被压制、排斥（本省精英从政很难提拔至高位），难有出头天。这种强烈的利益受侵害感和“被歧视、被压迫感”驱使着他们开始走上反抗国民党独裁专制的道路。“二・二八”事件、“美丽岛事件”又是台湾历史苦难磨就的悲情与国民党现实独裁酿就的悲情契合的催化剂，也成为民进党与其支持者之间建立的一种相互绑架的关系。[4] 于是，“悲情牌“便被视作是民进党屡试屡胜、摧城拔寨的法宝。第二个是指向大陆的“现代悲情”。近几年的悲情大都指向了大陆，一方面是因为大陆坚定的“反独促统”立场与民进党“台独”路线发生冲突而致，另一方面也是台湾与大陆历史隔阂和长期反共教育下生成的仇共心理的自然结果。这个悲情不仅使民进党提出的“台湾的前途必须由台湾人自己决定”的说辞被合理化了，而且还套上了“民主正义”的招牌，更被广大泛绿的支持者所接受。

2. 法律人思维是其群体思维方式的基因。从教育背景看，民进党历任 14 位党主席中有 12 人为法科或法科相关专业（大法学）毕业，其中谢长廷、陈水扁、苏贞昌、蔡英文等 8 人毕业于台大法律系，黄信介、许信良等

4人均为属大法学类的政治系毕业，这14人均为大专以上学历，其中本科学历为12人，硕士4人（1人完成博士课程），博士1人。虽然国民党高层中拥有法科教育背景者也占一定比例，但相较之下民进党高层拥有的法科生比例却高于国民党，不仅绝对数量是台湾地区主要政党之冠，而且相对数量也遥遥领先。法律人以系统的法律知识和专门的思维方式为基础，他们所受的职业思维训练使他们在思想观念上与行政官员存在较大的反差。这种法律人政治的特性必然会在思维方式上对民进党产生重要的影响。民进党高层之中这种结构性的特征使得民进党群体思维中具有一定的法律人特点，如在政党竞争中体现出了一定的重权利，突显程序、经验法则等思维特征。

3. 草根立场是其群体思维方式的基本属性。草根性是政党政治文化的内在反映和外在体现。建党之初，民进党曾在党纲中强调要“将政治基础建筑在大多数中产阶层、劳工、农民弱势团体和其他长期遭受国民党压迫的各阶层身上”。把它的社会阶级基础定位于中产阶级、劳工、农民等弱势群体，努力营造面向中下层民众的平民化属性色彩。后又提出了“打击少数党国特权资本，中立多数民营资本，联合中产阶级和工农”的政治路线，宣扬要为中下层民众的利益而斗争。[5]民进党为了政治利益博弈的需要，以夸大“悲情意识”、过度渲染“草根立场”来唤起民众的同情，以划敌我的二分法思维不断在选举中推行极端群众政治的民粹性格，刻意利用省籍、族群和统独问题挑起社会冲突，以实现对民众的操弄。民进党“草根立场”的属性色彩确实争取到了众多基层民众的支持，尤其对草根浓厚的台湾南部地区吸引力更强。目前近20万民进党员中约有70%集中在中南部地区，这样的地域生态结构，更强化了民进党草根属性。

4. 家族政治色彩影响其群体思维的文化基础。家族政治是民进党组织及权力结构特质的一大现象，也是影响其群体思维的政治文化基础。这一现象则以台湾中南部，尤其是农业县居多，在北部和大城市则比较少见。党外运动初期，党外人士们多采取以突显个人英雄主义的草莽方式单兵独斗地挑战国民党的独裁专制，一旦个人遭遇拘捕后，为了延续所谓党外民主运动的香火，往往透过这些人士的子女、亲戚、助理或秘书等特殊人际关系来继承政治生命，造就所谓的政治家族。例如高雄的余家班、云林的苏家班等。[6]国民党对党外运动的压制造成了党外人士诉求的所谓“政治受难犯”的悲情情绪，尤其是政治受难犯被捕入狱又恰逢选举时，他们的家属就以“代夫（父、兄）出征”等主张，顺利当选公职人员。民进党早期夫妇档或是兄弟档较为普遍，例如美丽岛事件受刑人张俊宏与姚嘉文在入狱期间，他们的太太均高票当选立委。这种个人英雄是通过以宗亲（血亲）、姻亲、世交（含同事、同学等因素），以及地缘或其他利益交换凝聚而成的群体结构，具有较强的从众和排他性，也逐渐成了民进党政党思维的深层基础。

三、当前民进党政党性格转型的瓶颈点

毫无疑问，群体思维是民进党政党发展的需要，它从利益观念、价值观念、社会心理等强化了它的政党意识、政党认同，也曾为它抗争国民党的独裁统治最后走上执政之路，有效地提供了强大的凝聚力和战斗力。但是，群体思维下产生的压力会导致个人的心智效率、对事实的认识、对道德的判断均发生腐化，从而影响群体客观评价各种方案的能力。其缺陷与危害是不言而喻的：

第一，群体思维已经使民进党无法全面汇集不同意见和建议，理性、中道的意见和建议往往被压制，迫使这些不同意见者或是闭嘴或是退党，诸如“十一寇”在全军覆没后的几乎失语状态，沈富雄的无奈退党等。

第二，民进党几乎已经被少数“台独”基本教义派绑架，蔡英文、苏贞昌等民进党高层被迫参加“挺扁大会”就是此种局面下的必然结果。

第三，民进党大部分人获取大陆信息的渠道较窄，对大陆了解甚少，有些人曾经来过大陆，但也是在上个世纪八九十年代，诸如吕秀莲、陈水扁等，常年来往于两岸之间的较少。

第四，在较窄的视野范围内精心选择自己收集或处理过的信息，甚至采用蒙蔽信息的手段以实现其目的，民进党对反 ECFA 的宣传就采取了这样的手法，避谈签署 ECFA 对台湾带来的好处，而是将 ECFA 妖魔化成一只会吃掉台湾的“老虎”，甚至胡说 ECFA 会影响到台湾 321 万人的就业。[7]

这些缺陷与危害已经成了民进党由原来反国民党的革命型政党向温和理性的执政型政党转型的严重阻力与羁绊，如果民进党意识到其群体思维的危害性，主动改变思维方式，其政党性格就会转型成功。

政党性格转换依赖于政党思维的改变。思维方式并不是一成不变的，它是可以改进的，其改进路径是：一是必须要拓宽视野，确立思维的多向性。二是要顾全全局的整体利益，[8]确立思维的系统性。三是能够善于打破常规，确立思维的求异性。也就是说，群体思维的转变来自于两方面的因素，

即内因和外因，大陆因素、国际环境和岛内其他民众包括蓝营选民和中间选民等是促其转变的外部因素。大陆坚定的反独立场、软硬实力的增强和国际地位的提升都将会成为“反独促统”的坚强后盾和锐利武器。而民进党及其支持者群体自身转变是其主观内因，内因是转变可能性发生的关键。马克思主义哲学认为“内因和外因在事物的发展中是同时存在、缺一不可的，但二者的地位和作用不同。”外因是变化的条件，内因是变化的根据，外因通过内因而起作用。内因是第一位的原因，外因是第二位的原因。那么民进党及支持者群体是否存在转型的空间?

1. “台独”路线的两面性抑制了多向思维。民进党“台独”路线一直以来存在着两面性，即工具性与理念性。民进党从其党外时代开始，一切政治运作无不以选举为取向，夺取政权为目标，而“台独”理念则常常是夺取政治目标的工具。所以，在对抗国民党威权统治时，他们常以“台独”作为来挑战国民党统治合法性的工具；近10年来，为了获取执政权，又把“台独”作为“外省——本省”、“外来——本土”、“统——独”、“爱台——卖台”的价值观标尺，挑起族群对立，对抗大陆。可是一旦“台独”成为选举的票房毒药时，它则将民主改革作为工具而淡化“台独”主张。“台独”作为理念，仅是其神主牌，在大多数时候是只说不做的，无论是李登辉还是陈水扁在执政时期都不敢宣布“台湾独立”，陈水扁曾对媒体喊出真心话，说“正名制宪，做不到就是做不到。李登辉做不到，我也做不到，不要自欺欺人”。“台独”作为工具是只说不做的，更多的是将“台独”作为互相取暖的心理依赖。这样的两面性使其在转型时必然遭遇两方面的牵制：一是宣传理论本身的牵制，“利益性台独”本身就是对“台独”理论的否定，很难在现有理论框架下取得合法和合理性。二是来自基层的阻力，“台独”路线历来是民进党上层宣导带动基层，并利用基层恐共心理和对大陆的不了解加以渲染而凝聚人心的。它让基层支持者坚信“台独”才是台湾人出头天的唯一出路。所以，当其试图转型时，很难得到基层支持者们的理解与支持。这种以“台独”为唯一政治诉求的思维已经让民进党的视野窄化，很难确立多向性思维。

2. “革命斗争”思维限制了系统性思维。政党竞争是台湾政治的主要表现形式，民进党自成立起就以街头抗争、地方包围中央的夺取政权之路作为其“革命”路径。它擅长政治斗争、内心充满“革命”思维，在斗争中常常以逾越界限的斗争手法挑战当时执政的国民党的底线，并以逾越界限的斗争手段激发广大民众的激情和斗志，不断累积和扩大政治资源。获得政权后的民进党，更是依赖庞大的执政资源为其长期执政不遗余力地采用逾越界限的斗争手法，如疑云重重的3·19枪击案，“立法院”频频出现的暴力事件等等。这种思维促使民进党不遗余力地为斗争而斗争，为反对而反对。“革命”思维强调对立而非合作、强调斗争而非妥协，这种“革命”思维与系统性思维在本质上是对立的，所以，“革命”思维是不利于系统性思维的产生。

3. 派系利益争斗遏制了求异思维。陈水扁时代结束后，党内缺乏权威，苏贞昌、谢长廷等凭借自己在党内的派系或结盟的支持力量欲扩大自己的地盘，拉抬自己的权力地位，不愿在关键时刻因对两岸政策作调整而得罪基本教义派及深绿支持者。其实就是各派系都不愿用主动“改革”而成为死在沙滩上的前浪，丢失自身的派系利益。这就无法让他们从全局的整体利益出发思考问题，不能从思维的系统性去改变政党性格。

四、民进党转型的可能性空间

随着两岸交流的持续推展，和平发展已经成为两岸民众的共识，在岛内的认同度越来越高，已经逐渐成为岛内的主流民意，反观民进党的两岸政策则显得日益僵化，党内检讨声音也是有出现，同时也基于政党利益的考量，民进党不愿意在两岸关系上逐渐丧失话语权，所以，转型的内在推动力是存在的，但目前这股推力尚不强大。

1. 两岸政策已非铁板一块。近两年来，随着两岸关系迅速发展，两岸和平发展格局基本形成，民进党上层有不少人在经历丢失政权之痛后开始着眼于对大陆政策的反思。中层务实派首先开启“登陆热”。在经过一年思考与观察，大陆对台政策的新举措和国民党务实调整两岸政策及民进党的出路，促动了民进党内直接面对基层经济压力的地方行政长官，不仅有陈菊、苏治芬等现任地方执政者、也有许荣淑、范振宗等党内重量级党员先后来大陆。“登陆热”只是显示民进党本来就不是铁板一块的两岸政策在新形势和岛内主流民意的催化下，已经开始松动。这种松动并不只局限于民进党的中层，上层和一些派系均有松动迹象，蔡英文的“不排除与大陆直接对话”说应该也包含有谋求两岸政策突破的意图，新潮流系大佬中主张务实开放的两岸政策者更是不少，苏贞昌、谢长廷等也早已开始对松绑两岸政策进行利害评估了。

2. 民进党中上层存有调整意愿，但未有从根本上改变的设想。随着蔡英文在民进党内地位的巩固与提高，作为民进党的掌门人，在其党主席的任内无论是客观还是主观上，都必须对两岸政策作出思考与对策。但作为李登辉“两国论”起草者的蔡英文，其本身的教育背景和职业经历，使她既不同于深绿基本教义派，也不同于陈水扁类型的律师性格。她内心对“台独”理念的认同，又不能不面对“台独”现实困境和路线转型的压力，她表面似乎是镇定以对，但内心则充满了无奈与无力。从蔡英文“不排除与大陆进行直接实质对话”说到“中华民国是流亡政府”说，就可以看出民进党已陷入进退抉择两难的矛盾之中。当然蔡英文面临的这些矛盾冲突不只是她个人独有的，而是民进党中上层共有的，一旦这些矛盾形成合力的话，必然对民进党中短期走向有着较大的影响。

3. “做”“说”分离将成为民进党两岸政策的主轴。所谓做说分离是指民进党将会逐渐将“台独”神主牌作为凝聚内在力量的工具，基本上表现为只说不做，而经济文化层面与大陆的合作与交流则表现为只做不说。这种权宜之计是民进党既不可能放弃“台独”纲领，又必须面对主流民意进行策略调整的产物。这种权宜之计改变了陈水扁时代的恶性“反中”而转为有条件“反中”，不挑战台湾经济与大陆的合作与交流，一方面高举“台独”神主牌使党内基本教义派得到抚慰，另一方面又放话表示有意改善两岸关系，争取降低中间选民对其两岸政策的忧虑。

总之，民进党的群体思维在一定程度上抑制了政党性格转型的空间，目前“台独”转型不可能真正意义上实现，但从长远看，“台独”走不通，无论是推动“台独”，还是争取现实选举利益都将会对民进党发展造成实质影响，最终这种影响能否冲击民进党传统群体思维，使其获得转型空间，有待观察。

注释：

[1] Irving Janis，Victims of Groupthink：A Psychological Study of Foreign – policy Decisions and Fiascoes，Boston：Houghton Mifflin Company，1972. p. 9.

[2] 民调数据均来自 TVBS 民调中心：《施明德倒扁活动民调》、《连战访问中国大陆民调》、《去蒋中正化与“国营”事业正名民调》、《大陆猫熊来台民调》、《两会复谈前国族认同民调》《ECFA 双英辩论民调》，http：//www. tvbs. com. tw。

[3]《民进党在民主与“独立”的歧路上》，http：//www. cetin. net. cn/cetin2/servlet/cetin/action/

HtmlDocumentAction? baseid = 1&docno = 151294。

[4] 陈芳明:《政党冤冤相报，让台一去不复返》，台湾《联合报》，2008年7月31日（两岸版）。

[5]《探析民进党政党文化：“台独”、草根、斗争、江湖》，http：//www. chinanews. com. cn/hb/news/2009/02 －27/1581868. shtml。

[6] 陈华升、杨钧池:《民进党派系政治与家族政治》，old. npf. org. tw/monthly/00103/。

[7]《民进党反ECFA“爱台湾”的虚与实》，http：//www. fyjs. cn/viewarticle. php? id = 244607。

[8] 所谓全局的整体利益可以分为两个层面：一是中华民族的全局整体利益，这是最高利益；另一是全台湾的整体利益。

（作者为浙江大学城市学院法学分院、浙江大学台湾研究所副教授）

民间组织与台湾公民文化变迁的关系初探

陈先才　林立辉

只有大多数民众把与民主制度相关的文化习惯视为“正确和自然秩序的一部分”[1]的时候，民主制度才不是漂浮于水面上的一层油，其稳定发展和有效运转才有现实的基础。这对于“解严”后的台湾更具现实的意义，因为长期的威权统治留给台湾的是缺乏民主传统的社会土壤。

传统的政治学理论认为，民间组织在培养社会成员的公共精神、参与能力以及政治功效意识等方面扮演着重要的角色。大陆学者杨鲁慧更是认为，民间组织在东亚民主化转型过程中扮演“现代文明传播者、公民意识培养者和志愿精神重建者”[2]等角色。在“解严”后的台湾，民间组织的蓬勃发展与民主转型和公民文化的发展相伴随，这为我们观察和检验二者的相互关系提供了相当完美的实验室。

本文将依据台湾当局的统计年鉴、台湾政治大学选举研究中心以及胡佛与朱云汉所主持的“东亚民主化与价值变迁：比较调查”研究计划于2001－2002年民意调查数据建构模型，通过研究民间组织与公民参与能力、政治功效意识以及社会资本等公民文化主要部分的相互关系，观察和检验民间组织对公民文化成长的影响。

一、民间组织与公民参与能力的提高

尽管过度的政治参与常常会因为超过制度的承受能力而压垮政治体系，但适度合理的政治参与对于民主转型的推进和民主制度的稳固绝对是必需的。只有民众有能力扮演“睡着的狗”（sleeping dog）的角色，民主制度的有效运转才有现实基础。

一个国家或者地区民众政治参与能力的高低，通常是以该地区民众的政治知识水平和实际政治参与来衡量的。首先，社会成员的政治知识水平反映的是社会成员对公共事务的了解程度，是政治参与的重要前提；另一方面，民众的参与能力最终都必须通过实际的政治参与来体现，因而民众的实际政治参与也是衡量其参与能力的重要标准。

既然民众政治知识水平是衡量社会成员参与能力的重要指标，获取相关数据至为重要。幸运的是，台湾政治大学选举研究中心积累了不少相关的民意调查资料。图 1 显示的是，从 1992 年以来，台湾民众对于“台湾地区副领导人是谁”以及“‘宪法’解释机关”两道题的回答。前者测量的是民众对政治人物的熟悉程度，后者测量民众对政治制度运行的了解程度。由于选举政治和媒体的影响，加上辨认政治人物比理解政治制度容易得多，台湾民众对政治人物的熟悉程度远高于对制度的了解是可以理解的。

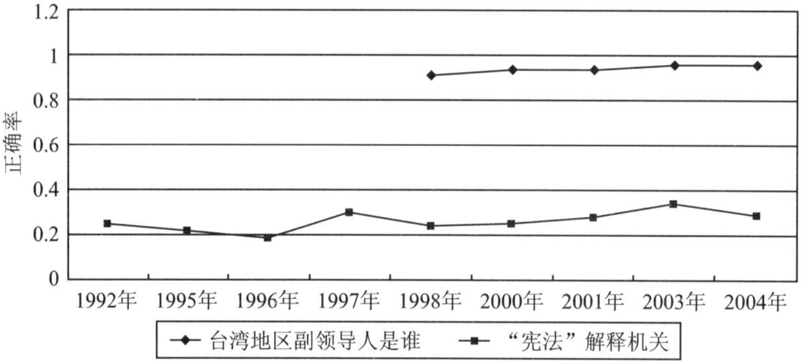

图 1　台湾民众政治知识变化趋势[3]

资料来源：政治大学选举研究中心历年面访资料。

如图 1 所示，台湾民众对“台湾地区副领导人是谁”问题回答的正确率从有相关调查开始一直维持在 90% 以上，而且有持续微幅上升的趋势。这种趋势并不受 2000 年台湾地区副领导人更替[4]的影响。一个重要的解释是，出于选举政治的需要，政治人物和政党更加注重对政治人物的形象包装和推销，而现代传媒强大的穿透力刚好是其最好的助力。

另一方面，衡量民间组织发展程度的指标主要有民间组织的数量、可支配的经费以及活动频率等。由于无法获得台湾民间组织经费和活动的量化资料，因而，本文主要是以“解严”后台湾社团组织数量的变化情况作为测量指标。虽然资料的缺失可能会影响我们分析问题的准确度，但是，“解严”后台湾民间组织在活动、经费等方面的发展趋势与其数量的增长趋势是大体相同的，因此，资料不足带来的误差还是在一定的可控范围之内。“解严”后，台湾社团组织发展情况如图2所示。

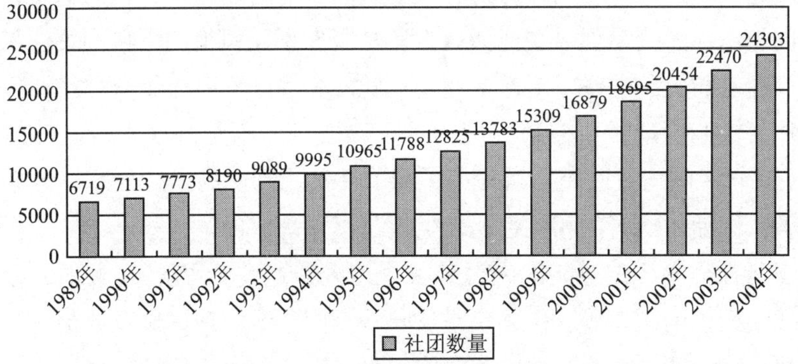

图2 ‘解严”后台湾民间组织发展趋势图

资料来源：依据“中华民国”统计年鉴和“中华民国”统计资讯网资料整理。

由于学界普遍认为，民间组织的发展对于民众参与能力的培养具有积极意义，因此，文章将以此为假设，并通过对相关实证数据的探讨进行检验。

在台湾，民间组织一向被认为是社会成员了解政治体系、掌握政治知识的重要场所，其影响不可忽视。台湾地区的许多政治人物尤其是民进党政治人物一直都很注重与民间组织的互动，通常都会通过参与一些民间组织的活动，宣扬自己的政治主张，博得媒体版面，提高知名度。许多政治人物甚至身兼多个民间组织的领导职位。民间组织对提高民众的政治知识水平是很有帮助的。事实上，民间组织也是民众了解政治人物的重要场所。例如，在民进党执政时期，台湾地区的副领导人吕秀莲给人以女权领袖的印象，很大程度上就和她积极参与诸如“女权会”、“台湾妇女全国团体联合会”等女权团体的活动有关。表1也证实了这种看法。如表1所示，台湾民众对政治人物认知与民间组织发展有高度的正相关性。

表1 民间组织与台湾民众政治知识水平相关程度

项目	社团数量
对政治人物的认知	$r=0.949881$
对政治制度的了解	$r=0.668029$

说明：依据图1和图2资料整理而成。

表1同时也表明，民众对政治制度的了解程度与社团数量发展的相关性

会弱一些，但也呈中度的正相关性。民间组织在组织动员民众就某项议题参与政治过程的时候，也是向民众传授政治制度运行知识的过程，不管是直接的传授还是通过媒体。当然，随着民主制度在台湾建立，并趋向稳定，台湾的民间组织，无论是倡导型民间组织还是服务型民间组织更多的关注具体的政策议题和相关的选举，对政治制度运转的关注度不高。民众、民间组织以及媒体关注制度运转更多地是因为某个议题，而不是制度本身。即便是有“澄社”、“民间司改联盟”等民间组织关注民主制度的运行效率，但毕竟是极少数。因而，二者的相关性比较低也是可以理解的。

衡量社会成员参与能力的另外一个重要指标是政治参与水平，如投票率、政治活动的频率等。投票率是反映一个国家或者地区民众政治参与状况以及民众参与能力最为重要的衡量指标。台湾当然也不例外。但由于台湾各层级选举的投票率受选举重要性、政党动员、竞争激烈程度、选举议题以及派系运作等各方面因素影响深刻，民间组织的影响力相对比较弱，无法反映民间组织对民众政治参与能力影响这一研究主题。而政治活动频率则是一个比较合适的指标。其原因主要有：1. 台湾政治活动频率的统计数据比较齐全；2. 台湾的政治活动大多是由民间组织发起和组织的，即便是政党的选举造势场合也经常有民间组织的身影。事实上，各政党组织或举办政治活动时，也都会主动要求相应民间组织的配合和协助。

如图3所示，“解严”后台湾社会的政治活动次数呈总体上升趋势，但波动非常大。其中，“解严”初期，台湾社会政治活动仍处于比较低的水平，中期则是最为活跃的阶段，而后期则相对回落。每个阶段政治活动的次数受当时的政治社会形势、舆论主题以及民众情绪影响很大，但是，如此众多的政治活动足见台湾民间组织巨大的组织动员能量。1994年，台湾地区高达9711次的政治活动意味着，在幅员如此之小的地方，平均每天要发生26.6次的政治活动。这与1987年的973次、1988年的904次形成了鲜明的对比。从“解严”到1994年，台湾政治活动的频率总体呈上升趋势。由于政治活动是民众政治参与能力的一种展现形式，因此，这期间台湾民众的政治参与能力在总体上也是呈不断提高的趋势，而台湾民间组织在筹备和组织这些活动中的重要作用自然无可替代。

如图3所示，1994年之后，台湾社会的政治活动频率总体呈明显下降趋势，而且波动幅度相当大。这颇令人意外。但是这种变化趋势应该不是因为公民参与能力的下降。最好的证据或许是这个时期的投票率有所变化。这

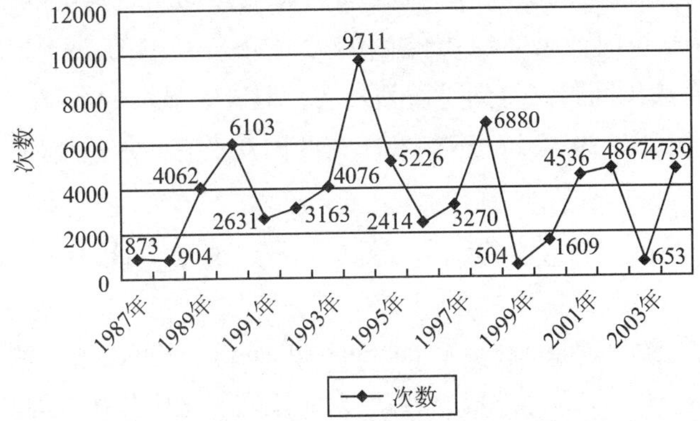

图3 “解严”后台海地区政治性活动频率图

资料来源：台湾当局行政部门“主计处”，“‘中华民国’台闽地区社会指标统计”。

个时期各种层次选举的投票率一直都处于较高水平而且有微幅上升的趋势。在2000年台湾地区领导人选举中，投票率更是上升到近乎疯狂的82.69%。[5]尽管民众投票率的升高并不见得就是民间组织作用的结果，但却是民众政治参与能力的一个重要指标。或许更为合理的解释是，随着民主转型的深入，利益表达管道口径的日益扩大，民众通过政治性活动实现政治参与的必要性大大降低。民间组织影响政治体系的方式也转向诸如施压、院外活动等体制内渠道。

关于民间组织对台湾民众政治参与能力影响的例子莫过于慈济功德会了。慈济功德会早期是由证严法师带着一群“欧巴桑”（中老年妇女）起家的。直到现在，中老年妇女依然是慈济功德会志愿者的主力。这个群体平时大都不关心公共事务，处于公共生活的边缘，而慈济通过宗教的感染力把这个群体引进公共生活领域，培养她们参与和组织公共生活的能力、技巧，推动慈济慈善运动的发展。[6]尽管慈济功德会有“不介入政治”的理念，尽管从慈济习得的这些参与组织运作的技巧和知识看起来与政治参与并没有多大的关系，但这些技巧和知识在必要的时候，可以转化为现实的政治参与。当她们的权益受到损害的时候，她们从慈济学到的知识和了解到的东西，对利益诉求的表达和权益的维护就能起到积极的作用。

上述实证性和经验性的资料均确认了关于民间组织与台湾民众参与能力呈正相关关系的假设，但是二者的关系并不如假设的那样简单。我们应当注意的是，台湾民间组织对台湾民众参与能力的影响还是比较有限的。因为一个社会公民文化的变迁是一个极其缓慢的过程，而且，在现代传媒高度发达的台湾社会，媒体对民众政治参与能力的影响是民间组织难以望其项背的。在如此短的时间内，民间组织的影响力终究是有限的。另一方面，尽管“解严”后台湾民间组织得到了蓬勃发展，但表5显示的情况却是，参加民间组织的民众仅有29.4%，还有70.6%的民众没有参加过任何民间组织。

二、民间组织与政治功效意识的增强

政治功效意识（the sense of political efficacy）是指“个人认为政治与社会是可能改变且自认为能造成这些改变的信念，或是在既有的政治权威下，个人具有能透过自身或与他人合作，能够改变政治或社会环境的信念”，[7] 亦即阿尔蒙德和维巴所研究的“主观政治能力”。[8] 兰妮（Lane）则从个人心理不同评价对象的差异，将政治功效意识区分为两个方面：一是相对于他人而言，个人自认为影响政府的能力（effective）；二是关于政治体系对个人诉求回应程度的认知（responsive），[9] 从而将政治功效意识区分为内在功效意识和外在功效意识。

政治功效意识是现代公民的基本素质，是衡量一个社会公民文化发展程度的重要指标，因为它对促使社会成员把政治能力转化为现实参与具有重要的意义。即便政治功效意识对个体的政治参与不产生影响，也会对整个政治体系产生影响。阿尔蒙德和维巴认为，这方面的自信是公民文化的重要组成部分，是个人成为民主公民的重要条件。[10] 丁伊斯顿和丹尼斯更进一步认为，政治功效意识是维持民主政体相当重要的要素，意味着对政治体系的普遍性支持（diffuse support）。[11] 就台湾而言，由于文化传统和威权统治遗留给台湾社会的是普遍缺乏自信的政治功效意识，因而“解严”后，台湾民众政治功效意识的提高也是民主转型和民主巩固的重要内容。

阿尔蒙德和维巴指出，不论民间组织的性质为何，参与民间组织对于一个社会政治功效意识的发展具有重要意义，因为民间组织为社会成员提供了组织参与的训练机会和进人政治的各种备用渠道。[13] 而这对于政治功效意识的提升是不可或缺的。台湾学者的研究也表明，台湾良众的政治功效意识与民间性的社团活动有正相关关系。[14] 因而本文假设，台湾民众的政治功效意识（不论内在功效意识还是外在功效意识）与民间组织存在正相关性，不论民间组织的性质为何。

表2显示的是民众参与民间组织数量和个体政治功效意识的相关程度。

结果显示，台湾民众参与民间组织的数量与他们的内在功效意识和外在政治功效意识有低度的相关性，但是与内在功效意识的相关程度还是会比较高一些。这是可以理解的，因为民众参与民间组织通常对个人主观政治能力的影响会比较直接一些。参与更多地是意味着相信这样一种理念，即个人可以通过参与民间组织来影响社会、影响政策过程。而外在功效意识则受当局对民众利益诉求回应程度的影响会比较大。毕竟参与民间组织以及参与民间组织的数量并不意味着利益诉求得到满足，而且公共政策对个人期望的满足总是有限的。

表 2　参与民间组织数 f 与政治功效意识的相关度[12]

	内在功效意识		外在功效意识	
	Coef	S. E.	Coef	S. E.
民间组织的数量	0.168	(0.078) *	0.129	(0.076)
N	1251		1242	
Pseudo R^2	0.039		0.019	
Chi-square	88.529		45.981	
df	10		10	
-2 Log likelihood	1790.956		1909.877	

资料来源：依据胡佛与朱云汉所主持“东亚民主化与价值变迁：比较调查”研究计划 2001 - 2002 年民意调查数据整理。

另一方面，二者之间的相关性还与民间组织的类型有关。如表 3 所示，职业团体和宗教团体的成员身份与民众的政治功效意识基本上不存在相关性，甚至还呈现负相关的情形（参与宗教团体与内在功效意识负相关，参与职业团体与外在政治功效意识也呈负相关）。

表 3　参与民间组织类型与政治功效意识的相关度[15]

民间组织类型	内在功效意识		外在功效意识	
	Coef	S. E.	Coef	S. E.
职业团体	0.071	(0.223)	-0.041	(0.217)
政治团体	0.842	(0.359) *	0.001	(0.366)
社会交流团体	0.139	(0.299)	0.479	(0.284)
社会服务团体	0.355	(0.228)	0.117	(0.220)
宗教团体	-0.170	(0.231)	0.058	(0.215)
N	1248	1240		
Pseudo R^2	0.041	0.020		

续表

民间组织类型	内在功效意识		外在功效意识	
	Coef	S. E.	Coef	S. E.
Chi-square	92. 745	47. 779		
df	17	17		
-2 Log likelihood	1817. 999	1939. 584		

*：$p<0.05$

资料来源：依据胡佛与朱云汉所主持“东亚民主化与价值变迁：比较调查”研究计划2001－2002年民意调查数据整理。

这到底是为什么呢？依据笔者对台湾民间组织运行状况的了解，这种状况与民间组织成员特质、民间团体的社会处境等因素有关。一方面，参与宗教团体的民众一般年龄比较大、以“欧巴桑”（中老年妇女）、“欧吉桑”（中老年的男人）居多。这个群体的受教育程度比较低，处于社会的边缘，政治功效意识尤其是内在功效意识当然会比较低，不仅低于民间组织成员的平均水平，甚至有可能低于整个社会的平均水平。而且，宗教团体的组织文化都倾向于成员追求精神解脱，倾向于要求成员以善良和宽容的心态对待尘世，通常并不鼓励成员去参与政治。因此，关于个人能够影响政策的信念，在宗教团体成员中自然会比较淡薄。

另外，参与职业团体的民众一般并不是个人有强烈的意愿要加人，而是因为职业身份才加入的，对团体活动并不是很热衷。尽管随着民主转型的深化，各个群体的利益诉求都有表达的管道，但在政策博弈中，职业团体常常是处于弱势地位。例如，劳工团体的利益诉求常常因为受到工商利益团体制约，而鲜少能够得到当局的积极回应。这种境况对其成员外在功效意识的影响应该还是比较明显的。因此，并不是所有的民间组织类型都有利于民众政治功效意识的提升。

而在参与政治团体、社会交流团体以及社会服务团体的民众中，这种相关性则处于一种比较正常的水平。其中，尤其值得关注的是，参与政治团体和内在功效意识有高度的正相关性。政治团体在民间组织中的比例不高，仅有8%，参与的民众也不多，但却与内在政治功效意识有如此高的相关性颇令人惊讶。究其原因，选择参与政治团体的民众一般都会认为，政治过程是可以影响的，而且政治性团体的经历也让他们切身地体会到政治过程是如何运作的以及民间组织是如何直接参与政策过程的。这有利于增强政治团体成员关于自己能够影响公共政策的信念。

但同样让人感到意外的是，参与政治团体民众的外在功效意识并不高，二者没有相关性。这似乎与前述的状况相矛盾。但是，这也跟台湾政治团体成员的经历有关。政治团体成员对政治或者政策过程的参与经历比较多，见识过公共政策的产生过程，自然对自己影响公共政策的可能有信心；但他们同时也见识到政策过程博弈的残酷和激烈，而且政治团体的政治参与比较多，碰壁的经历也会比较多。毕竟，公权力满足各方需求的能力还是有限的。

通过以上的分析，我们发现，台湾民众政治功效意识与民间组织依然存有正相关性。但就整体而言，相关程度比较低。而且，这种相关性因民间组织类型、内外政治功效意识而异。其中，宗教团体与内在功效意识呈明显的负相关，而政治团体刚好相反。关于外在功效意识方面，政治团体呈负相关，职业团体也呈明显的负相关。

三、民间组织与社会资本的提升

帕特南（Putnam）将社会资本界定为“社会组织的特征，诸如信任、规范以及网络，他们能够通过促进合作行为来提高社会的效率”（features of social organization，such as trust，norms，and networks，that can improve the efficiency of society by facilitating coordinated actions）。[16]通过对意大利南北地区政府绩效差异的比较，帕特南发现，诸如邻里组织、合唱队、体育俱乐部等横向的公民网络能够产生并增进社会资本容量。与其他形式的资本不同，社会资本具有自我增强性和可累积性，不仅可以突破集体行动的困境，促进公民之间的合作，而且能够使民主运转起来。[17]尽管社会资本对民主运转的意义也受到一些学者的质疑，[18]但许多文献还是肯定其积极作用。

帕特南认为，与各种垂直结构的传统组织相比，民间组织尤其是各种志愿性组织和非营利组织更能够促进社会的信任与合作，更能够增进社会资本容量，因为民间组织内部的平等互惠关系更有利于信息的流通与合作的进行；[19]另一方面，民间组织肩负的各种“使命”通常都带有人文关怀的色彩，均强调个人和组织的社会责任。这些理念对于促进社会的信任与合作，增进社会资本的容量是很有帮助的。基于上述分析，本文假设，台湾民间组织的发展对台湾社会资本容量的增进是有正相关作用的。下面，本文将通过由胡佛与朱云汉所主持的“东亚民主化与价值变迁：比较调查”研究计划的民意调查数据为基础的交叉分析模型对上述假设进行检验。

在展开实证性检验之前，我们很有必要对社会资本的量化指标进行探讨。在帕特南的上述定义中，社会资本容量可以依据三个主要指标进行量化衡量：规范、信任以及网络等。由于社会规范是一个难以测量的概念，无法作为社会资本量化分析的指标，而网络似乎是一个比较令人满意的测量指标。但网络包括正式的组织网络和非正式网络，非正式网络是难以进行准确测量的。而且，正式网络的测量似乎与民间组织有高度重合，本文有陷入同义反复的危险。而信任则是一个比较合适的概念，因为信任是社会资本自我增强系统的核心要素，而且能够进行量化测量。[20]

如表4所示，就总体而言，有39.5%的台湾民众持信任的态度，另有57.7%的民众持不信任的态度。这显示台湾社会的互信还是比较缺乏，社会资本容量严重不足。另一方面，民间组织成员的信任感在台湾社会整体水平之上，比非民间组织成员高2.8%。尤其值得关注的是，参加一个或者两个民间组织民众的社会信任感分别为47.4%、51.2%，远高于“未参加”民众的37.8%和整体的39.5%。参加三个及三个以上民间组织的民众中仅有42.9%的民众持信任的态度，并不比参加一个和两个组织的民众高，但仍高于整体的39.5%和“未参加”的37.8%。这颇令人感到意外。通常，参加三个或者三个以上组织的民众更多的是政治人物或者职业社团领袖。这个群体参加民间组织更多地是因为职业或者政治利益的考量，自然无法形成太高的人际信任，但这并不影响民间组织成员与一般社会成员在信任感方面的差异。由此观之，在台湾，民间组织的发展对社会资本容量的增进是有积极作用的，但民众的社会信任感和参与民间组织的数量并不是完全表现出正相关性。

表4　台湾民众参与民间组织和社会信任交叉分析[21]

类型		一般来说，您认为大部分人都是可以信任的，还是与人来往小心为妙？		统计备注
		信任	不信任	
参加民间组织	未参加	37.8%	62.2%	样本总数=1373 自由度=3 Chi-Square=12.387 P<0.001
	参加一个	47.4%	52.6%	
	参加两个	51.2%	48.8%	
	参加三个及三个以上	42.9%	52.7%	
	参加总计	40.6%	50.4%	
所有样本总计		39.5%	57.7%	

数据来源：依据胡佛与朱云汉所主持“东亚民主化与价值变迁：比较调查”研究计划于2001－2002年民意调查数据整理。

如果说民间组织的发展对于台湾民众社会信任感和社会资本的增进有积极意义，那么，民间组织到底是通过什么方式来实现？这个问题的答案或许可以从不同民间组织类型成员社会信任感的差别中得到。如表5所示，职业团体和政治团体成员的信任感仅有40.4%和39.4%，略低于民间组织成员整体的40.6%，但仍高于“未参加”的37.8%。其次，社会交流团体、社会服务团体以及宗教团体成员的信任感远高于整体的39.5%和民间组织成员总体的40.6%。

表5　台湾民众参与民间组织类型与社会信任交叉分析[22]

类型		一般来说，您认为大部分人都是可以信任的，还是与人来往小心为妙？		统计备注
		信任	不信任	
参与民间组织类型（29.4%）	职业团体（26.3%）	40.4%	59.6%	样本总数 = 1373 自由度 = 5 Chi-Square = 18.847 P < 0.001
	政治团体（8%）	39.4%	60.6%	
	社会交流团体（13.0%）	50.0%	50.0%	
	社会服务团体（26.0%）	45.6%	54.4%	
	宗教团体（26.7%）	57.4%	42.6%	
	总计	40.6%	50.4%	
未参加（70.6%）		37.8%	62.2%	
所有样本总计		39.5%	57.7%	

数据来源：依据胡佛与朱云汉所主持“东亚民主化与价值变迁：比较调查”研究计划于2001－2002年民意调查数据整理。

这到底是为什么呢？通过对以上几种民间组织特征和运行状况的分析，笔者认为这与民间组织的内部权威结构、成员互动方式以及组织信念有关。首先，民间组织的内部权威结构是重要的影响因素。“解严”后，台湾民间组织蓬勃发展，各种类型的民间组织大量出现，但是，相当一部分民间组织是由威权时期体制内组织转型而来的，垂直权威的色彩还是比较浓厚。职业团体就是典型的例子。许多台湾的职业团体都是由前体制内组织转化而来。这些组织尽管没有以前那么浓厚的官僚色彩，但是，官僚气息和垂直色彩依然或多或少存在着。政治团体则是另外一个典型的例子。台湾的政治团体大都受制于某个政党或者某个政治人物，通常是政党或者政治人物政治动员的工具，垂直权威色彩也比较浓厚。例如，“福尔摩沙”基金会就是陈水扁掌控的政治外围组织、“李登辉之友会”更是李登辉经营个人政治势力的平台。在这两个组织内部，陈水扁和李登辉的绝对权威是毋庸置疑的，其他成员都必须要服从于二人。而社会服务团体和社会交流团体一般没有如此浓厚的垂直权威色彩。由于垂直权威不利于成员之间的信息流通和互惠规范的建构，因而对社会资本的增进起到很大的制约作用。其次，成员之间的互动方式也是不可忽视的影响因素。社会交流团体、社会服务团体以及宗教团体成员之间的横向互动会比另外两种类型频繁一些。社会交流团体更是特别强调团体成员之间的交流合作，更倾向于组织一些联欢、娱乐以及运动等集体活动。这有利于增进团体成员之间的互信与合作。最后，组织信念的影响。这一点从宗教团体成员享有高度的人际信任感就可以发现了。台湾的宗教团体一般都倡导普世的人文关怀、人与人之间的友爱等理念。这不仅有利于社团内部形成一种和谐、信任与融洽的互动氛围，也能够增强人际信任。例如，佛光山关于“人间佛教，佛光净土”、“促进普世和慈”的理念对其成员的感召和影响就相当大。

通过以上的分析，我们发现，台湾社会的资本容量与民间组织存在正相关性，但是这种正相关与民间组织的类型密切相关。其中，社会交流团体、社会服务团体以及宗教团体成员的人际信任感会比较强，而政治团体和职业团体则会比较弱。

四、结　语

综上所述，民间组织与台湾公民文化的变迁存在着正相关关系，但二者的关系远比简单的线性关系复杂，因为二者的相关程度因民间组织的类型、内部权威结构、成员互动方式以及组织信念等因素而异。民间组织的发展与公民文化成长的正相关关系，并不仅仅源于民间组织对公民文化成长的推动作用，事实上，也源于后者对前者的积极影响。或许用双向互动来形容二者关系是最为恰当的。

民间组织作为一种民主实践的平台，对于台湾民众政治参与能力的提高、政治功效意识的增强以及人际信任的增进都是很有帮助的。因而，我们相信，随着台湾民间组织的发展壮大，随着台湾民众民主实践的发展，已经在台湾社会扎根的公民文化将很可能会在这块土地上茁壮成长，从而能够使二者之间的良性互动持续下去。

但当然，我们对民间组织推动台湾公民文化发展的作用也不宜过于乐观。事实上，仅有三成的台湾民众有参加过社团的经历，还有高达七成的民众并没有这样的经历。而且，台湾公民文化发展所依托的是缺乏民主传统却有长期官僚专制传统的社会土壤。此外，台湾民间组织的构成是相当复杂的，并不是所有类型民间组织的发展都有利于台湾公民文化的成长。事实上，许多台湾民间组织的血管里还是流淌着官僚专制传统的血液。通过本研究可以认识到，与纯粹的民间组织发展相比，民主实践的机会对于公民文化的成长具有更重要的意义。

注释：

[1] George Sorensen. *Democracy and Democratization*: Processes and Prospects in a Changing World, 2nd ed. , Oxford: West view Press. 1998. p. 45.

[2] 杨鲁慧：《非政府组织：东亚民主化进程中的社会新角色》，《政治学研究》，2006 年第 1 期，第 117 页。

[3] 详细资料和详细分析请见 http://www. ios. sinica. edu. tw/TSCpedia/index. php/

[4] 2001 年前台湾地区副领导人是连战，2001 年后为吕秀莲。

[5] 详细资料请见 http://www. cec. gov. tw/

[6] 张培新：《台湾宗教组织运作社会资本考察：以慈济功德会为例》，台湾《中山人文社会科学期刊》，2006 年第十四卷第一期，第 144－145 页。

[7] Weissberg, Robert. "Political Efficacy and Political Illusion". *Journal of Politics*, Vol. 37, No. 2. 1975. pp. 469－87.

[8] [10] [13] 阿尔蒙德和维巴：《公民文化—五个国家的政治态度与民主制》，徐湘林等译，北京：东方出版社，2008 年，第 170 页，第 171 页，第 282 页。

[9] Lane, Robert E. *Political Life*. New York: Macmillan Co. 1959. p. 159.

[11] Easton, David and Jack Dennis. "The Child's Acquisition of Regime Norm. Political Efficacy". *American Science Review*. 1967. 61: 25－38.

[12] [15] [21] [22] 林聪吉，杨湘龄：《台湾社会资本的分布及其民主效果》，台湾《东吴政治学报》，2008 年第二十六卷第二期。

[14] 黄慕也，张世贤：《政治媒介借由政治效能、政治信任对投票行为影响分析——以 2005 年选举为例》，台湾《台湾民主季刊》，第五卷第一期，2008 年 3 月，第 51 页。

[16] [17] [19] Putnam, Robert D. *Making Democracy Work*: *Civic traditions in Modern Italy*, New Jersery; Princeton University Press, 1993. p. 167, pp. 167－180, pp. 167－180.

[18] 吴乃德：《搜寻民主公民—社团参与的理论与实务》，收录于丁赞等著《公共领域在台湾：困境与契机》，台北：桂冠图书出版公司，2004 年，第 177－214 页。

[20] 在《使民主运转起来》一书中，帕特南事实上是把信任概念界定为社会性的人际信任，因而美国"世界调查"项目就把该概念转化一个可测量的问题："一般来说，您认为大部分人都是可以信任的，还是与人来往小心为妙?"在我们引用的胡佛与朱云汉所主持"东亚民主化与价

值变迁：比较调查”研究计划的民意调查数据，亦是采用这种提问方式。

（作者陈先才为厦门大学台湾研究院政治研究所副所长、副教授；林立辉为厦门大学台湾研究院硕士生）

两岸电子产品产业内贸易与产业分工

段小梅

当前两岸经贸交流与合作正面临着前所未有的新机遇。自2008年5月国民党重获执政权以来，两岸关系日渐热络。高层互访不断，政治互信不断增强，大陆居民赴台旅游顺利实施，两岸全面、直接、双向“三通”基本实现，两岸迈入大交流、大合作、大发展的新时期。两岸经济关系经过30年来的发展，依存度日益提升。从台商投资来看，截至2010年1月底，大陆累计批准台资项目80 255个，实际利用台资497.1亿美元。按实际使用外资统计，台资在大陆累计吸收境外投资中占5.2%，对大陆经济现行运行模式的形成和运转有着显著影响。从两岸贸易来看，2009年两岸贸易总额累计突破9 000亿美元大关，大陆继续成为台湾第一大出口市场和最大的贸易顺差来源地。台湾对香港及大陆出口在其对外出口总额中的比重已经超过40%，大陆需求的强弱对岛内经济增长已经具有举足轻重的影响。两岸电子产品一直在两岸贸易中占据着重要地位，并一直保持着高速增长的发展态势。2009年1－10月，两岸电子贸易额高达529.63亿美元，在两岸贸易总额中的比重占60.90%。本文在对两岸电子产品的产业内贸易和产业竞争力进行分析的基础上，对两岸电子产品的分工进行展望。

电子产品范围与两岸电子产品贸易的发展

1. 电子产品的分类

电子产品包括的对象非常广泛，按照台湾资策会MIC的定义，电子产品主要包括以下四种：消费性电子产品、工业电子产品、零组件、精密仪器及器械工业，每一类产品中又包括若干中类，中类又包括若干小类，小类中又可细分到多种产品，每种产品都有相应的工业代码和HS海关编码。按照HS的分类方法，台湾电子产品主要包括HS84、HS85、HS90，还有部分包括在HS91（钟、表及其零件）中，但HS91历年对大陆贸易金额很少，从1992－2009年其贸易金额仅占总额的0.18%，与HS85占两岸贸易金额33.18%、HS84占12%相比而言，非常微不足道。因此，本文在研究台湾电子产品对大陆的贸易中，把HS91略去。重点研究HS84、HS85、HS90这三类贸易品。

本研究根据上述的分类标准及资料的可获得性和分析的可行性，按照国际贸易标准分类法（HS），整理出电子产品的分类和产品编码如下：

其中，产品HS85与HS84两大类商品在1992年至2009年10月两岸进出口贸易总额分别达3 560亿美元、1 288亿美元和951亿美元，分别排名为第一、两岸电子产品产业内贸易与产业分工第二、第三，在两岸贸易中很具代表性。

表1　台湾电子产品分类（按HS编号）

制造业		台湾地区行业标准分类编号	行业名称	台湾地区商品标准分类编号	货品名称	在历年两岸贸易中的排名
电子产品	26	电子零组件制造业	84	核子反应器、锅炉、机械及机械用具；及其零件	2	
	27	计算机、电子产品及光学制品制造业	90	光学、照相、电影、计量、检查、精密等仪器及零附件	3	
	28	电力设备制造业	85	电机与设备及其零件	1	

资料来源：本研究整理。

2. 两岸电子产品贸易分析

两岸电子产品一直在两岸贸易中占据着重要地位，并一直保持着高速增长态势。1992年两岸电子产品贸易总额为55.70亿美元，占两岸贸易总额的31.04%。其中，台湾对大陆的出口金额为48亿美元，占台湾出口总额的31.14%；台湾从大陆进口的电子产品为7.69亿美元，占台湾从大陆进口总额的30.45%。2009年1－10月，两岸电子贸易额高达529.63亿美元，17年间增长了8.5倍，在两岸贸易总额中的比重提高到60.90%，比1992年增加近30个百分点。其中台湾对大陆的出口额为669.31亿美元，占台湾对大陆出口总额的61.66%；台湾从大陆的进口额为200.34亿美元，占台湾从大陆进口总额的58.37 %。

再从产品结构来看，虽然三类产品的贸易规模都在扩大，但HS84产品的出口比重呈下降趋势，从1992年的13.55%下降到2009年的6.32%，而进口比重呈上升趋势，从1992年的6.56%上升至2009年的15.59%，甚至个别年份比重高达20%以上。HS85产品的出口比重快速上升，从1992年的15.85%世界经济与政治论坛.2010年第5期上升至2009年的39.73%，而且其进口比重也呈上升趋势，从1992年的22.17%上升至2009年的37.55%。HS90产品的出口比重上升迅速，从1992年的1.75%上升至2009年的15.60%，其进口比重虽呈上升趋势，但上升幅度不大，从1992年的1.72%上升至2009年的5.23%。

产业竞争力与产业内贸易的测量方法

1. 专业化竞争力系数

专业化竞争力系数，又称国际竞争力指数，主要是从贸易的数量方面来测度贸易的竞争力水平，对贸易专业化程度最为常用的计算方法是显性比较优势的指数（RCA），这种计算方法是由巴拉萨（Balassa，B.）提出，用于计算和解释产业间贸易的比较优势，后来经过许多学者的扩展并被广泛应用于各种比较优势指数的计算。

其计算公式如下：

$$RCA_{ij} = \frac{\frac{X_{ij}}{X_i}}{\frac{W_j}{W}} \tag{1}$$

式中：RCA_{ij}——i国j产品的显示比较优势指数。

X_{ij}——i国（地区）对世界市场出口j产品的出口额。

X_i——i国（地区）对世界市场的总出口额。

W_j——世界市场j产品的出口总额。

W——世界市场产品的出口总额。

RCA指数通常被用于某国对世界的比较优势分析。即某种产品在一国或地区的总出口中的比例与这种产品在世界市场商品总出口中的比例之比，以说明出口专业化比率。但由于该指标仅从出口的角度看一国或地区的竞争力，其进口情况从该指标中无从知晓。因此，本文选用的是毛日昇[1]在Vollrath提出的显示竞争力指数基础上进一步扩展的指标。对一个国家或地区来说，某产品的专业化竞争力系数可由显示净出口比较优势指数来测度。

毛日昇在RCA指数基础上分别对指数取对数，然后作差得到显示竞争力指数（RC），其主要目的是克服RCA指数在计算过程中的不对称性，计算公式如下：

$$RC = \mathrm{Ln}(RXA) - \mathrm{Ln}(RMA) \tag{2}$$

其中：

$$RXA = \frac{\dfrac{x_{ij}}{\sum ix_{ij}}}{\dfrac{\sum jm_{ij}}{\sum i\sum jm_{ij}}}, \quad RMA = \frac{\dfrac{m_{ij}}{\sum im_{ij}}}{\dfrac{\sum jx_{ij}}{\sum i\sum jx_{ij}}}$$

*RXA*和*RMA*分别代表台湾对j国（地区）的显示出口和进口比较优势指数，x和m分别代表台湾和j国i产品的出口和进口额。修正后的显示竞争力指数（*RC*）还考虑了出口和进口产品的贸易专业化程度，能够较全面地反映一国贸易专业化水平和贸易数量竞争优势。*RC*越高，表示该国k产品具有较高的竞争力。一般认为，$RC \geqslant 2.5$，该国k产品具有极强的比较优势；$1.25 < RC < 2.5$，为次强；$0.8 < RC < 1.25$，为中等；$RC < 0.8$，为较弱。

2. 产业内贸易度量方法

Grubel和Lloyd于1975年在Balassa（1966）产业内贸易指标的基础上提出的迄今为止最广泛使用的产业内贸易度量方法——G－L指数。其计算公式如下：

$$GL_i = 1 - \frac{|X_i - M_i|}{X_i + M_i} \tag{3}$$

其中，X_i表示产业i的出口额，M_i为产业i的进口额。GL_i取值范围在0～1之间，当$GL_i = 0$时，表示产业i是完全的产业间贸易；GL_i值越大，表示产业i的产业内贸易程度越高；$GL_i = 1$时，表示产业i为完全的产业内贸易。Grubel和Lloyd以每个产业进出口值占总进出口值的比重作为权重，对所有产业的产业内贸易指数加权平均，得出国家j的产业内贸易指数：

$$GL_j = 1 - \frac{\sum_{i=1}^{n} |X_i - M_i|}{\sum_{i=1}^{n} [X_i + M_i]}, \quad GL_j \in [0,1] \tag{4}$$

GL_j表示国家j的产业内贸易指数，其大小与一国产业内贸易水平呈正比。

两岸电子产品产业内贸易与竞争力实证分析

1. 两岸产品贸易显示竞争力指数分析

台湾电子产品总体的竞争力相对大陆提升并不显著，其竞争力指数仅从1992年的0.15上升为2008年的0.64，仍处于弱比较优势阶段。但不同的产品其比较优势又有所不同，HS84的竞争力指数由1992年1.09降为2008年的-0.64，由比较优势转为比较劣势；HS85的竞争力指数从的-0.37上升至0.71，上升幅度较小；HS90的竞争力指数从1992年的-0.34上升至2008年的1.86，其比较优势上升明显，跨越了比较劣势、弱比较优势上升到极强的比较优势，上升幅度较大。

因此，从总体来看，台湾在电子产品贸易中相对于大陆仅具微弱竞争力，两岸之间的差距在日益缩小。但大陆的廉价劳动力在电子产品生产过程中的劳动密集环节进行加工的贸易值在其中占多大比重，技术是否是中国电子产品真正具有的竞争力，还有待进一步考察。

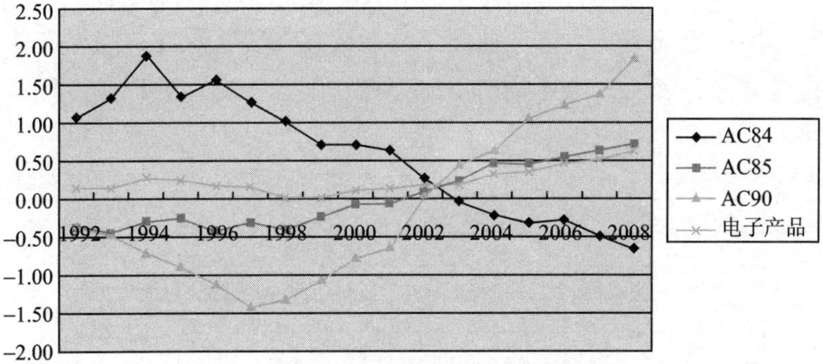

图1　台湾电子产品的竞争力指数

资料来源：根据台湾海关进出口资料作图。

2. 两岸产业内贸易指数分析

经济学者最初对产业内贸易现象的研究主要集中在发达国家之间，但随着经济全球化和产业国际分工的加深，发达国家（地区）和发展中国家（地区）出现的垂直型产业内贸易逐渐引起越来越多学者的注意。他们的研究显示，产业内贸易的比重是随着一国工业化程度和经济发展而不断提升的，而且发生产业内贸易的产业其技术含量也较高。

从台湾电子产品总体来看，产业内贸易指数呈缓慢上升趋势，从 1992 年的0.28 上升到2009 年的0.44，但不同类型的电子产品其产业内贸易指数的演变轨迹存在很大的不同。例如 HS84 与 HS90 的变化趋势就大相径庭。HS84 的产业内贸易指数由 1992 年的0.15 上升到2009 年的0.85。从前面的竞争力指数分析可以看出，由于台湾产品的竞争优势相对逐步下滑，大陆的竞争优势逐步上升，使台湾向大陆的出口比重远低于其从大陆进口的比重，从而导致其产业内贸易指数上升。而 HS90 的产业内指数与 HS84 完全相反，从 1992 年的0.28 下降为2009 年的0.18，而且其演进过程经历了从低到高，再走低的过程，其峰值出现在 1998 年，高达 0.50，此后便一路下滑。从前面的产业竞争力分析可以看出，该产品台湾相对于大陆还有着较强的优势，对大陆的出口比重远高于其从大陆进口的比重，因而其产业内贸易指数较高。而 HS85 的产业内贸易指数则不像 HS84 和 HS90 那样大起大落，保持相对平稳，仅从 1992 年的 0.37 上升至 2009 年的 0.44，上升幅度较小。该产业在 2002 年以前，是从大陆的进口比重超过对大陆的出口比重，但 2002 年后，对大陆的出口就超过从大陆的进口了（见图 2）。而且从前面的竞争力分析也可以看到，HS85 的产业竞争力由低向高的一个演进过程。这说明产业的竞争力与产业间贸易指数存在着一致性，如果产业的竞争力比对方强，表明其产业的出口能力强，则会相应影响产业内贸易指数的走势。

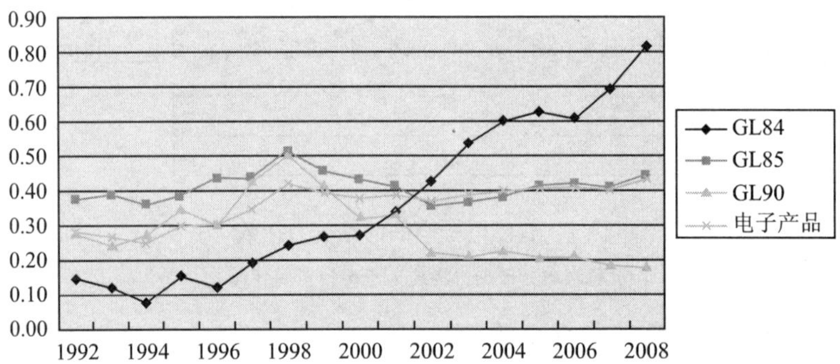

图 2　台湾电子产品的产业内贸易指数

资料来源：根据台湾海关进出口资料作图。

两岸产品产业内贸易指数的演变状况表明，两岸电子产品贸易中同类产品的相互进出口占有相当高的比重。然而，这种情况并不说明两岸在电子产品领域已经进入水平分工状态。台湾虽然既对大陆大量出口某种电子产品，同时也从大陆大量进口该类产品，但台湾从大陆进口的产品和其对大陆出口的产品在技术水平和价格方面都存在显著差异。要判断其是水平型贸易还是垂直型贸易型态，还需做进一步分析。

3. 主要贸易品产业内贸易类型

传统的产业内贸易计量方法只能计量总体产业内贸易指数，无法将水平差异和垂直差异的产业内贸易区分开。直到 1994 年，格瑞洛维、海尼和米勒（Greenaway, Hine and Milner, 1994）在前人研究（Abd - el - Rahman, 1991）的基础上，尝试一种新的计量方法细分产业内贸易。本小结主要根据 GHM 法来测定两岸电子产品的贸易类型。

对不同产业内贸易类型的测算始于 Abd - el - Rahman（1991），当时提出了用进出口商品单位价格比率来衡量产品质量高低的思想。在 Abd - el - Rahman（1991）基础上，Greenaway、Hine 和 Milner（1994）与 Fontagné 和 Freudenberg（1997）分别提出了测算产业内贸易类型的方法，简称为 GHM 法和 FF 法。本文采取的 GHM 法，其具体计算方法如下：

$$1 - \alpha \leqslant \frac{UV_{lik}^{X}}{UV_{lik}^{M}} \leqslant 1 + \alpha \tag{5}$$

其中，UVx 出口商品单价，UVm 进口商品单价，l 表示某产业，i 表示某商品，k 表示贸易伙伴国。α 是离散因子，是用百分率表示的“门槛”，一般将取值为 15% 或 25%。

如果 $1 - \alpha \leqslant \frac{UV_{lik}^{X}}{UV_{lik}^{M}} \leqslant 1 + \alpha$，则该商品属于水平型产业内贸易，记为 H；

如果 $1 + \alpha < \frac{UV_{lik}^{X}}{UV_{lik}^{M}}$ 或者 $\frac{UV_{lik}^{X}}{UV_{lik}^{M}} < 1 - \alpha$，则该商品贸易类型属于垂直型产业内贸易：

其中，当时 $1 + \alpha < \frac{UV_{lik}^{X}}{UV_{lik}^{M}}$，该商品是高质量垂直型产业内贸易，记为 VH；

当 $\frac{UV_{lik}^{X}}{UV_{lik}^{M}} < 1 - \alpha$ 时，则该商品属于低质量垂直型产业内贸易，记为 VL。

本文根据 Greenaway、Hine 和 Milner（1994）度量标准，考虑到贸易中发生的运输成本及保险费，将取值为 25%。

表2　1992－2003年电子产品产业内贸易类型

年份	HS84		HS85		HS90	
	UVX/UVM	贸易模式	UVX/UVM	贸易模式	UVX/UVM	贸易模式
2000	6.240	VH	0.806	H	5.972	VH
2001	4.022	VH	0.778	H	3.913	VH
2002	3.061	VH	0.673	VL	9.035	VH
2003	2.633	VH	0.573	VL	4.757	VH
2004	1.813	VH	0.564	VL	6.100	VH
2005	2.022	VH	0.588	VL	4.445	VH
2006	2.558	VH	0.738	VL	3.001	VH
2007	2.546	VH	1.000	H	3.243	VH
2008	2.123	VH	0.953	H	4.986	VH

资料来源：根据台湾海关进出口资料计算而得。

经计算（见表2）表明，两岸电子产品的产业内贸易比产业间贸易要多，而在产业内贸易中，主要以垂直型分工为主，这表明目前两岸电子产品的分工仍以互补为主、竞争为辅。大陆向台湾出口的多是技术含量和价格相对较低的同行业的产品，而台湾从大陆进口的是技术含量和价格相对较高的同行业产品。这种产业内贸易从表面和形式上看是产业之内的贸易，但其贸易形成的原因却是与两岸间资源禀赋决定的产业之间贸易相似。这种产业内贸易的形式，即细分后的垂直产业内贸易，显然与比较优势仍具有密切的联系。

两岸电子产品的产业内贸易在很大程度上都属于垂直型产业内贸易，也就是说，尽管台湾在向大陆出口某类电子产品的同时也从大陆进口该类产品，但进口产品和出口产品却存在显著差异，进口的是技术含量低的低价格产品，而出口的则是技术含量高的高价格产品。

主要结论及展望

1. 两岸电子产品的产业内贸易在很大程度上是台商投资带动的结果

两岸贸易的快速发展是台商对大陆投资所带动的结果，因此两岸贸易所涉及的产品类别也就与台商投资的产业结构有密切关系。台商电子产品投资在台商投资中占有非常重要的地位，1992年至2009年10月其投资金额高达263亿美元，比重为32.66%，在个别年份其比重达40%以上。

由于在大陆投资电子产业的台商，其原料、零部件和半成品仍有相当部分向台湾采购，因此投资的增长带动了产业内贸易相应的增长。从表3可以看出，虽然从制造业整体来看，台商的当地采购比重在逐年增加，从台湾进口部分在逐年减少。但仅电子业来看，其原料从台湾进口仍占相当大的比重，“计算机、通信及视听电子产品制造业”与“电子零组件制造业”分别占到40.38%、41.29%。而零部件、半成品从台湾进口的比重，“计算机、通信及视听电子产品”与“电子零组件”分别占45.92%和51.56%。

表3　中国大陆台商的原料进货来源

	从台湾进口					由当地提供					自其他国家进口				
	1999	2003	2004	2005	2006	1999	2003	2004	2005	2006	1999	2003	2004	2005	2006
制造业	43.16	40.64	35.89	37.03	34.01	43.80	46.25	50.57	50.94	53.41	13.04	13.10	13.55	12.04	12.59
计算机通信及视听电子产品	—	50.33	46.83	46.73	40.38	—	41.83	43.71	40.73	44.73	—	7.84	9.46	12.53	14.89
电子零组件	50.05	47.56	44.81	49.26	41.29	38.21	37.72	40.72	39.50	42.92	11.74	14.72	14.47	11.24	15.79

资料来源：经济部《中国大陆投资事业营运状况调查分析报告》，2000－2007年度。

由此可见，无论是原料或是零部件半成品，电子产业的回购比例仍然比较高，两岸之间的供应链比较紧密，投资大陆带动出口增加的效果依然存在。但随着下游投资已逐渐带动上游产业到大陆投资，当地台商供应增加，且在大陆的产业链逐渐发展完整，过去无法生产的原料、零组件与半成品已可以供应，使得台商减少原料、零组件和半成品的进口，增加当地采购，从而导致两岸间原本合作分工的关系今后将可能逐渐转变成竞争关系。

2. 两岸的分工以垂直分工为主要型态，高技术、高附加值的生产环节仍然以根留台湾为主

这在前面的产业内贸易类型分析中，已经对此进行了计量分析。而且从对台商的调查情况，也印证了这样的观点。以台湾“经济部”的调查资料来看，两岸产业垂直分工形态均高于水平分工形态。在垂直分工中，“台湾产品附加价值高或较高级”最为典型，“计算机、通信及视听电子产品制造业”、“电子零组件制造业”分别达13.19%和22.09%；而“大陆子公司产品附加价值高或较高级”的比重则低了许多，仅为1.37%和1.12%。表明两岸电子产品的分工，其高附加值环节仍然是根留台湾。导致这种局面的重要原因就是台湾当局的种种设限。在民进党执政时期，倡导“戒急用忍”的两岸经贸政策，对台湾投资大陆无论在金额上，还是在技术水平上都设置了种种障碍。例如，台湾当局规定，台商投资大陆的单个项目规模不得超过5 000万美元，处于高端的电子产业，多属资本技术密集型，这种设限使欲到大陆投资的企业远达不到规模经济的最低限额。同时在技术上，也颁布了诸多禁令。比如，针对芯片产业，台湾当局明文规定12英寸芯片项目禁止到大陆投资，8英寸项目则控制保证不用于军事目的的限量投资，并要出示《最终使用证明》，以此作为衡量是否允许向大陆投资的技术转让依据。这些种种限制，使台商只能在现有的约束下布局两岸，把技术水平较高的产品仍然留在台湾，把劳动力密集型生产环节转移大陆，从而促进了两岸电子产业的垂直分工。

在水平分工模式中，“产品质量完全相同，但台湾生产的种类较多”，“计算机、通信及视听电子产品”与“电子零组件”2006年分别为6.82%与9.36%；“产品质量完全相同，但中国子公司生产的种类较多”分别为5.91%与7.87%；“均生产零组件，但产品不同”分别为1.82%与7.12%；“产品种类及质量完全相同”分别为8.18%、6.36%。由此可以看出，这些水平分工模式在两岸产业分工中占比都很小，两岸产业分工仍以垂直分工为主要形态。

3. 台商投资有利于两岸电子产业分工，增强了产品在国际市场上的竞争力

在两岸分工的情形下，台商可以利用两岸工厂的比较利益，因此其出口商品在国际市场上将更具竞争力。一方面，台商把部分生产线移到大陆后，留在台湾生产的是更专精的产品或零部件，因此在国际市场上将具有更强的竞争力。另一方面，台湾工厂可以进口大陆工厂生产的廉价原材料或者半成品，然后，再加工出口到第三地，这也有利于提升台湾产品的竞争力。从图3可以看到，台湾在其主要的出口国家和地区美国、欧盟、韩国、日本的竞争力指数都是上升的。美国的RC指数从1992年的0.46上升到2009年的0.63，而欧盟的RC指数一直在高位运行，表明台湾对欧盟一直保持着较强的竞争优势，从1.62上升到2.13；在韩国从0.41上升到0.63，日本上升幅度最大，从-0.71到0.56，上升了1.27点。而这种竞争力的增加，又与两岸的IIT指数的上升保持着一致性。这表明，当两岸产业呈现贸易垂直分工时，则台湾产品的国际竞争力就会提升。

换言之，台商在两岸之间进行愈多的垂直分工，那么，他们应该具有越高的国际竞争力；反之，如果台商在两岸间进行水平分工，则他们的产品很

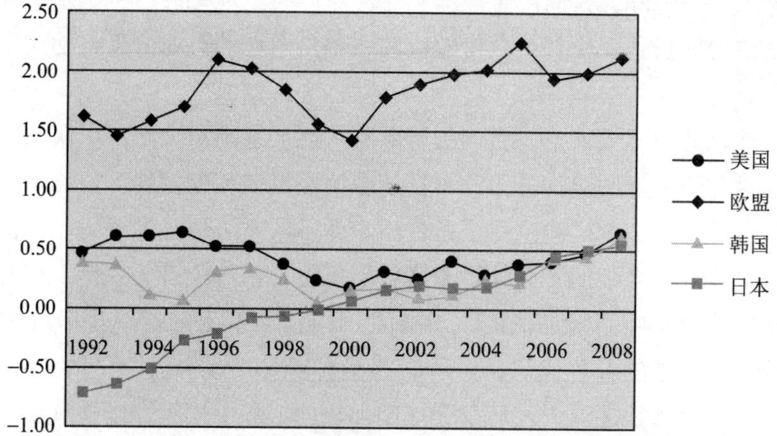

图3 台湾电子产品在国际市场上竞争力指数的演变

资料来源：根据台湾海关进出口统计数据计算而得。

可能会逐渐被大陆工厂所取代，竞争力自然会下降。

4. 随着大陆台商的本地化趋势越来越明显，其与台湾的产业内贸易将被台商的投资所替代，产业分工将趋向水平分工

虽然台商从台湾进口原料和零部件半成品仍占其供货来源的40%以上，但已逐渐曾下降趋势。大陆台商生产所需要的半成品、零组件及原材料有逐渐“就地取材”的趋势。

“计算机、通信及视听电子产品制造业”大陆台商的原料来源2003年从台湾进口比重高达50.33%，但2006年已降到40.38%，相应由大陆当地提供的比重从41.83%升至44.73%；其零组件、半成品的进货来源2003年从台湾进口比重高达57.07%，但2006年已降到45.92%，下降了10多个百分点，而由当地提供的比重从35.17%升至40.51%。“电子零组件制造业”1999年原料从台湾进口高达50.05%，但2006年已降到41.29%，由大陆当地提供的比重从38.21%升至42.92%；其零组件、半成品的进货来源从台湾进口比重从1999年的56.75%，降为2006年的51.56%，由当地提供的比重从34.26%升至41.36%。从总体来看，其原材料的进货来源大陆已经超过台湾，但零部件、半成品的进货来源，台湾略高于大陆。这显示，台商在祖国大陆投资设厂后，为因应市场竞争的需要，越来越多地采取原料供应本地化的策略，以降低产品生产成本。虽然台湾仍是大陆台资企业生产所需原料或零组件的主要供应地，但是台商对台湾原材料或零组件的供

应依赖度逐年下降，台商电子产品企业生产原料本地化的趋势越来越强，将会进一步出现投资效应替代贸易效应的结果，两岸的产业分工将趋向于水平分工。

虽然在此分工模式下，台湾的产品有可能会逐渐被大陆工厂所取代的危险，但这并不能说明这种分工，不利于台湾经济的长期发展。恰恰相反，它在给台湾经济压力的同时也赋予了台湾产业不断升级的强大动力。当前，台湾经济又步入一个新的转型期，未来转型更将与两岸经济关系密不可分。台湾电子产业只有向高附加值的上游研发、创新和下游的增值型服务方向升级，才能创造新的竞争优势，这种转型显然离不开大陆生产基地的强力支持。同样，台湾欲在亚太区域整合速度加快的形势下摆脱边缘化危机，同样需要加强与大陆的经济联系。

5. 随着两岸全面三通的实现和两岸ECFA的签署，两岸资讯电子产业的合作空间广阔

2008年11月，两岸正式开始直接双向通航，标志着两岸进入“大三通”时代，这是过去30年来两岸经贸关系的最重大突破。“三通”实现后，不仅将使两岸的交流更加扩大，互动更加便捷和频繁；而且将带来两岸经济的深层次整合，推动两岸经济共同发展。首先，“三通”将开放大陆企业及人士到台投资，改变过去投资的单向流动，从而让两岸蕴藏的经济合作潜力和能量逐步得到释放，为两岸产业双向互利分工合作创造新契机，促进形成新的两岸产业分工与合作格局。其次，两岸实现直接双向直航带来的交通和投资的便利性，有利于台商深化对大陆市场的布局和开发，加快两岸产业对接和融合，推动两岸产业合作由目前的台湾产业梯次向大陆转移、以大陆作为加工出口基地为主的方式，向共同提高两岸产业技术层次和竞争力方向升级，提升两岸产业链的关联度与融合度，并通过合作摆脱两岸产业在全球产业分工体系中的相对弱势地位。对台湾资讯电子产业而言，其竞争力将出现再次升级的契机。两岸直航后，零组件调度时间和库存期间将大大缩短，有利于降低成本并强化弹性分工。而大型电子厂将因运输成本的下降，回台设立生产据点的机率也可能增加。这将有力促进台商在两岸的布局，提高台湾企业的全球运筹效率，增加台湾产业和产品在国际上的竞争力。[2] ECFA的签署正在推进，这对两岸未来的经贸发展也将带来深远影响。两岸ECFA基本就是比照中国－东盟自贸区模式，先签署一个框架协议，之后再就不同的商品、服务业开放项目以及投资协定分别签署，最后完成自贸区的形态。

2010年1月1日，中国－东盟自由贸易区已正式运行，倘若台湾不与大陆签ECFA，则将面临产业大举迁移到东盟的冲击，台湾经济势必在亚太区域中被边缘化，ECFA的签订，是奠定两岸经贸关系正常化的基础，两岸之间悬而未决的问题如关税、双重课税、投资保障、智慧财产权和争端解决机制等等将得到彻底解决，同时，两岸在贸易、投资以及人员往来等方面还存在的诸多不合理的限制也都将逐步取消。这将对两岸经贸往来带来极大便利，促进两岸经贸发展，更有利于扩充台湾的国际生存空间。

总之，两岸三通的全面实现和ECFA的签署，还将开创两岸产业分工合作的新契机。未来两岸电子产业的分工，一方面台湾应充分利用自己的比较优势利益，建立自己在发达国家和大陆间的技术、服务中介角色；通过将服务市场向大陆的延伸，台湾可以充当大陆的重要门户。另一方面，两岸正在建立更为密切的经贸合作机制，随着大陆与港澳地区（大桥）经贸关系的日益紧密，以及大陆与东盟自由贸易区的建立，也将有助于带动台湾更深参与亚太地区经济合作进程，提高台湾在其中扮演的角色和地位，从而避免经济边缘化的忧虑。今后两岸经贸关系发展不仅仍将是促使台湾经济复苏的动力，也将是推动台湾经济完成新一轮转型的重要因素。

注释：

[1] 毛日昇．中国制造业贸易竞争力及其决定因素分析．管理世界，2006（8）

[2] 庄荣良．海峡两岸产业分工的发展阶段、模式演进和发展机遇．福建论坛·人文社会科学版，2009（5）

（作者为重庆工商大学“长江上游经济研究中心”研究员、硕士生导师、经济学博士、重庆大学管理学博士后）

两岸经济合作机制的概念分析

刘 舸 张三南

构建两岸经济合作机制是近年来两岸关系发展中备受各方关注的重要问题，准确界定两岸经济合作机制的内涵是成功构建两岸经济合作机制的关键。两岸打破隔绝以来，经济关系迅速发展，但很长时间两岸经济关系的发展一直处于间接单向、受阻失衡、机制缺乏的状态。随着两岸经济关系不断发展和两岸经济合作内在动力的不断积聚，构建两岸经济合作机制的呼声越来越高，两岸经济合作机制这一术语也在两岸官产学界日益广泛使用。近年来许多专家学者针对两岸经济合作机制构建的重要性、可行性和基本模式等问题提出了许多理论创见，但两岸经济合作机制的概念本身尚缺乏明确的阐释，本文将在简要回顾这一概念术语背景的基础上，首先分析“机制”概念的起源及其类型，然后明确界定两岸经济合作机制的概念。

一、“两岸经济合作机制”概念的提出背景

早在1993年4月，两岸曾经通过“海协会”与“海基会”不公开地协商过两岸经济合作机制问题，并有“设立两岸经济交流与合作会议制度”的提法，为此双方还成立了工作小组，但没有后续成果。[1]2002年1月，国务院副总理钱其琛在纪念江泽民总书记《为促进祖国统一大业的完成而继续奋斗》重要讲话发表七周年座谈上指出：“两岸双方已先后加入世界贸易组织，这是进一步发展两岸经贸关系的新契机……为推动两岸经济关系上升到一个新的水平，我们愿意听取台湾各界人士关于建立两岸经济合作机制、密切两岸经济关系的意见和建议。”[2]这是中国大陆官方首次公开提出“两岸经济合作机制”这一概念。

钱其琛发表公开讲话之后，关于两岸经济合作机制的研究开始在两岸产业与学术界悄然展开。2002年7月两岸学者在上海专门召开关于“两岸经

济合作机制”的学术会议，就两岸经济合作机制建立的目的、可行方式、深远意义、制度性安排等问题进行了深入讨论。[3]2005 年 4 月中共中央总书记胡锦涛与国民党主席连战在会谈时，就促进两岸关系改善和发展的重大问题以及两党交往事宜，广泛而深入地交换了意见，并在共同发布的《两岸和平发展共同愿景》新闻公报中明确提出“促进两岸经济全面交流，建立两岸经济合作机制”[4]；同年 5 月，胡锦涛总书记与亲民党主席宋楚瑜在会谈后发表的新闻公报中再次提出了“促进两岸恢复协商后，就建立两岸贸易便利和自由化（两岸自由贸易区）等长期、稳定的相关机制问题进行磋商。”[5]

两岸党际交流高端重视两岸经济合作机制，不仅为未来两岸经济合作机制的构建注入了强大的政治和舆论力量，而且指出了两岸经济合作机制具体的发展方向，进一步引发了两岸官产学对构建两岸经济合作机制的强烈关注并在两岸经济合作机制的目的与可行性、问题与途径、意义与影响以及制度化安排等领域取得更多重要研究成果，有力地推动了两岸经济合作机制的实践活动[6]。2005 年 9 月，由两岸官产学共同推动的“第一届两岸民间菁英论坛”在上海举行，与会代表围绕如何“促进两岸经济交流与合作”，“着眼长远，构建两岸经济合作机制”等重要问题展开研讨。2006 年 4 月，首届“两岸经贸论坛”在北京举行，两岸经济合作机制成为论坛中心议题之一。目前“两岸经贸论坛”（自第三届改名为“两岸经贸文化论坛”）迄今已成功举办五次，每次关于两岸经济合作机制的讨论都成为核心议题之一。随着“两岸经贸文化论坛”的制度化和经常化，论坛不仅持续推动关于两岸经济合作机制的研究，而且本身作为一项重要制度性成果，也成为两岸经济合作机制的根本组成部分之一。在全局性“两岸经贸论坛”展开的同时，两岸航运、金融、农业、科技等专业领域的论坛、研讨也纷纷展开，为构建两岸经济合作机制“增砖添瓦”。自 2008 年 6 月以来，随着“海协会”与“海基会”商谈机制正式恢复，两岸直接“三通”正式启动，四次“陈江会”的成功举行将两岸经济合作机制的理论研究和现实构建带进一个新阶段。

二、“机制”概念的起源与变迁

关于两岸经济合作机制概念的分析首先要从对“机制”的概念分析开

始。然而，“机制”的确切含义一直以来很是模糊。根据本文考证，在传统汉语中没有“机制”一词，它起源于外文翻译，最初对应的英文是“mechanism”。欧洲工业革命以来，西方学者首先在机械工程学和生物学分析中引入了“mechanism”一词，意指机械系统或生命有机体的内部结构、功能及其活动规则。后来，西方的人类学家、社会学家在各自研究中借用了这一概念，泛指事物的内部结构、功能及其运行规律。20世纪70年代以来，为了深入研究国际和区域政治和经济体系的运行规律，西方政治学家和经济学家开始把“regime”与“institution”两个词语引入政治学与经济学领域，作为描述政治和经济体系内部结构、功能及其活动规则的一般概念。在与西方学者的交流与合作中，中国学者一般将这两个词语翻译为“机制”或“制度”，与英文“regime”或“institution”相对应的“机制”一词在汉语中也得到越来越广泛的使用。

美国学者约翰·鲁杰（John G. Suggie）1975年在《国际组织》杂志上发表了题为《对技术的国际回应：概念和趋势》的文章，首次将机制（regime）的概念引入了区域经济研究，他把“机制”定义为比较模糊而抽象的概念：“由一群国家接受的一系列相互的预期、规则与规章、计划、组织的能量以及资金的承诺。”[7]1977年美国学者罗伯特·基欧汉（Robert O. Keohane）与约瑟夫·奈（Joseph S. Nye）在研究国际相互依赖和国际合作时也使用了这一概念，其含义与鲁杰的提法相近，但比较具体而明确：“相互依赖影响着世界政治和国家的行为；但政府行为也影响相互依赖的形式。政府通过制定或采用某些活动的程序、规则或组织制度来调节和控制跨国的和国家间的关系。我们把政府的这些安排称为国际机制（International regimes）。”[8]此后，“机制”就成为国际政治经济关系研究中一个重要范畴。

1983年美国学者斯蒂芬·克拉斯纳（Stephen D. Krasner）出版《国际机制》（International Regimes）一书，明确界定了国际机制概念：行为体（Actors）围绕在某一特定国际关系领域的共同利益预期而设立的一系列明确或不明确的原则（principles）、规范（norms）、规则（rules）和决策程序（decision-making procedures）。所谓原则，指的是对事实因果关系和诚实的信仰；所谓规范，是指以权利和义务的方式确立的行为标准；所谓规则，是指对行动的专门规定和禁止；所谓决策程序，是指现行的决定和执行集体选择政策的习惯。[9]作为《国际组织》（International Organizations）杂志的主编，克拉斯纳关于“国际机制”的概念界定，在当时起到了凝聚学者共识的作用，并得到更广泛的使用。但不久以后，克拉斯纳所界定的“国际机制”概念开始受到一些学者的批评，最主要的批评者就是罗伯特·基欧汉，他指出：“（克拉斯纳）这个概念为我们的分析提供了一个有用的起点……不过，‘规范’这个概念是模棱两可的”，“一个机制中的规则含义，很难同它的规范含义区别开来。两者在概念的边缘地区上是融为一体的”，“既然规则、规范和原则是如此紧密地交织在一起，根据规则是否发生变迁，作为判断机制变迁或者机制内部变迁的依据，必然具有武断的成分。”[10]

基欧汉在1984年出版的《霸权之后：世界政治经济中的合作与纷争》与1989年出版的《国际制度与国家权力》两部书中，在谈到机制时，全部改用“制度”（institutions）一词取代“机制”（regimes）。纵观基欧汉这两部著作，其使用“制度”一词的主要用意在于扩展克拉斯纳所界定的“机制”概念的外延。根据《新牛津英汉双解大辞典》的解释，“regime”本意指一种特定的政权或统治体系，其外延所涵盖的因素显然不止于规则和程序（principles，rules，norms and procedures），最起码还涉及具有特定功能的组织机构，克拉斯纳所界定的“机制”概念只是强调了规则和程序，没有将组织机构涵盖于其中。显然基欧汉未能接受克拉斯纳对“regime”外延空间的削减，在1984年后的著作中他将“institutions”作为其理论的核心概念，并强调“国际制度（international institutions）有三个组成部分，第一个是正式的政府间组织或跨国非政府间组织；第二种是国际机制（international regimes），它是各国政府为管理国际关系中的特定问题而制定的明确的规则，第三种是协约或习惯（convention）。”[11]从基欧汉关于“国际制度”的三个构成部分来看，后两部分与克拉斯纳关于“国际机制”的定义是基本相同，不同的是增加了组织成分，概念的外延比克莱斯纳的定义要广。

基欧汉对克拉斯纳“国际机制”概念的修正，近年来不断引发学者对“国际机制”与“国际制度”或“机制”与“制度”概念之间的区别与联系的关注，并引发学者间的较大争议[12]。本文认为，基欧汉对克拉斯纳“国际机制”概念的修正具有事实根据，有利于“机制”概念更科学、更准确，但引入“institutions”也引发一定的概念混乱，比如“institutions”与“regimes”究竟谁的外延大？基欧汉在定义“institutions”时显然认为其外延大于“regimes”，但这有主观化之嫌，最起码没有从词源、概念演变背景等方面阐明为什么“institutions”外延大于“regimes”，简单化了“regimes”的原本含义以及鲁杰最初引入它时以模糊性预留的概念空间，不仅回避了克拉斯纳机制概念的缺陷，还扩大了其缺陷。实际上，建立概念共识对于社会科学研究的深入发展极为重要，抽象一个与事实相符合的概念需要谨慎的态度并保持其科学性的历史传承。根据上述对机制概念起源与变迁的分析，作为对鲁杰预设机制概念模糊性的尊重以及基欧汉和克拉斯纳研究成果的总结，从保持概念科学性历史传承的角度，本文认为与政治或经济领域的机制相对应的、最恰当的词汇还是“regimes”，并认为机制在时间上可以表现为过程，在空间上可以表现为体系，其一般含义就是：行为体围绕一定问题领域的共同利益预期，基于该问题存在发展的客观规律，设立特定的中介组织机构[13]，约定一系列明确或不明确的原则、规范、规则和决策程序的过程和体系。这里依然认同克拉斯纳虽然有争议但却明确具体的解释，即所谓原则，指的是对事实、因果关系和诚实的信仰；所谓规范，是指以权利和义务的方式确立的行为标准；所谓规则，是指对行动的专门规定和禁止；所谓决策程序，是指现行的决策和执行集体选择政策的习惯。本文这一尽力描述机制现实复杂性且并不简练的定义，合理之处在于回归了学者们最初选择“机制”（regimes）一词时对其宽阔含义空间的预期，同时整合了后继学者们在不同侧面的合理成分，至少明确了“机制”的四个构成部分：一是行为体；二是行为体在一定问题领域的共同利益预期；三是中介组织；四是行为体互动行为的规则体系。

三、“机制”的类型

有合作就有机制。合作与机制相伴相生不仅可以得到人们经验检验，而且也得到博弈论等相关理论的科学解释。虽然政治学、经济学领域的“机制”概念主要是西方学者在20世纪70年代以来研究国际政治和经济体系运行规律时所界定的概念，但随着全球各种形式的交流与合作的发展，人们不难发现机制并非国际政治经济领域特有现象，而是任何涉及行为体相互合作的领域普遍存在的现象；其约束与作用的对象也并非仅限于主权国家行为体，而是在一定的问题领域内任何具有一定利益诉求和行为能力并寻求合作的行为体，这些行为体都在或简单或复杂、或自觉或不自觉地践行机制并受其影响。机制存在形式多样，可以表现为超国家、国家、次国家乃至个体层面的行为体之间以地理区域或专门问题为维度的多种互动合作机制。

以地理区域为维度，机制可以表现为全球合作机制、区域合作机制、次区域合作机制等类型，比如区域合作机制就是指特定地理区域内的相关行为体围绕在某一问题领域的共同利益预期，基于该问题存在发展的客观规律，设立特定的中介组织机构，约定一系列明确或不明确的原则、规范、规则和决策程序的过程和体系。WTO是一种全球合作机制，北美自由贸易区（North American Free Trade Zone，简称NAFTZ）是一种区域合作机制，大湄公河流域合作（Great -ekong Sub – region Cooperation，简称G – S）则是一种次区域合作机制。

以专门问题为维度，机制可以表现为经济合作机制、安全合作机制、反恐合作机制、航空航海合作机制等等，比如经济合作机制就是指相关行为体围绕经济领域的共同利益预期，基于相关经济问题存在发展的客观规律，设立特定的中介组织机构，约定一系列明确或不明确的原则、规范、规则和决策程序的过程和体系。专门问题型机制可以是经济领域的WTO，也可以是反恐安全领域的上海合作组织（Shanghai Cooperation Organization，简称SCO）等等。

以行为体集合形式为维度，机制可以划分为超国家合作机制、国家间合作机制（或称为国际机制）、次国家合作机制以及个体间合作机制，比如超国家合作机制就是指国家行为体（State Actors）围绕安全（如防御）、经济（如货币）等国家核心问题领域的共同利益预期，基于相关问题存在发展的客观规律，做出一定程度主权让渡，设立超越国家主权的组织机构，约定一系列明确或不明确的原则、规范、规则和决策程序的过程和体系。欧洲联盟（European Union，简称EU）是目前典型的超国家合作机制。而次国家间合作机制的典型特征是：参与合作的行为体是在政治人格上低于主权国家的非个人行为体，此类行为体不具有主权国家的行为能力和权利能力，中央政府的认可或授权成为次国家合作机制存在和发展的关键性制约因素。次国家间合作机制可以是同一国家内州际合作机制、省际合作机制，也可以是不同国家下属的地方之间的合作机制，比如美国的一个州与中国的一个省之间的合作机制。

人类个体之间的合作机制是人类存在和发展的日常形式，构成人类社会整体存在的微观基础。没有人类个体之间的合作，人类社会一刻也不能存在。正如马克思精辟指出：“社会——不管其形式如何——是什么呢？是人们交互活动的产物。”[14] 作为社会存在的微观基础，个体间合作机制可以界定为人类个体围绕特定问题领域的共同利益预期，基于问题的客观规律，设立或不设立特定组织设，约定一系列明确或不明确的原则、规范、规则和决策程序的过程和体系。在现实中，人类个体间合作所涉及的信息沟通、利益整合往往比较简易，互动方式组织性、规则性也都比较直接简便，因而个体间合作机制往往存在于人们的有意或无意之中。

四、两岸经济合作机制的概念与内涵

两岸经济合作机制是一个具有专门含义的政治经济学范畴。自中国大陆官方首次公开提出这一术语以来，其内涵一直缺少明确澄清。在许多学者的视域中，往往将两岸经济合作机制仅看成某种制度框架，这实际上是对两岸经济合作机制概念本身缺乏澄清的体现。制度框架是两岸经济合作机制的核心成分，也是两岸经济合作机制最直接的存在形式，但制度框架不是两岸经济合作机制的全部，在制度框架层面之下尚有两岸经济合作机制更重要的组成部分，比如构建并接受两岸经济合作机制管辖的行为体及其属性、行为体共享文化价值和共同利益预期、相关的中介组织机构以及两岸经济运行的客观规律性等等，这些都是两岸经济合作机制不可忽视的重要构成因素。两岸经济合作机制作为两岸关系中的一种复杂社会现象，在时间上表现为一个过程，在空间上表现为一个体系。

根据前文关于机制概念与类型的分析，两岸经济合作机制属于一种区域合作机制，即一个国家主权下两个不同地区之间的经济合作机制。其中的“两岸”指的是由台湾海峡连接的中国大陆和中国台湾这两个区域性、群体性行为体，两岸经济合作机制就是指中国大陆与中国台湾在经济领域为了实现互利双赢的目标，基于两岸经济发展的客观规律以及双方共享价值观念和共同利益预期，设立特定的中介组织、机构，共同确立并遵守一系列双方经济合作的原则、准则、规范和决策程序的过程和体系。作为一个过程，两岸经济合作机制不是一蹴而就的，而是分阶段由低级向高级发展；作为一个体系，两岸经济合作机制不仅是制度框架，还包括行为体、共享文化价值、中介组织机构等重要构成部分。

两岸经济合作机制的形成与发展具有自身规律性。从一般意义上讲，任何机制产生与发展的原初动力都在于行为体合作的利益动机。行为体文化价值观念的互动整合以及相伴随的共同利益预期的形成为机制产生和发展提供了直接动力；为了保证行为体之间合作的顺利进行，减少合作中的欺骗行为与不确定性，参与合作的行为体进而需要设立特定的中介组织或机构，约定一系列明确或不明确的原则、规范、规则和决策程序，由此机制便得以存在和发展，这是机制成长的一般规律。两岸经济合作机制形成与发展也遵循机制发展的一般规律，但作为一种区域合作机制，其规律性又呈现四个具体特征：第一，大陆与台湾共享文化与价值观念是两岸经济合作机制产生和发展的深层心理动力；第二，大陆与台湾在经济领域获益或失益预期是两岸经济合作机制产生与发展的直接行为动力；第三，作为一种区域合作机制，共享一个国家主权是两岸经济合作机制健康发展的基本属性；第四，两岸经济合作机制作为一种两岸经济关系中的公共物品（public goods），其健康成长的关键在于两岸公共权力的正向有效介入。

近年来，在两岸同胞共同努力之下，两岸经济合作机制正在逐步走上良性发展的道路，并在基本格局和探索性具体模式上取得不少重要成果。就基本格局而言，两岸经济合作机制目前主要形成了三个子系统：一是两岸高层党际交流及其制度性成果；二是两岸两会会谈机制及其制度性成果；三是具有政党交流背景的民间性“两岸经贸文化论坛”及其制度性成果。就具体模式而言，两岸经济合作机制目前已有探索性直接和间接两种模式：直接模式主要包括大陆提出的两岸“更紧密经贸安排（Closer Economic Partnership Arrangement，简称 CEPA）”模式、台湾提出的两岸“综合性经济合作协议（Comprehensive Economic Cooperation Agreement，简称 CECA）”模式、萧万长先生提出的“两岸共同市场”模式、两岸共同推动并已进入实际操作层面的“海峡西岸经济区”模式以及目前两岸官产学正在共同推动的“两岸经济合作框架协议（Economic Cooperation Framework Agreement，简称 ECFA）”模式。间接模式主要包括 WTO 框架下两岸两个单独关税区之间的协调机制和亚洲银行框架下两岸金融领域协调机制。

两岸经济合作机制概念是影响两岸经济合作机制构建的最根本问题，一个明确而科学的两岸经济合作机制概念是成功构建两岸经济合作机制的第一步。两岸经济合作机制构建以及在此基础上的两岸经济整合将是一个复杂的探索过程，然而只要两岸双方概念清晰，目标明确，随着两岸党际交流、“两会”商谈、两岸经贸文化论坛等制度性安排的进一步完善和发展，两岸经济合作机制必将日益走向成熟，进而推动两岸在高层次上的经济整合。目前备受两岸官产学关注并积极推动的两岸经济合作框架协议（ECFA）是两岸第一个正式的机制化安排，在两岸经济合作机制构建与发展中具有里程碑意义。

注释：

［1］国务院台湾事务办公室：《两岸经济合作机制非特指自由贸易区》，新华网2002年1月30日新闻，http：//news. xinhuanet. com/newscenter/2002－01/30/content_260951. htm。

［2］钱其琛：《在纪念江泽民主席“为促进祖国统一大业的完成而继续奋斗”重要讲话发表七周年座谈会上的讲话》，新华网2002年1月24日新闻，http：//news. xinhuanet. com/newscenter/2002－01/24/co ntent_253000. htm。

［3］参见刘震涛：《两岸经济合作机制的目的与可行方式》，在上海“两岸经济合作机制”会议上的发言，2002年7月16日；周志怀：《论海峡两岸经贸关系的制度化安排》，《台湾研究》2002年第2期；章念驰：《建立两岸经济合作机制的必要性与困难》，《上下求索》2002年；童振源：《建立两岸经济合作机制应如何起步》，《中国评论》2003（89）.

［4］《中国共产党总书记胡锦涛与中国国民党主席连战会谈新闻公报》，国务院台湾事务办公室网，http：//www. gwytb. gov. cn/zyjh/zyjh0. asp？zyjh_m_id＝1070。

［5］《中国共产党总书记胡锦涛与亲民党主席宋楚瑜会谈公报》，国务院台湾事务办公室网，http：//www. gwytb. gov. cn/zyjh/zyjh0. asp？zyjh_m_id＝1077。

［6］参见李非：《如何建立“两岸经济合作机制”》，《两岸关系》2005年第7期；盛九元：《建立两岸经济合作机制必要、紧迫、可行》，在郑州“第十四届海峡两岸关系研讨会”上的发言，2005年8月3日；龚春生：《两岸经济合作机制对台湾的影响》，在郑州“第十四届海峡两岸关系研讨会”上的发言，2005年8月3日。

［7］John G. Ruggie，“International Responses to Technology：Concepts and Trends”，International Organization，Vol. 29，No. 3（summer），1975，p. 570.

［8］［美］罗伯特·基欧汉、约瑟夫·奈：《权力与相互依赖——转变中的世界政治》，中国人民公安大学出版社1992，第5、22、23－24页。

［9］Stephen D. Krasner，International Regimes，Cornell University Press，1983，p. 2.

［10］［美］罗伯特·基欧汉：《霸权之后：世界政治经济中的合作与纷争》，上海人民出版社2001年，第69－71页。

［11］Robert O. Keohane，International Institutions and State Power，Boulder：Westview Press，1989，pp. 3－4.

［12］Oran Young，International Cooperation：Building Regimes for Natural Resources and the Environment，Ithaca：Cornell University Press，1989，p. 32；Andreas Hasenclever. Theories of International Regimes，Cambridge：Cambridge University Press，1997，p. 10；任东来：《对国际体制和国际制度的理解和翻译》，《国际问题研究》2000年第6期，第49－54页；苏长和：《重新定义国际制度》，《欧洲》，1999年第6期第22－27页；陈晓进：《“国际制度”概念辨析》，《国际关系学院学报》2000年第4期。

［13］这里的组织是广义的组织，既包括拥有固定活动场所、机构设置的经常性组织，也包括会议

（meeting）、运动（movement）、项目（program）或倡议（initiatives）等临时性组织。

[14]《马克思恩格斯选集》（第四卷），人民出版社 1995 年版，第 532 页。

（作者刘舸为燕山大学文法学院国际关系学系副教授、燕山大学两岸关系与地区发展研究所执行所长；张三南为燕山大学文法学院国际关系学系讲师）

台湾都市化发展的经验与缺陷

盛九元

一、台湾都市化的发展进程及特点

1. 台湾都市化的发展阶段

根据 Van den Bergetal 的研究，西方国家的都市化进程基本可以分为四个阶段：（1）都市快速发展阶段。劳动力、尤其是农村剩余劳动力大规模向都市转移，导致这一阶段都市人口快速增长，都会区周边地区人口呈现减少趋势。（2）都市扩充与扩散阶段。这一阶段都市化进程进一步加强，同时由于土地资源与空间布局的限制，在交通便捷、通讯便利的条件下，都市的产业尤其是制造业逐步向周边的工业区转移。（3）都市的郊区化阶段。随着经济发展水平的提升和民众收入的增长，都市人口逐步转向郊区，以寻求更好的生活品质。（4）后都市化阶段。郊区化趋势更加明显，都会区的生产与社会资源加快向周边卫星城转移，人口的郊区化过程进一步加快，从而导致都会区中心地带人口的下降，都会区的功能呈现分散化态势。从总体发展情况看，虽然台湾在都市化进程的前期，发展速度明显快于西方发达国家，但其基本发展轨迹具有很大的相似性。因此，基本可以依循这一理论框架来对台湾的都市化过程进行分析。

根据台湾都市人口增长及占总人口比重情况看，其都市化的进程大致可以分为以下四个阶段：第一阶段从 1952 年至 20 世纪 60 年代末期，这一时期台湾都市人口从 387 万（需要指出的是，当时台湾的都市人口比重较高与大量的大陆军民迁移至台湾并主要集中于都市区有关，而 1947 年的都市人口为 257 万）快速增加至 869 万，都市人口比重从 47.2% 迅速增长至 59.2%，属于都市化的快速发展阶段；第二阶段从 20 世纪 60 年代末期至 80

年代初，这一时期台湾的都市人口增加至1509万，且进一步向大都市集中，都市人口比重上升至70.3%，属于都市的扩充阶段；第三阶段从20世纪80年代至90年代中期，这一时期岛内围绕着大都市的卫星城镇群人口快速上升，如台北县的中和、永和地区，此现象形成的重要原因是都市中心区域的房价快速上升，使普通民众难以承受，再加上公共交通设施的改善，使得民众开始迁居至都市的周边城镇，由于卫星城镇的生活成本相对稳定，使这一阶段都市人口更增加至1623万，都市人口比重上升至77.2%，郊区化（更准确的定义应为卫星城镇人口比重上升，下同）趋势已经出现；第四阶段从20世纪90年代中期至21世纪初，随着公共设施的进一步完善，台湾的都市化结构出现新的变化，都市人口比重呈现稳定并略有下降的趋势，1997年，都市人口比重为77.1%，并呈现稳定的态势，总体比重大体维持在77%～78%之间，但郊区化态势更加明显，卫星城镇数量从20世纪80年代中期的417个增加至441个，表明台湾的都市化发展已逐步进入到后都市化阶段。[1]

按照台湾“经建会”的计算标准，以产业人口的构成情况为依据，现阶段台湾的都市化水平大约为68%；而从都市人口角度看，2000年台湾5万人以上都市的人口已经占总人口的78%。但是，由于目前台湾5万人口以下的城镇也具有典型的非农经济特点，因此，如果将这些城镇列入计算的话，台湾1995年的都市化人口就已超过81%，台北市、台中市、台南市和高雄市四大都会区成为都市发展的重心。[2]相比较而言，美国达到都市人口占总人口78%这一指标是在1990年，由此分析，台湾的都市化水平基本与美国类似，但美国完成这一都市化过程用了100年，台湾则是50年。一般而言，都市化既与工业化的发展密切相关，同时也是实现经济起飞的重要基础，都市化的进程快慢，在很大程度上会对经济体内部的社会政治与经济结构产生直接影响。

2. 台湾都市化进程的特点

国际都市化发展的历程显示，在实现都市化的过程中，存在着不同的发展道路，主要体现在都市化与经济发展的实际水平存在着差异。一般而言，发展中国家和地区往往会经历“超都市化”（over urbanization）的发展过程，从而导致各种都市化衍生问题的出现，并进而对经济发展产生反作用力或者阻力，甚至引起社会的动荡和不安定。这种情况在发展中国家和地区具有一定的普遍性。值得注意的是，台湾工业化发展走了一条中小城市密集化的发展道路，在发展过程中并没有出现如大多数拉美和亚洲等国家在现代化进程中因大都市过度膨胀而导致大量农民流入城市、社会分化严重的现象，虽然城乡差距也比较明显，但不存在巨大的发展鸿沟，城市人口保持了稳定增长与适度规模。从发展角度看，在台湾工业化的高潮期也曾出现人口从乡村向城市、从南向北的流动现象，都市膨胀迅速；但由于总体人口规模相对较小，地区发展相对较为平衡，交通便利，工业布局较为合理，因而没有出现人口向大城市大规模流动与集聚的状况，发展最快的反而是中小城镇。台湾超过百万人口的城市只有3个，分布在北、中、南三大都会区内，而中小城市众多，达40多个，人口规模适中，一般在30－70万人口之间，[3]基本上实现了类似大陆于20世纪80年代初提出的以中小城镇为主的发展道路。随着经济的全球化发展趋势，进入20世纪80年代后期，台湾的都会区规模增长也呈现加快趋势，但这一趋势并没有从根本上改变当前台湾都市发展与分布相当均衡的总体态势。

3. 经济全球化与台湾大都会区的发展

综合各方面的情况看，1945年之后，台湾都市化的进程与产业结构的调整与演变密切相关。自20世纪60年代之后，在经济发展的推动下，台湾都市建设呈现逐步加快趋势。从70年代开始，在十大建设与十二大建设的带动下，都市规划日益受到重视，大都会区的发展趋势逐步显现。在此基础上，台湾的都市化进人快车道，其突出的标志就是台北市、高雄市、台中市、台南市四大都会区成为全岛的发展重心和社会经济资源集聚区，国际化程度也远高于岛内其他都市，这种发展态势充分显示出在全球化推动下，与国际产业分工网络相关的“自上而下”的都市化过程已经深刻地影响了台湾的都市发展。1995年，台湾的都市人口超过1700万，都市人口占总人口的比重达到81%，其中的绝大部分集中在四大都市及其周边地区，最典型的就是台北县的板桥市，现已跃升为台湾的第五大都市。[4]大都会区的快速扩展，使得台湾的都市化进程进人新的阶段，即以大都市为核心的全面郊区化发展时期。这一时期台湾的前20大都市中，有11个环绕在以台北市为中心的区域之中。在进人新世纪后，台湾的都市化进程逐步趋缓，并逐步显露出都市人口减少而周边卫星城人口不断增加的过程，由此，台湾开始进人后都市化的发展阶段。这种发展态势表明，台湾的都市化进程虽然经历的时间大大短于西方发达国家，但大的脉络则基本一致。

二、台湾都市发展的基本路径分析

1. 台湾都市化与经济发展的互动关系

在光复初期，台湾采取进口替代的经济发展模式，在土地改革的基础上，通过“以农业培养工业、以工业促进农业”的基本发展战略，[5]初步满足了民生基本需求，在短期内稳定了社会经济。这一时期，台湾的经济发展基础是农业，因此，以农业为腹地的中小城市群落实质上扮演着为农村服务的角色，充当着农村与都市经济交换的桥梁的功能，并因此出现蓬勃发展的状况，在很大程度上弱化了都市的集聚效应。这种情况的产生既与日据时期的城镇功能与布局有关，也与当时台湾当局强调都市的疏散政策密不可分。在此发展形态下，台湾呈现出都市发展的分散化的趋势。

进入20世纪50年代后期，随着经济发展重心由“进口替代”转向“出口导向”，台湾的经济发展加快走向与世界经济接轨的道路。通过利用自身要素成本相对低廉的优势，吸纳西方发达国家劳力密集型产业的转移，台湾很快进入工业化发展的快车道，逐步实现经济起飞，跻身“亚洲四小龙”，并成为东亚地区经济发展的“优等生”。[6]经济发展政策的迅速调整以及短期内所取得的巨大成效对台湾都市化的发展进程产生深刻的影响。

在出口导向型经济发展过程中，大量的低成本劳动力的充分供给与发展停滞的农村是推动劳动密集型产业的主要推动力，这种发展态势促进社会资本与人口不断向大企业所形成的网络化产业链群落集中的趋势；而城市作为与全球经济连接的节点和网络，能够更好地承接国际产业资本的转移，是大企业必然选择的集聚点。在这种情况下，以大都市为中心的工业聚集区逐步形成，且有不断加快的趋势。从20世纪70年代后期开始至80年代后期，台湾的年均经济成长率超过10%；[7]随着台湾经济全面进入起飞阶段，大都市及其所毗邻的城镇因为产业集聚的带动效应而出现都市化进程的加速化，大都会区的雏形开始显现。由此分析，台湾的都市化已进入由全球化所推动、以专业分工为特征、以城市综合服务功能强化为导向的“由上而下”的都市化发展新阶段。

在都市化进程的发展过程看，人口的增加一般可以分为初期阶段、加速阶段和终端阶段三部分。台湾的都市人口增长在20世纪60年代至80年代属于加速发展阶段，增长率高于全岛人口增长10%[8]与经济增长速度呈现同向态势，都市化发展的增长速度很快，人口大量向都会区集中，尤其是向大都会区集中，导致台北市、台中市和高雄市的城市规模迅速扩展，而大都会区周边的城镇人口增长更是惊人。这主要是由于定居在大都会周边地区既可以得到有效的功能辐射与工作机会，而且生活与居住成本明显低于大都会的中心区域。在 20 世纪 60 年代至 80 年代，此类地区的人口平均增长率高于全台平均增长率近 1 倍。[9] 这种情况的发展，进一步促进大都会区的扩展，为大都会区或者核心都会区的空间拓展奠定了基础。

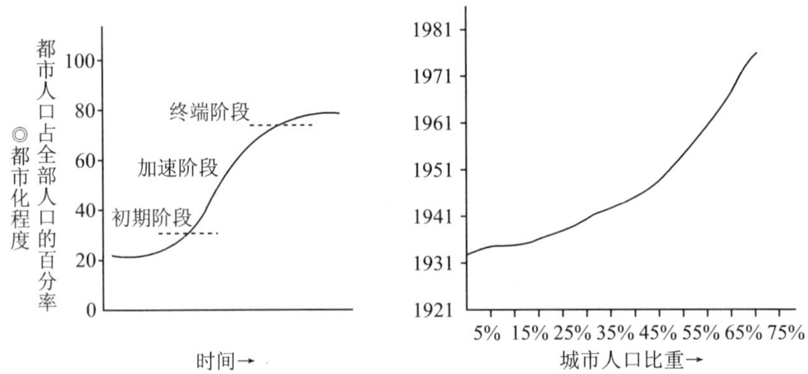

◎都市化曲线　　◎台湾地区都市人口比率的变化

都市化曲线与其阶段

说明：1. 左图显示，台湾的都市化可分初期—加速期（都市化进程最快阶段）、终端期。

2. 从右图中可见，台湾都市化在 1950－1980 处于加速上升阶段。

但在进入 20 世纪 90 年代中期以后，随着都会区发展动因的转换（从以制造业增长为主要动力转向以现代服务业为主要推动力，更强调就业人口的知识化、专业化和国际化）和城市空间的日益饱和，台湾都市人口增长率明显下降，转而呈现平稳增长的态势，平均年增长率只高于全台 2%，人口的变动结构大体恢复到较为稳定的状态。整体城市化率也基本维持在 20 世纪 90 年代中期的水平，增长曲线逐步趋缓。由此可见，台湾的都市化过程与经济发展与产业结构转换密切相关，并呈现出相互促进的正循环状态。

2. 台湾都会区的发展趋势

从今后的发展情况看，随着与全球经济交往的加深，台湾都会区的主要发展方向是国际化，即全面纳入国际城市发展网络，成为联结全球经济发展与产业转移中间的一环，这种发展态势与台湾经济结构密切相关。根据前文所做的分析，台湾的都市化已进入由全球化所推动、以专业分工为特征、以城市综合服务功能强化为导向的“由上而下”的都市化发展新阶段。因此，其大都会区的国际化进程必将随着台湾经济的国际化日益加深而呈现进一步加快的趋势。

尽管台湾各大都会区的国际化水平都处于加快发展之中，但依据实际成效分析，目前台北都会区因与国际经济互动较强而具有更高的国际化程度。这主要是由于台北都会区不仅是跨国公司在台湾的主要集聚区，而且具备了较完整的现代服务（金融、保险、法律等）体系、生产性服务链（广告、行销、设计、顾问等）和完备的基础设施（交通、资讯网络、文化教育设施等）。台湾的其他都会区尚不具有上述条件与环境。因此，现在台北都会区已经基本具备国际化大都市的条件，从而进一步强化了作为台湾都会区的核心地位和经济发展重心的地位。这种形态的延续与固化将使台湾的都市与经济发展呈现出更加明显的单极化特点。如何在这种发展趋势下，保持都市与经济发展的相对均衡性将是台湾未来都市发展需要规范与思考的主要课题。

三、台湾都市化建设的缺陷与不足

1. 都市土地改革的失败对都市规划的影响

1949 年之后，由于台湾人口急剧增加，导致都市地价快速上涨；而耕者有其田政策的实施，使地主获得相应的补偿金，但除少数转化为工商业资本外，大量资金涌人都市进行土地投机，形成都市土地多被土地投机者所持有的现象。台北市、台南市、高雄市等都市土地，在 1949－1952 年间，每甲（相当于 0.966 公顷）土地价格上涨 5 倍左右，其后的上涨速度更快。地价的上涨不仅带动房租和物价的上涨，导致违章建筑普遍蔓延，也使得当局鼓励实业投资的计划难以切实得到落实。面对严重的土地投机问题，台湾省政府于 1951 年 9 月 6 日公布实施“台湾省都市土地改革办法”，办法的核心内容包括：按累计税率开征地价税、开征土地增值税、土地转移要按实申报、对长期闲置的空地加征重税、进行都市规划建设时可按区段对土地进行征收、严格限制私有土地的最高价格等。[10]丁但办法颁布后，受到相关利益集团和有关政治势力的重重阻挠，除于 1956 年 8 月 1 日正式开征土地增值税和 9 月 1 日开征地价税外，其余皆成一纸空文。

面对这种情况，1954 年台湾“行政院”将施行都市土地改革列为重点施政工作，并拟订“实施都市平均地权条例草案”呈送“立法院”审议。该案通过后，于 1954 年 8 月 26 日由蒋介石以命令方式公布施行。但在实施过程中，受到台湾省议会的强力反对，认为实施范围过大，因此，直到 1964 年 1 月 19 日，才公布“都市平均地权条例实施细则”，确定在台湾省的 59 个市镇实施。

从当时台湾省的都市发展情况看，到 20 世纪 60 年代，都市约有 400 多个，但被列入都市规划范围的只有 85 个，而试行平均地权的都市仅 61 个；既有都市规划又试行平均地权的面积只占原先规划面积的 32%，[11]往往是地价上涨最快的区域反而不在平均地权的范围内，导致条例的实施没有达到原先力求上涨地价归公的政策效果。这种情况导致地价的上涨速度进一步加快，并成为都市规划和经济发展的严重障碍。为此，台湾当局提出要着手全面实施平均都市地价的政策，但由于各方面的阻碍，相关政策一直到 1977 年才正式公布。因此，在台湾经济增长最快的时期，平均都市地价的政策并没有得到有效的实施，使得拥有大量土地的财团获得暴利，在此基础上形成强大的地方势力（地方势力由于在都市规划和土地使用方面具有寡占地位，往往通过实施都市规划提升地价、利用承包公共工程获得稳定收益等方式实现地方利益的分享，并在此基础上形成具有生命共同体特征的地方派系，因此，其稳固的结构往往会对当局政策的推行构成强大的阻力），并进而与当局相关机构结成联盟，导致平均都市地价条例虽经 7 次修改，但实施难度却越来越大。

台湾都市土地利用情况分析

类别	商业	轻工业	住宅
付租能力	强	中弱	
土地利用分布	市中心	市中心的外围	郊区
地价	高	中	低
交通便利性	高	中	低

资料来源：作者自行整理。

地租归公和平均都市地权政策的失败使得台湾原先设计的以政府为主体进行都市规划的基础日益缺失。土地暴利为土地资本集团所获得，其直接结果就是土地涨价的利益归于私人、地方政府财源不足、公共建设停滞、土地所有权高度集中于土地财团（根据台湾“内政部地政司”的统计，台湾前 1000 名土地拥有者占据了全台 33% 的土地；另一种计算方式是台湾 3% 的家庭拥有27%的土地!”[12]，在这种情况下，土地投机愈演愈烈，资本泡沫也随之加剧，从而使都市规划的成本急剧增加，都市的发展受到巨大的财力制约。前文已述及，对土地的规划和使用甚至可能导致地方政府的破产，需要台湾当局的财政转移才能够勉强维持计划的继续推行。由此分析，台湾都市规划的缺失就显而易见了。

此外，台湾的土地使用情况还可以根据都市分布的同心圆理论进行分析。随着城市级差地租的形成，台湾都会区的整体布局将以具有较高获利能力的中心商业区为核心，按照商业、工业与住宅区的不同类型呈扇形分布。当然，台湾作为具有典型的东方文化传统的地区，在城市布局中有着较特殊的布局形态，主要体现在商住混合。因此，与一般城市分布有所不同，这种情况的出现导致在进行城区规划的过程中，难以形成较典型的分区布局的、较为整齐划一的格局，而是显示出交错布局的特征。

2. 都市发展的不均衡性

从20世纪50年代后期起，随着经济的日益发展，台湾当局对公共建设的投入也逐步扩大，开始重视与推进都市建设计划，并对地方的公共建设给予补助，以推动都市规划的开展。进入60年代后，都市建设成为台湾当局重点推动的社会建设之一，在这一过程中，还积极引进联合国专家对都市发展规划进行评估，力图解决发展中存在的问题。在推进都市建设过程中，当局相继制订了一系列的区域发展计划，主要有以台北市、基隆市以及台北县和桃园县一部分为核心的《台北基隆都会区域计划》（1964年）等。这一时期，台湾的都市化进程不断加快，同时也出现大都市急剧膨胀的状况，依据“排序一人口数法则”，按照都市排次回归关系线的回归系数测算，1956年的斜率绝对值为0.93，显示出接近“首要都市膨胀”的现象；到1966年，由于当时的都市发展呈现出分散化的态势，这一数值降低为0.79；但其后，随着经济与都市资源的集聚化，数值又攀升至1990年的0.874，目前也维持在0.87左右。[13]对此，联合国专家Monson曾建议台湾当局，第一步要制订“国土开发计划”，对都市和经济发展重心进行合理分布，注意发展部分小城市，避免出现过度集中的状况；第二步是进行人口的合理布局，除在都会区人口相对集中外，应引导人口向小城市转移，形成合理的中心城区与卫星区关系，而具体的发展规划需要根据各都会区不同的情况而定。[14]总体而言，台湾的都市发展与当时的政经环境有着密切的互动关系，随着台湾经济增长逐步进入快车道，在技术官僚体制的规划和指导下，从起步阶段就具有明显的有序、渐进和规范化特点，[15]但并没有能够避免由此而导致的一系列都市发展弊端。这主要体现出以下三方面的特点：

其一，围绕在大都会区周边的城镇出现快速膨胀的状况，如板桥、三重等市镇，从而吸引人口与资源进一步向大都会区集中；

其二，从全台范围看，都市的分布不均衡，都会区全部集中在西部沿海地区，且以台北和高雄都会区为核心呈现向南北两端集中的态势；

其三，台北都会区持续发展，集中了全台主要的经济资源和综合性功能，在一定程度上加剧了南北经济差距的扩大。

四、结　语

台湾的快速都市化的过程，一方面，基本适应了社会经济发展的实际需要，在很大程度上支撑和推动了经济的高速发展，使台湾的都市化进程形成一种有特色的发展模式，并曾被联合国有关组织作为发展中国家和地区都市化进程成功的典型案例；另一方面，台湾在快速都市化的过程中，也基本上避免了“超都市化”现象所导致的社会严重失衡状况，尽管还存在诸多的缺失与问题，但还是维持了社会经济发展的基本均衡，实现了经济发展与都市化进程的正面互动和相互促进。这应该可以看做是台湾都市化发展中最主要成就和积极影响。

从未来发展趋势看，随着台湾经济发展的日益成熟，台湾大都市化的发展进程进一步加快，尤其是台北、台中、台南和高雄四大都会区的发展明显高于其他地区，且人口和经济发展也加速向都会区及其周边地区集中。进人21 世纪后，在城市捷运系统逐步形成体系（台北市、高雄市）后，高铁又将台湾西部的各主要城市连接成一体，使整个台湾形成一日生活圈。部分人认为，一日生活圈的形成会加剧资源向都会区集中，从而使都会区的发展呈现进一步扩展的态势。如何避免出现“首要都市”过度膨胀问题，避免因资源过度集中而导致的分配不公，也是台湾都市发展需要解决的重大课题之一。

注释：

[1] [4] 根据 *Taiwan Statistical Date Book*（1990，1999，2004，2007 年）整理。

[2] 台湾“经建会”编印：《都市及区域发展统计汇编》，2002 年，第 12 页。

［3］陈丽春：《台湾都市再生策略》，台湾《台湾土地金融季刊》，1999 年，36 卷 4 期。

［5］叶万安：《台湾的经济计划》，见高希均，李诚主编：《台湾经济 40 年》，台北：天下文化出版股份有限公司，1990 年，第 50 页。

［6］赵建中：《台湾近年经济状况与发展趋势预测》，见海协两岸关系研究中心编：《合则两利》，北京：九州出版社，1998 年，第 92 页。

［7］吴忠吉：《产业政策的回顾与前瞻》，台北：中国国民党中央委员会政策研究会，1998 年，第 51 页。

［8］［9］刘克智，董安琪：《台湾都市发展的演进——历史的回顾与展望》，台湾《人口学刊》，2003 年第 26 期。

［10］［11］张景森：《台湾都市计划》，台北：财团法人张荣发基金会国家政策研究中心，业强出版社，2001］年，第 53 页，第 111 页。

［12］［14］孙崇义：《台湾的区域空间政策》，台湾《台湾社会研究季刊》，1988 年第一卷，2，3 期。

［13］“排序一人口法则”（rank-size rule）是指如假设某一城镇的人口数（y）趋向等于最大都市人口（x）除以该城镇依据大小顺序排列的次序（n），y = x/no 假设最大都市的人口数为 1，则依次排列的各城镇人口数为 1/2，1/3，1/4，……l/n。

［15］严胜雄：《都会区发展之研究：国际化进展中台湾都会区之发展方向》，台北：“行政院”经建会都市与住宅发展处，1991 年，第 47 页。

（作者为上海浦东台湾经济研究中心研究员、执行主任）

基层治理中的农村生态发展：两岸改革与转型的比较分析

袁方成　王继琴

随着农村经济的快速发展，城市化进程进一步提速，对农业后续发展起支撑保障的农村生态环境变得日益脆弱：盲目超量开发利用资源，造成了水土流失、生活污染加剧、农业面源污染加重、工矿污染凸显及生态功能退化等一系列亟待解决的现实矛盾。温家宝总理在今年的政府工作报告中明确指出，要“积极推进农业面源污染治理，加强环境保护”，农村地区的可持续发展已经成为一项重要的时代命题。事实上，自上个世纪 90 年代以来，大陆地区已经启动了多项农村生态保护工程，努力推动农村的可持续发展。其中的退耕还林工程覆盖面最广，而且对农业生产、农民生活以及农村生态环境都产生了较大影响。而与我们一衣带水的台湾地区，农村发展也经历了从环境资源急遽破坏到逐步治理的阶段。自 1980 年以来，台湾开始探索“永续发展农业”[1]的新型发展模式，努力调整农业发展方向，并取得了相当突出的成效。对两岸的生态工程的政策比较和分析，为我们研究当前广大农村地区的环境污染及其治理，重塑适应于农村经济社会可持续的新模式，提供了有益的思路和借鉴。

一、环境压力下的政策制定及目标定位

在两岸的农村经济发展过程中，农业生态环境已严重恶化。农业生产所使用的化肥、利用率低、流失率高，导致农田土壤污染，还通过农田径流造成了对水体的有机污染、富营养化污染甚至地下水污染和空气污染。环境污染迅速地将“小污”变成“大害”，对于弱势产业的农业和弱势群体的农民产生了显著的负面影响。而各种环境污染不仅威胁到了广大农民的健康，甚至通过水、大气污染和食品污染等渠道间接影响到城市居民。

大陆和台湾地区逐步开始重视农村的环境污染问题，并先后制定了相关政策措施。1991 年，在生态保育观念的指导下，台湾农政部门依据“经济建设六年计划”出台了《农业综合调整方案》，努力探索具 78 有地方性特色的永续发展模式，开始实施经济建设六年规划中的“三生”农业发展方向，即农业生产企业化、农民生活现代化、农村生态自然化的农业发展目标。[2] 大陆则针对较具普遍性的耕地退化问题，从 1999 年起在四川、陕西、甘肃三省率先开展了退耕还林政策试点，2000 年此项工程扩展到西部 13 个省（市）的 174 个县。据初步统计，1999 年至 2001 年 7 月底，国家共安排国债投资 19.8 亿元，粮食 65.75 亿斤，现金补助 5.5 亿元投入到退耕还林还草试点工程中，累计完成退耕地还林还草 1433 万亩和宜林荒山造林种草 1180 万亩。[3] 鉴于此成效，2002 年退耕还林工程在全国全面正式启动，全国 25 个省（市、区）的 1897 个县参与此项工程。

从两岸政策制定的发展目标来看，大陆和台湾所推行的农村生态工程，已经跳出了传统的减少水土流失，保护环境的思路，而将政策重心关注于保持“可持续性和发展性的平衡”。因此，其核心观念在于改变农村的农业生产方式，增加农民收入，使农民逐渐转出那些相对“不利于水土保持和生态保护”的种植业，而转入“环境或经济可持续发展”的林业、畜牧业和非农产业，建立永久持续发展的农业生产体系，以实现农村可持续发展的图景。

二、协调发展的理念导引及政策实施

大陆和台湾地区生态工程的启动与实施，基于协调农业生产、农民生活和农村发展的内在关联，力图构建起新型的可持续发展模式：作为产业的农业——积极转变生产结构；作为劳动者群体的农民——保障其生活，增强其活力；作为社区的农村——强化措施巩固生态保护成果。

基于共同的协调发展理念，两岸均在农业生产的发展、农民生活的保障及农村生态环境的保护方面采取了相关措施，体现出较强的一致性。首先，在农业生产方面，两岸均积极转变农业生产结构。积极转变农业生产结构是农村生态环境保护的重要抓手和关键环节。大陆为了使退耕群众在通过国家退耕补助获得稳定收入的基础上投入到新的生产领域当中，各级政府积极采取措施加快产业结构调整，以推动农业的产业化经营。与大陆一样，传统的台湾农业也以种植业为主，在推行“三生”农业的过程中，台湾农业逐渐摆脱了传统的生产经营方式，转变为农林牧渔综合发展的多元化农业与商业性农业，开始发展多种经营形态。同时每一个农业部门的内部结构也发生了很大的变化，朝向多元化发展，形成了“生产、生活、生态”结合，平衡发展的农业经营方式。

其次，在农民生活方面，两岸都着重于保障农民生活，增强农民活力。对于退耕还林区农民的生活，大陆出台了相关政策，给予农民一定的补助。补助分为粮食补助和现金补助粮食补助的标准为：黄河和海河流域每亩退耕地每年补助200斤，长江和淮河流域每亩退耕地每年补助300斤现金补助的标准为：每亩退耕地每年补助现金20元，种苗和造林费每亩一次性补助50元。[4]台湾农业的发展则更加重视努力提高农业劳动者的素质、增强农民活力。在农民培训方面，先后实施了“漂鸟计划”、“园丁计划”、“深耕计划”等农民终身培训计划；同时对妇女、老人以及农民子女都建立了相应的保障机制，辅导农家妇女创业，增加老年农民福利津贴，建立农民子女就学奖助学金，完善了农民的各项生活保障。[5]

再次，在农村生态保护方面，两岸都强调加强措施巩固生态保护的成果。为了巩固退耕还林成果，2002年大陆在《进一步完善退耕还林政策措施实施意见》中指出：2002年底，退耕地区则全部实行封山禁牧、舍饲圈养，管护好林地免受人畜危害，确保造林的成活率、保存率。台湾地区则在农村实施了多种行政管理措施推动生态保育资源的合理利用。农林部门下专门设立了“山地农牧局”，并制订了“山地保育利用条例”等；为解决占污染源25%的猪粪尿治理，采取了规划养猪专业区、奖金补助、低息贷款等办法，促成了养猪场全面设置排污设备；为涵养耕地与水资源，采取了政策补贴的办法辅导农民实施稻田休耕、休耕田“种水”、施用有机肥等措施。[6]

当然，由于两岸相关部门的职能范围、运行机制以及经济发展阶段的差异性，在生产经营方式、立法与管理以及培训与保障体系建设的具体实施机制、环节和措施方面又呈现出较为明显的分殊。

一是与台湾地区多元化的生产经营方式比较，大陆农业生产的单一性特征较为明显。面对两岸共同的小农生产方式，在推行农村生态建设任务的过程中，两岸在转变生产经营方式上采取了不同的措施。总体来看，大陆的农业生产经营方式仍然比较单一，虽然从传统的种植业发展到了农、林、牧等多种经营方式上，但是农业的规模化和产业化并没有日趋发展和完善，小生产与大市场的矛盾仍然没有得到应有的重视，而且在由种植业转向畜牧业和林业的过程中也面临着很多的困难。而台湾则打破了小农生产与规模效益之间的矛盾，开拓了多种渠道，拓宽了农业生产经营方式，逐步建立起了新的经济 79 增长点。台湾农业生产规模也属于小农经营，占农户总数 90% 的小规模农户拥有 41% 的农地面积。[7] 为了解决耕地过于分散、零碎的问题，台湾当局积极采取农地重划措施，有效地促进了规模化经营和农业产业化升级台湾开发了技术含量高、市场竞争力强的温室农业、精致农业、休闲农业等新兴产业，使农业充分发挥了生态、休闲、旅游的三级产业功能并废止了污染严重、效益低的产业。

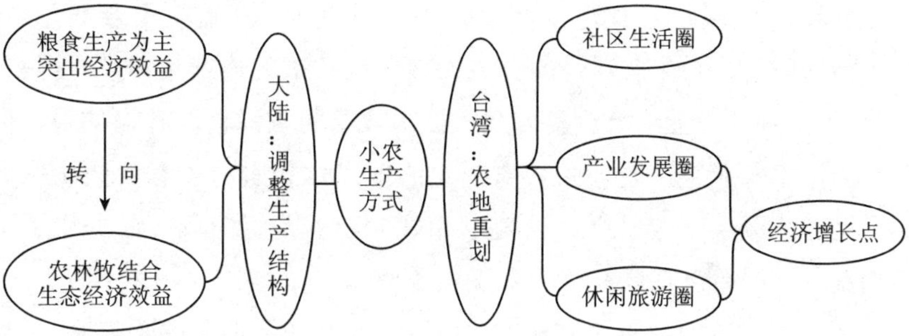

图 1　两岸农业生产结构转型的比较

二是台湾地区更加注重对农民的培训保障工作，其保障体系较大陆而言更为完善。长期以来，大陆地区的农民由于缺少受教育和培训的机会，文化素质和知识技能低下，退耕还林后多数农民不再依靠种植业为生，面临生产经营方式的转变。然而，在政策实施过程中，对于涉及农民的各项培训保障措施并不健全，虽然有种种补贴和“三下乡”等形式的保障机制，但并没有使之体系化。而在台湾三生农业的发展过程中，农民教育、农民福利和农民创业方面均建立起了完善的体系：“漂鸟计划”、“园丁计划”、“深耕计划”等针对农民的终身培训计划；对妇女、老人以及农民子女的保障机制、辅导农家妇女创业以及增加老年农民福利津贴、建立农民子女就学奖助学金等保障制度。完善的培训与保障体系不仅推动了农民观念的革新，而且切实的照顾了农民的经济利益，培育出了有活力的农民。

三是大陆侧重于专项政策的制定和推进，台湾地区更加注重相关政策法规的连续性。一项政策的实施只有有了严格的法律保障和管理才能顺利、有序的进行。在农村生态工程政策上，两岸均制定了一系列的政策法规。大陆的政策法规大体上可分为两类：一类涉及全局性政策，如《国务院关于进一步做好退耕还林还草试点工作的若干意见》、《退耕还林条例》等；[8]另一类则涉及专项的资金补助，如《退耕还林还草试点粮食补助资金财政、财务管理暂行办法》、《退耕还林工程现金补助资金管理办法》等（见表1）。总体来看，政策法规的涉及范围不广，仅仅涉及到资金补助的管理。政策的连续性和实效性也不强，影响到后续各项工作的实施和运行。相较而言，台湾在推行生态保育，发展三生农业的过程中，制定实施了一系列具有延续性的政策法规，为台湾农村的发展提供了法律保障。从政策法规的涉及范围来看，《农业综合调整方案》、《农业政策白皮书》、《跨世纪农业建设方案》及《农村综合发展规划暨建设计划》等（见表1）涵盖了农业产业结构、农民生活保障、农村生态建设的方方面面；从政策的连续性和及时性来看，继1990年6月《农业综合调整方案》提出“富丽农渔村”建设的目标任务之后，为落实农业生产企业化、农民生活现代化和农村生态自然化三大目标，台湾“农委会”从人力、土地、市场、技术、组织等方面提出了十项重点措施。同时台湾在修订《农业发展条例》、《土地法》、《农会法》、《农村金融法》时，都对扶持“富丽农渔村”建设作出了明确的政策规定。[9]

表1　两岸农村生态工程政策法规

时间	大陆	时间	台湾
2000	《以粮代赈、退耕还林还草的粮食供应暂行办法》	1990	《农业综合调整方案》
2000	《退耕还林还草试点粮食补助资金财政、财务管理暂行办法》	1995	《农渔村社区整体规划暨建设计划》
2000	《退耕还林工程现金补助资金管理办法》	1997	《跨世纪农业建设方案》
2002	《国务院关于进一步完善退耕还林政策措施的若干意见》	1998	《农村综合发展规划暨建设计划》
2002	《国务院关于进一步做好退耕还林还草试点工作的若干意见》	2000	《迈进21世纪农业新方案》
2007	《退耕还林条例》	2001	《农业中程施政计划》
		2005～2008	《台湾健康社区六星计划》

三、从非均衡迈向均衡的政策绩效

大陆的退耕还林工程已实施了十余年，台湾生态保育下的“三生”农业政策也实施了二十余年。从当前实施效果来看，两岸的农村生态工程均取得了一定的成效，但通过比较，台湾地区已经初步实现了发展农业、照顾农民、建设农村的经济、社会、生态效益均衡发展的目标，而大陆的农业、农民和农村发展仍然处于从非均衡迈向均衡的发展阶段中。

其一，台湾地区较为顺利地实现了产业转型，而大陆仍处在结构调整阶段。台湾地区实施生态保育80下的“三生”农业政策以来，台湾农业生产结构已逐渐由单一的传统农业，逐渐转变为农林牧渔综合发展的多元化农业与商业性农业。台湾农业生产指数从1999年的109.7∶122.4∶94.3∶90.0到2006年的96.9∶105.6∶95.6∶90.6（见表2），农业生产指数趋于平衡标志着产业结构的转型完成。此外，台湾的农业生产经营方式也日趋多元化，休闲观光农业、农业工厂化经营、农业专业化经营等一系列经营方式给台湾农村带来了快速的发展。而在大陆，退耕还林地区总体上对土地的依赖程度很强，退耕后，农业的生产结构迫切需要调整。从大陆农业生产指数可以看出：从1999年到2007年，大陆的种植业生产指数由1999年的104.3到2007年的104.0，变化并不大；林业、牧业、渔业的生产指数到2007年分别达到106.9、102.3、104.8（见表2）总体上种植业比重仍然较大，产业结构调整并未到位。

表2　两岸农业生产指数比较[10]

年份	大陆				台湾			
	种植业	林业	牧业	渔业	种植业	林业	牧业	渔业
1999	104.3	103.2	104.6	107.2	109.7	122.4	94.3	90.0
2000	101.4	105.4	106.3	106.5	104.5	120.8	99.7	98.3
2001	103.6	99.3	106.3	103.9	100.0	100.0	100.0	100.0
2002	103.9	107.1	106.0	106.1	105.5	111.6	98.1	108.1
2003	100.5	106.9	107.3	105.3	102.7	121.5	96.2	115.8
2004	108.5	102.0	107.2	106.0	97.6	121.3	96.1	107.5
2005	104.1	103.2	107.8	106.5	88.4	94.8	93.0	105.3
2006	105.4	105.6	105.0	106.0	96.9	105.6	95.6	90.6
2007	104.0	106.9	102.3	104.8				

其二，台湾地区的城乡收入差距逐步缩小，而大陆农民的收入增长空间仍然较大。在台湾的永续农业发展措施中，为农民生活建立了完善的培训和保障机制。不仅提高了农民的科技文化水平，培育了农业精英，而且革新了农民的观念，提高了农民务农的积极性和组织性，使具有现代技能的农民安于农村并充满活力，提升了农民的整体素质，从而提高了农民的生活质量。从表3可以看出从1999年到2006年，台湾农村家庭主要设备普及率逐年增高，农民生活水平明显提高。生态保育的三生农业政策对协调城乡发展，缩小城乡差别起了积极的推动作用。

大陆实施退耕还林的地区经济状况较为落后，国家对于退耕之后农民的生活无偿提供了粮食和现金补助，对农民生活有一定的帮助作用。从表4可以看出，从2000年到2007年，退耕地区农村居民的家庭人均纯收入都有不同程度的增长，增长最慢的甘肃省也由2000年的1428.68元增长到2007年的2328.92元，增幅达63%。但在另一方面，2007年全国农村居民家庭人均纯收入平均仅达到4140.36元，除北京、天津、河北、辽宁、吉林外，大多数省份农民人均纯收入低于全国平均水平。农民增收依赖于政府的生活补助款项，缺乏向上提升的内在动力。

表3　台湾农村家庭主要设备普及率（单位:%）[11]

年份	彩色电视机	洗衣机	电话机	空调	有线电视频道设备	家用电脑	家用汽车
1999	99.3	94.7	98.0	78.9	67.9	38.9	54.3
2000	99.5	95.4	98.0	79.5	72.0	46.5	55.6
2001	99.3	95.0	97.8	80.5	72.3	50.9	55.6
2002	99.6	96.0	97.9	83.1	74.8	56.8	58.2
2003	99.5	96.6	97.8	84.5	76.1	58.7	57.4
2004	99.5	96.9	97.6	85.7	78.5	62.4	58.0
2005	99.5	96.7	97.6	85.7	79.0	63.1	58.4
2006	99.6	97.1	97.4	87.5	79.8	66.1	59.1

表4　退耕地区农村居民家庭人均纯收入（单位：元）[12]

地区	2000	2004	2005	2006	2007
全国	2253.42	2936.40	3254.93	3587.04	4140.36
北京	4604.55	6170.33	7346.26	8275.47	9439.63
天津	3622.39	5019.53	5579.87	6227.94	7010.06

续表

地区	2000	2004	2005	2006	2007
河北	2478.86	3171.06	3481.64	3801.82	4293.43
山西	1905.61	2589.60	2890.66	3180.92	3665.66
内蒙	古 2038.21	2606.37	2988.87	3341.88	3953.10
辽宁	2355.58	3307.14	3690.21	4090.40	4773.43
吉林	2022.50	2999.62	3263.99	3641.13	4191.34
黑龙江	2148.22	3005.18	3221.27	3552.43	4132.29
安徽	1934.57	2499.33	2640.96	2969.08	3556.27
江西	2135.30	2786.78	3128.89	3459.53	4044.70
河南	1985.82	2553.15	2870.58	3261.03	3851.60
湖北	2268.59	2890.01	3099.20	3419.35	3997.48
湖南	2197.16	2837.76	3117.74	3389.62	3904.20
广西	1864.51	2305.22	2494.67	2770.48	3224.05
海南	2182.26	2817.62	3004.03	3255.53	3791.37
重庆	1892.44	2510.41	2809.32	2873.83	3509.29
四川	1903.60	2518.93	2802.78	3002.38	3546.69
贵州	1374.16	1721.55	1876.96	1984.62	2373.99
云南	1478.60	1864.19	2041.79	2250.46	2634.09
西藏	1330.81	1861.31	2077.90	2435.02	2788.20
陕西	1443.86	1866.52	2052.63	2260.19	2644.69
甘肃	1428.68	1852.22	1979.88	2134.05	2328.92
青海	1490.49	1957.65	2151.46	2358.37	2683.78
宁夏	1724.30	2320.05	2508.89	2760.14	3180.84
新疆	1618.08	2244.93	2482.15	2737.28	3182.97

其三，台湾地区的农村生态环境建设初见规模，而大陆绿化环保任务仍然任重道远。台湾通过发展“三生”农业构建了农村的生态保护体系，发展的精致农业、休闲观光农业、无污染农业等，使农村远离工业“三废”污染以及农业化肥、农药、农膜污染，发挥了农村资源的环境与经济价值，保护了森林、本土生物物种等多种资源，营造了绿色、有机、无公害的自然环境，通过这一体系维持了生态系统的平衡。客观上看，大陆的退耕还林工程实施以来也取得了显著的生态效益，对于治理水土流失、涵养水源、加快国土绿化都起到了一定的作用。根据国家统计局数据显示，截止到 2008 年

底，我国已经完成退耕地造林906.18万公顷，配套荒山荒地造林1356.11万公顷。但是按照规划到2010年，大陆将总计新增林草植被3200万公顷，其中退耕地造林1466.7万公顷，宜林荒山荒地造林1733.3万公顷，陡坡耕地基本计划退耕地还林1466.7万公顷，宜林荒山荒地造林1733.3万公顷。[13]因此，如图2所示，我们仍需退耕造林560.52万公顷，宜林荒山荒地造林377.19万公顷，国土绿化任务仍然很重，生态工程仍需继续推进。

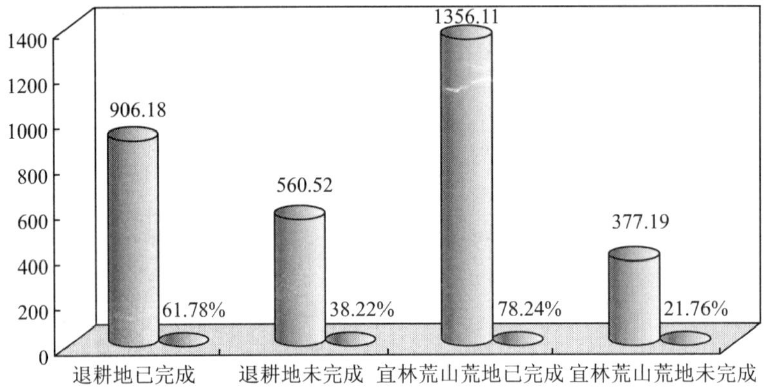

图2　退耕还林工程完成情况（单位：万公顷）

四、可持续发展的共赢模式与发展路径

综上所述，农村生态工程是调整产业结构、促进地方经济发展的有效途径，是增加农民收入、提高农民生活水平的切入点，也是减少水土流失、减轻风沙灾害、改善生态环境的有效措施。台湾努力寻求多元化的生产经营方式，在此基础上为农民提供了完善的培训和保障，找到了照顾农民长远利益的支撑体系？同时对于生态建设本身也建立起了完备的法律体系，使生态工程顺利、有序运作有了法律保障。大陆积极推进农业生产结构的转变，已经开始着手建立完善的农民培训和保障体系，弥补农村生态工程的空白点，并逐渐认识到政策法规支持的连续性问题，从而迈向农业、农民及农村均衡发展、相互协调的状态。

为此，我们必须坚持走多元化农业经营道路。农村产业“多样化”已成为未来农村发展的主要形式，农业不再是以“生产”为目的，未来将朝向多样化发展。大陆地区的农业目前仍然以种植业为主，农业结构不合理，农村第三产业比例太小，农业经济效益低下。休闲农业可以打破一二三产业的界限，不仅直接对第三产业中的商业、饮食服务业的发展具有极大的促进作用，而且能带动一二产业的发展，有助于形成供产销、旅工农、科工贸产业化生产体系，从而带动整个地农村产业结构的调整和优化。[14]根据农业生产各要素、农业生产各环节、农业资源条件与生态区域特点、各类农产品生产特点，发展多种类型的农业规模经营，应当是我们当前和今后的重要政策指向。

同时，我们还要注重完善培训保障体系，照顾农民的长远利益。在"农业、农民、农村"中，农民处于中心环节，是农业发展和农村建设的主体，所以要把保障农民生活，增加农民活力作为工作重点，要注重对农民的引导和教育，发挥农民的主动性和创造性。从生态工程采取的措施来看，我们不仅要考虑到农民的现实权益，而且更要充分发挥远程培训和电视、广播等媒体作用，对党员干部、致富大户、农民群众进行专业技能的培训；充分利用"三下乡"等活动的形式，传播农业科技知识；充分借助大学生村官等制度，把知识和创新带到农村，逐步完善农村的培训与保障道路，照顾农民的长远利益。

我们还应当推进农村生态环境建设的制度化建设，健全政策立法管理程序。农村生态环境的建设和农业的发展是相辅相成的，而在生态建设背后起主导作用的是制度因素，要做到共赢就要充分运用各种法律手段，把各项生态工程措施法治化，真正做到"有法可依、有法必依、违法必究、执法必严"，为政策顺利实施提供法律保障。目前，我们的农村生态工程中，尚缺乏完整、科学的管理体系和实施纲要。因此，我们首先应积极探索建立《农村生态环境保护法》，并使之成为农村生态环境保护的纲领性文件，对于各项生态工程展开全局性指导；同时对于和生态保护配套的相关制度的制定实施也应提上立法日程，如土地流转、封山禁牧等，逐步建立适应可持续农业与农村发展的制度保障。

实践证明：没有持续发展的农业，没有农民的小康富裕，没有繁荣的农村，就没有持续发展的工业，就没有城市的繁荣，就没有国家的稳定和社会的和谐。农村生态工程是实现农村可持续发展的重要动力。台湾地区的"三生"农业发展为我们实现大陆农村可持续发展的共赢模式提供了可借鉴之处。我们应以生态工程的推进为契机，充分构建起新型的可持续发展模式，选择农业生产、农民生活及农村生态均衡发展、相互协调的共赢之路。

注释：

[1]“永续发展”是指能够满足当代的需要，且不致危害到未来世代满足其需要的发展。1987年联合国第4届大会中“世界环境与发展委员会”发表《我们共同的未来》报告，提出永续发展理念。“永续农业”是对现代农业的反思与超越，体现了是人类只有尊敬、爱戴大自然，大自然才会永续地回报。详细可参见余永跃：《永续农业发展模式述评》，载于《经济问题》2008年第12期。

[2]郑百龙、翁伯琦、周琼：《台湾三生农业发展历程及其借鉴》，载于《中国农业科技导报》2006年第8期。

[3]中华人民共和国国家发展和改革委员会：《退耕还林还草试点工作开局良好取得明显成效》，http：//www. sdpc. gov. cn/xwfb/t20050708 _ 28295. htm。

[4]中华人民共和国财政部：《财政部关于印发〈退耕还林工程现金补助资金管理办法〉的通知》，http：//tghl. forestry. gov. cn/。

[5]单玉丽：《中国台湾的新农业运动》，载于《世界农业》2007年第8期。

[6]程振、曾玉荣：《析评台湾永续农业发展目标与举措》，载于《台湾农业探索》1999年第1期。

[7]陈彤：《台湾农业的发展及启示》，载于《农业科技》2001年第6期。

[8]张鸿文、吴礼军、刘再清：《退耕还林政策法规解读》，载于《林业经济》2009年第9期。

[9]曾玉荣：《台湾富丽农渔村建设的挑战与走向》，载于《台湾农业探索》2007年第2期。

[10]中华人民共和国国家统计局：《2008中国统计年鉴》，中国统计出版社，2008年版，第448页。

[11]中华人民共和国国家统计局：《2008中国统计年鉴》，中国统计出版社，2008年版，第1014页。

[12]中华人民共和国国家统计局：《2008中国统计年鉴》，中国统计出版社，2008年版，第340页。

[13]王闰平、陈凯：《中国退耕还林还草现状及问题分析》，载于《水土保持研究》2006年第5期。

[14]刘莹莹：《我国休闲农业发展研究》，载于《山西财经大学2006年硕士学位论文》。

（作者袁方成为华东师范大学政治学研究院副教授；
王继琴为华中师范大学政治学研究院研究生）

对外援助与两岸合作：现状与前景

童立群

一直以来，中国大陆尽最大努力对受援国提供援助，其受援对象、援助数额、援助方式、援助内容都有很大变化和增长。大陆力所能及、量力而行、良性的对外援助，受到国际社会的欢迎和称赞，增进了与受援国家的信任和友谊，也为大陆赢得了良好的国际形象。近年来，随着大陆国力上升，国际上以人道主义、国际责任、国际形象等为由对大陆对外援助的期待和要求也随之增加，大陆的援助政策方针也在因应国内外形势变化而调整。在2006年中非论坛北京峰会上，胡锦涛主席宣布了援非“八项举措”[1]，表明大陆对外援助“进入一个新的发展阶段”。[2]对外援助是台湾参与国际事务的重要手法。在国际援助体系中，台湾的身份和目标都很特殊。在自身尚严重依赖美援发展之时，出于维护“中华民国国际地位”的需要，台湾就已经开展了早期对外援助。20世纪90年代以来，金钱几乎成了台湾对外拓展“国际生存空间”的最大利器，是台湾追求所谓“独立主权”的主要手段。这种“金元外交”的方式在李登辉、陈水扁任内达到顶峰。马英九上台后，以其“活路外交”理念为指导，确立对外援助的“三项原则”和“五大策略”，[3]打造所谓“正当外交”，以取代过去的“支票簿外交”，从根本上改变台湾对外援助的旧有模式。

一、两岸对外援助基本现状

两岸过去在援外领域的交锋和碰撞主要是通过援助筹码对台湾“邦交国”展开争夺，除此之外鲜有交集。在实践中，两岸对外援助运行体系经过数十年发展，各自都积累了许多经验，并形成一套自有的模式和特点。以下就两岸援助的几个主要方面的特征加以分析：

第一，援助对象侧重点不同。中国大陆迄今已经向非洲、亚洲、东欧、拉美和南太平洋地区的160多个国家提供了援助。[4]广大发展中国家一直是大陆对外援助的主要对象，大陆仅在类似卡特里娜飓风的紧急事件中向发达国家提供人道主义援助。上世纪60年代末到70年代初，大陆克服自身困难，先后派出5万多名工程技术人员，帮助坦桑尼亚和赞比亚两国建成了全长1860千米的坦赞铁路。[5]它自1976年7月全线建成后，就成为坦赞经济发展的命脉，树立了中非人民友谊的丰碑，也成为大陆早期对外援助的典范和缩影。大陆60年对发展中国家的援助历程，体现了谋求世界共同发展的国际理念。与之相比，台湾当局援助对象范围较窄，多为其中南美洲、非洲的“邦交国”，是自然环境比较恶劣，国民经济条件比较差的“小国”、“穷国”，这是台湾当局出于政治上原因和自身条件的局限而作出的选择。在“金元外交”的顶峰时期，面对伸手要钱的“邦交国”，台湾地区领导人甚至被戏称为“散财童子”。马英九上台后，也因为“邦交国”接二连三上演“不给钱就断交”要挟戏码而四处救火。根据2000年台湾“外交部”的“国际合作法草案”，台湾援外的优先次序是“邦交国”、具有“建交”潜力的友好发展中国家及具有发展潜力的友好发展中国家。其中，对“邦交国”的援助基本目的是“固邦”，按照其国际影响力大小排列次序，提供数量不一的援助。对于“非邦交国”，根据其自身经济状况和在“外交”上可能为台湾提供的帮助而确定援助次序。[6]

第二，对外援助方式多元化。在目前国际上多边援助、双边援助和非政府援助[7]三种主要方式中，传统上两岸都比较倾向选择双边援助的形式。台湾当局的考量在于，偏重官方色彩的双边援助比其他两种援助方式更易传达影响力、附加某些条件，也较容易强化与提升双边当局间的政治与“外交”关系。但如果由于政治原因并不适宜台湾给予直接经济援助，就转而通过多边途径提供援助。如台湾“海外经济合作发展基金管理委员会”选择与世界银行、亚洲开发银行或多边援外机构进行“合作融资贷款”，给予资金短缺、需要援助的“非邦交”受援国优惠贷款。大陆对外援助采纳双边方式也是因为双边援助成本较低、效率高、影响力大、目的明确，并能更好地配合外交政策等原因。一段时间以来，国际社会希望大陆通过多边途径进行国际援助的呼声增加，大陆政府加大了在多边和区域合作机制中援外工作的力度，实施了一大批多边援助项目。从2006年起，大陆开始从联合国粮食计划署的受援国转变为援助国。2008年2月25日，大陆宣布援助世界贸易组织20万美元，主要用于世贸组织的各项日常活动开支，以促进更多的发展中国家加入国际贸易的行列。这是大陆首次向世贸组织捐款。外媒评价，此举标志着大陆不仅通过双边贸易形式帮助发展中国家，还开始加入多边国际援助活动的行列。[8]积极参与多边援助表明大陆对外援助观念产生了重大转变。

第三，非政府组织参与援助程度不同。非政府组织援助是对外援助非官方的重要形式。大陆进行对外援助传统沿革是由政府主导，政府作为政策制定者和牵头人，协调、运作对外援助过程。近年来，大陆政府开始尝试吸纳非政府组织参与对外援助，但是规模一直比较小，主要通过中国红十字会、中华慈善总会、中国扶贫基金会等民间团体进行。但总体说来大陆对外援助中缺少民间参与的活力，非政府组织在外援机制中参与程度很低。

相比之下，台湾有相当多从事社会慈善和公益事业的非政府组织参与对外援助，尤其是在人道主义领域，其制度安排和制度空间十分完善和广泛。上个世纪90年代以来，随着台湾“务实外交”的推行，人道主义援助成为其加强与其他国家关系的重要工具，非政府组织作为人道主义援助的重要载体，发挥着十分特殊的作用。台湾非政府援助组织，一般都是宗教性的或者专门性的慈善机构。宗教性的以慈济基金会和台湾世界展望会为代表。慈济基金会在全球30多个国家设有慈济分支会或联络处，慈济救援横跨欧、美、亚、非、大洋洲，[9]在国际上一直广受好评；专门性的非政府组织包括台北海外和平团、台湾路竹医疗和平会（简称路竹会）、“中华民国”搜救总队等。

第四，对外援助内容、经验各有重点。大陆关注受援国人民基本需要，援助重点主要放在实施公益性项目。大陆政府帮助受援国建成了近2000个与当地人民生产和生活息息相关的项目，涉及工业、农业、交通、通讯、文教、卫生以及社会公共设施等领域。这些项目符合广大发展中国家迫切需要，大陆亦很有优势和经验。目前，大陆对外援助结合了供给和需求的双向要求，已经从单纯的物资援助扩展到成套项目、投资合作项目、一般物资、现汇援助、减免债务、优惠贷款、人道援助、派遣医疗队、人员培训和派遣志愿者等多个方面。[10]从台湾方面来看，国际技术合作、人道救援、经援贷款和技术援助等是台湾对外援助的五大内容，内容上较大陆相对单一。为终结陈水扁任内对“邦交国”巨额援助和改变单一经济援助的状况，马英九多次表示援助要“授人以渔”。2009年，台湾与伯利兹达成农渔业合作与援助方案，承诺对危地马拉提供公路建设援助，并与多米尼加签署援助意向书，同意提供 1 亿美元在 2012 年以前协助该国改善卫生与社会发展，其中半数为捐赠款，其余为贷款。[11]可以说，“活路外交”开展让以经济援助为主的“外交”路线走人瓶颈，但“医疗团”、“农耕队”、“工程队”等的参与或可成为台湾对外援助的另一切人点。两岸在提供援助内容方面的差异，根本原因是受到本身经济发展经验差异的影响。

第五，制定外援政策的内、外因素不同。一是内部决策和协调程序。大陆对外提供援助是一项涉及多个部门的工作，归口单位是商务部援外司，并以此建立了以商务部（14 个司局）、外交部和财政部三个部门为主，23 个部委以及地方省区商务部门共同参与的对外援助管理体系。[12]各部门按各自职能协调配合，落实救援事项。台湾当局援外案决策与指挥主要以‘冲卜交部”为主导，“经济部”共同负责，“教育部”、“国防部”军医局、“行政院”农委会、卫生署及各地方政府等机构则根据个案参与其中。援外预算或编列基金都从台湾当年的“外交经费”中支出，不单独编列。马英九上台后，这一预算呈逐年缩减的态势。在具体执行中，“国际技术合作委员会”、“国际经济合作发展基金会”和“国际人道灾难救助基金会，[13]三个机构基本建构起了台湾对外经援的体系，承办具体操作事宜。

二是外部因素对援外政策的影响。大陆援外行为和政策越来越受到国际社会的压力和监督，主要西方大国对大陆的指责和批评集中在大陆援助“不干涉原则”、滋生援助国暴政和腐败、“新殖民主义”等问题上。对此，大陆一方面应对针对自身的无理指责，一方面也在调适政策以适应新的国际环境。例如，在苏丹人道主义危机问题上，大陆采取了同联合国、非洲联盟、阿拉伯国家联盟积极合作的态度，而且实际上在派遣维和人员、提供人道主义援助、推动苏丹接受安南三阶段方案和促进苏丹国内通过政治解决达成和平协议方面发挥了关键性作用。影响台湾对外援助政策主要有三个方面：一是受援国内部政局变化。由于政权轮替而造成外援顷刻间化为乌有的例子不在少数。二是两岸关系的发展。马英九对援助政策的改变来源于两岸关系发展的良好势头。三是国际社会的反应。台湾要求加入国际援助体系的强烈愿望和实际举动有助于它强化其与一些援助国的联系，增进它们对台湾的好感，从而提高台湾在国际舆论中的能见度，是一个重要而有效的国际公关手段。从这个意义上说，是台湾当局“主动地”寻求国际社会对其援外政策的影响。

二、两岸对外援助合作可行性分析

由于发展道路和现实情况的差异，两岸对于对外援助的利益认同、追求领域、方式和程度都不相同，各自追求对外援助的政治、经济目标也不相同。曾是两岸相互批评、彼此竞争、相互抵制、互为制约的对外援助领域，以两岸和平发展为助力，将有可能转变成两岸之间共享信息、平衡利益、谋求合作的新格局。两岸根据各自的能力、利益和价值取向而进行对外援助的合作是可行的。

首先，从利益认同的角度来看，两岸对外援助的利益追求有重叠的部分。从狭义的经济利益来说，两岸在援助领域都有合资合作项目，特别是在某些以投资为重的援助国，短期的经济和贸易利益将是两岸对外援助的共同目标之一。过去的实践表明，由于两岸都力图通过外援实现各自的利益，结果是它们单独实行的援助政策往往相互竞争和抵触。两岸这种不良竞争和冲突导致了双方行政和经济资源的极大浪费，不仅使某些第三方受援国有机可趁，也在国际社会造成负面影响。两岸若能摒弃和改变这种恶性竞争，在不同的利益之间相互协调，将会实现利益上的双赢。

其次，从能力互补的角度来看，两岸对外援助优势有互补的空间。虽然在改革开放后大陆对外援助机制的建设取得了显著进展，但不可否认，现阶段大陆对外援助仍然存在许多不足和需要改进的地方。大陆尚缺乏相应的对外援助法律、法规，还没有形成一套较为完整的对外援助理论体系。对外援助总体上透明度比较低，通过多边渠道的援助还比较少，非政府组织在援助中的作用未得到有效发挥等。这些问题还有待大陆对外援助决策者进一步思考和探讨。台湾外援相对成熟的运行机制和体系、非政府组织的操作方式可供大陆借鉴。同样的，台湾的对外援助，无论在目标还是方法上，都有着特别的重点与限制。由于本身资源有限，台湾的对外援助政策在各方面所受局限很多。大陆是一个快速发展的援助大国，兼全球大国、地区大国和新兴大国的多重身份使大陆能够参与多层次的对话，融入世界体系，这种优势推动大陆成为两岸对外援助合作倡导者和协调者。

第三，从价值取向的角度来看，两岸对外援助有共同的价值观追求。两岸的援外活动都含有广义的道义责任，关注人类共同的利益，包括环境的保护、缓解贫困、消除饥饿和减灾救灾等，通过这些活动塑造民族形象、宣扬价值观是两岸对外援助的共同追求。通过合作，国际上对中华民族的立场、中华民族的感受、中华民族的利益、中华民族的形象的认同将会加深，两岸也得以在国际场合对这种认同进行制度和方式的整合，从而通过步调一致的行动，提高和维护中华民族的国际形象和软实力。

总之，在全球化的时代，面对世界上多元外援行为者追求不同目标的混乱局面，具有相近目标的两岸之间在共同点的基础上谋求发挥互补优势、实现整体利益、提升中华民族形象是可行的。在国际层面上，经过两岸之间的协商形成一系列或明或暗的原则、标准、规则和程序亦是可操作的。

三、达成默契的初探——海地灾后救援

海地于2010年1月12日发生里氏7.3级大地震，两岸对海地的灾后救援都采取了非常快的措施，在救援过程中出现的亮点和突破点，表明两岸对外援助合作默契正在形成。

首先，两岸对海地的灾后救援共同赢得了国际社会的掌声。作为一个负责任的大国，大陆在第一时间宣布向海地政府援助3300万美元，红十字会援助100万美元。大陆还组织了一支68人的救援队伍到达海地太子港进行援助，医疗队平均每天为几百名灾民提供医疗救助。此后，大陆又继续向海地提供紧急救灾物资，派遣医疗防疫救护队，并向海地提供药品和医疗设备。在大陆境内，人民积极捐款捐物，在行动上和舆论上支持政府对海地的救援工作。台湾作为海地的“邦交国”，救援行动毫不迟疑。在地震发生当天，台湾当局立即指派“消防署特种搜救队”共23名人员迅速前往海地救援，并提供物资等协助海地救灾；“台湾国际医卫行动团队”（IHA）前往海地协助当地灾民，并提供紧急公卫医疗协助；台湾红十字会、法鼓山基金会、慈济基金会、富邦文教基金会、佛光山佛光会和灵鹫山佛教基金会等非政府组织则共同募集紧急医疗救助物资、食品、饮用水、衣物、帐篷和简易照明设备等；台湾“路竹会”义诊团由会长刘启群率医护志工人员一行40人，其中包括3名在台湾就读医学院的海地留学生，赴多米尼加及海地边境所设置的紧急医疗中心，为海地灾民提供实时医疗援助。这是马英九上台后台湾在联合国救援队伍名单中的首次登场。两岸在救援中的专业能力和人道主义精神都得到了国际社会的肯定和认可。

其次，大陆维和部队对两岸救援人员的共同保护提升了对外援助的力

度。应联合国要求，自2004年10月以来，中国政府已先后向海地派出8支维和警察防暴队。在这次大地震中，就有8位大陆人员被埋到废墟之下。由于海地太子港在震后处于无政府状态，必须有维安人员随行和保护才能保证出入营地的安全。不言而喻，台湾搜救队及救援人员在海地间接地受到大陆维和部队的保护，而这种保护则直接保证台湾救援行动的安全和力度。台湾媒体在相关报道中，也特别提到这一点，马英九为此称赞大陆军人对台湾搜救队的保护。[14]大陆方面没有刻意提及这件事，而是以平常心对待此事。实际上，大陆维和人员保护台湾搜救队，既是维护治安是职责所在，同时保护同胞也属天经地义。在索马里海盗猖獗时，大陆护航队也对台湾货船进行保护。解放军海军索马里护航编队曾为包括台湾油轮“宇善”号在内的4艘船只提供护航。形式不同，性质一样，都是大陆一直致力于不分彼此地维护两岸同胞的海外利益，是血浓于水的支持。

第三，两岸救援的默契有助于台湾成功的国际亮相。救助海地是马英九主张的“活路外交”的一次具体亮相。一般来说，台湾的对外援助除了要能对被援助国的社会与经济问题提供有效的协助外，还必须能够促进台湾与被援助国的政治互动、经济往来，以及社会和文化的交流，最终目标是提升台湾对于该国及该区域的影响力，加强台湾与该被援助国的关系，以及台湾国际地位的提升，进而为台湾的国际参与与内部的永续发展提供一个有利的外在环境。从台湾当局对此次救援的事后评估来看，至少达到了三个目的：一是其做法落实了对“邦交国”“正当外交”的政策，二是其两岸“外交休兵”主张取得了成果，三是提高了台湾在国际社会的能见度和正面形象，为扩展台湾的“国际空间”奠定了基础。很显然，这三个目的都离不开大陆的善意。大陆在此次救援中本着人道主义的精神，对台湾当局“政治化”救援的一些“小动作”[15]并没有做过多评价，体现了大陆从两岸交流合作大局出发的胸怀。

四、小　结

在全球化的大环境下，单一的对外援助行为呈现出援助行为体相互发展合作的趋势，但对外援助作为实现利益与战略目标的工具性以及国际援助体系自身的开放性这两大特质并没有发生改变。曾几何时，两岸在援助领域的竞争和斗争使得两岸常处于“被讹诈”的被动状态。现在大陆和台湾关系渐趋缓和，人们对两岸国际场合由原先的对抗走向对话、由对立走向合作的期待也随之增加。台湾对外关系的发展、国际地位的上升与两岸间和平发展局面形成了良性互动的关系。

发展两岸关系必须面对世界格局的变化。两岸在涉外事务中停止内耗，有利于增进中华民族的整体利益。实际上，在两岸大交流局面形成的背景下，两岸援助通过磋商，可以在很多问题上达成协议，或者取得一致，形成主流观念和合力，对整个国际社会发生影响。在一些带有全球性的问题上达成较多的一致，亦能为台湾国际空间参与问题提出一些发展观念和建议。

近年来，两岸经贸、文化交流和合作已经达到了一个历史性的水平，但两岸之间的“政治难题”如何破解，始终无法找到突破性的尝试，台湾“国际空间”参与问题是两岸政治议题的关键问题之一。胡锦涛主席在他发展两岸关系的六点意见中，认为“妥善解决台湾参与国际组织活动的涉外事务，有利于避免两岸不必要的内耗，有利于增进台湾同胞对大陆的了解，有利于两岸关系和平发展，有利于增进中华民族整体利益”。“两岸中国人有能力、有智慧妥善解决台湾参与国际组织活动问题，也表明我们促进两岸关系和平发展的诚意”。[16] 从这个意义上讲，解决台湾国际空间参与问题需要多渠道的思考，两岸在对外援助领域的合作至少能做出创新的尝试。

开展两岸对外援助合作及相关合作项目，不仅能充分发挥各自的比较优势，也符合两岸和平发展的根本利益。对于台湾方面的某些要求，在尊重受援国的意愿和选择的前提下，大陆可考虑将两岸交流与对外援助工作有机地结合起来，在更广的视角下积极探讨有效的合作形式。对于台湾同外国开展民间性经济文化往来的前景，可以视需要进一步协商。对于台湾参与国际组织活动问题，在不造成“两个中国”、“一中一台”的前提下，可以通过两岸务实协商作出合情合理安排。

支持两岸关系和平发展已经成为两岸的主流民意，这为两岸关系的不断改善和发展提供了强大的社会基础。两岸对外援助领域的合作尝试，不仅是两岸关系，还牵涉重要的第三方—国际社会，因而在此进程中，需要解决各种问题，克服各种困难，排除各种干扰。如果两岸能够务实、渐进地推动这一进程，其意义会超出合作本身，将有可能在台湾国际空间参与问题上找出协商解决的创新模式。面对当前两岸关系和平发展的战略机遇，两岸理当大胆探索，勇于尝试，把两岸融合的程度和深度推向新阶段。

注释：

[1] 这八项举措包括：1. 扩大对非洲援助规模，到2009年使中国对非洲国家的援助规模比2006年增加1倍；2. 今后3年内向非洲国家提供30亿美元的优惠贷款和20亿美元的优惠出口买方信贷；3. 为鼓励和支持中国企业到非洲投资，设立中非发展基金，基金总额逐步达到50亿美元；4. 为支持非洲国家联合自强和一体化进程，援助建设非洲联盟会议中心；5. 免除同中国有外交关系的所有非洲重债穷国和最不发达国家截至2005年底到期的政府无息贷款债务；6. 进一步向非洲开放市场，把同中国有外交关系的非洲最不发达国家输华商品零关税待遇受惠商品由190个税目扩大到440多个；7. 今后3年内在非洲国家建立3 －5个境外经济贸易合作区；8. 今后3年内为非洲培训培养15000名各类人才；向非洲派遣100名高级农业技术专家；在非洲建立10个有特色的农业技术示范中心；为非洲援助30所医院，并提供3亿元人民币无偿援款帮助非洲防治疟疾，用于提供青篙素药品及设立30个抗疟中心；向非洲派遣300名青年志愿者；为非洲援助100所农村学校；在2009年之前，向非洲留学生提供中国政府奖学金名额由目前的每年2000人次增加到4000人次。摘自新华网：《胡锦涛主席在中非合作论坛北京峰会开幕式上的讲话》，http；//news. xinhuanet. com/world/2006－11/04/content 5289040. htm，2006年11月4日。

[2] 薄熙来：《我国对外援助进人新发展阶段》，中央政府门户网站，http：//www. gov. cn/jrzg/2006－12/28/content－482571. htm ，2006年12月28日。

[3] 马英九明确提出台湾发展对外关系“三项原则”，即“目的要正当、过程要合法、执行要有效”，又提出“援外五大策略”，包括以消除极度贫困及饥饿、加强人力资源开发、对抗传染病、推动环境永续发展、强化全球合作发展伙伴等为援助主要目标与方向。

[4] 中国对外援助基本情况，见商务部对外援助司官方网站，http：//yws. mofcom. gov. cn/aarticle/m/200801/20080105361773. html

[5]《中国外援60年：对外援助之花在国际合作中绽放》，新华网，http：//news. xinhuanet. com/world/2010－07/19/c _ 12348963. htm

[6] 转引自黄嘉树、林红：《台湾对外经援的政治因素分析》，载《同济大学学报（社会科学版）》，2007年第6期。

[7] 多边援助一般由多边开发银行和多边援助机构提供，双边援助由援助方中央或地方政府提供，非政府组织除了自有资源外，还受到多边援助机构和援助国政府的资助。

[8] 黄智慧：《“中国援助”开始走向世界》，《国防时报》，2009年10月2日，第2版。

[9] 慈济基金会官方网站，http：//www. tzuchi. org. tw/

[10] 中华人民共和国商务部对外援助司网站，http：//yws. mofcom. gov. cn/index. shtml

[11]《马英九首个援外案拍板，授人以渔》，中国评论新闻，http：//www. chinareviewnews. com/doc/1009/8/3/2/100983260. html? coluid＝0&kindid＝0&docid＝100983260

[12] 黄梅波：《中国对外援助：现状与趋势》，《国际经济合作》，2007年第6期。

[13]“国际技术合作委员会”最早创立，最初叫“行动指导局”，成立于1961年；“国际经济合作发展基金会”（国合会）成立于1997年；“国际人道灾难救助基金会”成立于1990年，宗旨是建立台湾与受援国之间的“友好关系”。

[14]《马英九称赞中国维和部队保护台湾搜救队》，台海网，http：//www. taihainet. com/news/twnews/twdnsz/2010 - 01 - 21/494415. shtml

[15] 台湾当局救援仍不乏“政治化”的小动作：如台军方一架涂盖“中华民国国徽”的空军 C - 130 运输机途径美国军事基地加油，向海地运送医疗救助物资等。

[16]《胡锦涛就推动两岸关系和平发展提出六点意见各界高度评价》，中国台湾网，http：//www. chinataiwan. org/wxzl/qrhg/200902/t20090204 - 24342. htm

（作者为上海国际问题研究院台港澳研究所助理研究员）

论雍正年间台湾“番”地开垦政策的变化
——以《巡台录》为中心

李祖基

康熙二十四年（1685年），明郑政权投降之后，清政府在台湾设立一府三县，派官治理，成千上万的闽粤移民渡海东来，胼手胝足，垦荒拓殖，台湾的开发进入一个新的时期。自17世纪后期到19世纪中叶，台湾人口由数万增至二百五十余万，原来麋鹿成群、野兽出没的蓁莽之地，成为“糖谷之利甲天下”的鱼米之乡。以往学术界普遍认为清代台湾土地开发完全是依靠民间的力量进行，政府的政策和官员的态度是消极的，不仅“未给以支持协助，且多方留难限制。官未辟而民已辟，民辟既不得官之助，辟后复迟迟不加认可，直至不得已时，始行设官治理。”[1]诚然，这种观点的提出自有其一定的史实根据。不过，这种情形并非自始至终一成不变。在清代的不同时期，随着主客观因素的变化，官方也曾经对台湾土地开垦的政策进行过调整。本文以《巡台录》为中心，对雍正年间台湾土地开垦政策的变化作一考察与探讨。

一、张嗣昌及其《巡台录》

《巡台录》的作者张嗣昌，山西省平阳府浮山县人，贡生出身。雍正六年（1728年），任厦门海防同知，雍正八年十一月，擢升兴化府知府，第二年改调漳州府知府。张嗣昌因谨慎和平，才具练达，且对台湾地方的风土、民情素所知悉而得到福建总督郝玉麟的赏识。雍正十年，举荐其接替因性情偏执，与同僚不睦，且不得兵民之心而遭解职的倪象？任分巡台湾道。[2]十三年任满，调补四川盐驿道。[3]乾隆四年七月（1739年），升福建按察使。六年六月，任福建布政使。

张嗣昌在分巡台湾道任上的时间为雍正十年秋至十三年冬，共三年余，任满报竣之时，张氏将其三年所行，摭其大概，辑成一编，曰《巡台录》。全书分上、下二卷，上卷二十五篇，下卷三十五篇，凡六十篇，主要内容为张嗣昌在三年台湾道任上地方施政方面所作所为的直接记录，其中保存了不少雍正年间台湾历史的资料，十分珍贵。乾隆年间，范咸《重修台湾府志》、余文仪《续修台湾府志》及王必昌《重修台湾县志》等艺文志中对《巡台录》均有著录，但其后二百多年间湮没无闻。上个世纪周宪文所编《台湾文献丛刊》及近年陈支平所编《台湾文献汇刊》均未收录。目前已知仅北京大学图书馆和中国科学院文献情报中心（原中国科学院图书馆）藏有此书。近年出版的《续修四库全书》将《巡台录》收入史部政书类，并根据中国科学院图书馆所藏刻本影印。2005 年，笔者对《巡台录》进行标点、校注整理，与尹士俍的《台湾志略》一道交由香港人民出版社一并刊出。

二、康熙年间官员对台湾“番”地开发的消极态度

（一）周钟瑄等提出“清革流民以大甲溪为界”

在大陆汉人大规模进入台湾之前，岛上到处分布着大大小小的“番”社，所以，清代台湾土地的开发，基本上也可以说就是“番”地的开发。康熙二十二年，郑克塽政权投降之后，清廷虽然在台湾设立郡县，派驻军队，命官治理，但对台湾开发与建设并无任何积极长远的规划和目标。除了季麒光等少数人曾经提出“招集丁民”开辟台湾旷土之外，[4]大多数的官员都是抱着不求有功，但求无过，“为防台而守台”的思想，对台湾“番”地的开发持消极的态度。如康熙四十年前后，大陆移民渡台开始增多，流移开垦之众已越过斗六门以北。四十九年，为了防范洋盗陈明隆，清廷设淡水分防千总，增大甲以上七塘。此时期移民开垦的速度十分迅速，数年间流移开垦之众，又渐过半线大肚溪以北，乃至南日、后垅、竹堑、南嵌，所在多有。当然土地开发的迅速推进也引发社会治安方面的问题，出现聚众行凶、拒捕夺犯，乃至巧借色目以垦“番”之地、庐“番”之居、妻“番”之妇，收“番”之子，从而引起民“番”冲突等事件。诸罗县令周钟瑄对此

并未积极筹谋应对之策，反而认为大甲以上地方辽阔、塘汛寡弱，无事空抱瘴疠之忧，有事莫济缓急之用，提出“清革流民以大甲溪为界”的主张；[5]北路参将阮蔡文也建议“淡水一汛、七塘官兵请咨部撤回”。[6]

（二）台厦道陈瑸的禁垦“番”地说

尽管周、阮二人的主张与建议并未成为现实，但当时不少台湾地方官员对开垦“番”地持反对意见。康熙四十九年任台厦道的陈瑸就提出“禁冒垦以保番产”的主张，他认为：“内地人民，输课田地，皆得永为己业而世守之，各番社自本朝开疆以来，每年既有额饷输将，则该社尺土皆属番产，或艺杂籽，或资牧放，或留充鹿场，应任其自为管业。且各社毗连，各有界址，是番与番不容相越，岂容外来人民侵占？诚恐有势豪之家，贪图膏腴，混冒请垦，县官朦胧给照，致滋多事，实起衅端，应将请垦番地，永行禁止，庶番得保有常业，而无失业之叹”。[7]尽管陈瑸禁止请垦“番”地的目的是为了保护“番”产，但是，这种政策一旦实施，台湾岛上的土地开发政策无疑就要完全陷于停顿，这与当时地方社会经济发展的情势是格格不入的。

（三）闽浙总督觉罗满保的“迁民划界”说

康熙六十年，台湾爆发了朱一贵起义，命官被戕，郡城被占。福建水师提督施世骠、南澳总兵蓝廷珍带兵渡台，很快就控制了局面，平息了动乱。闽浙总督觉罗满保在筹划台湾善后事宜中却接二连三发布谕令，提出“迁民划界”的主张。先是要裁减驻扎台湾的军队，将台湾镇总兵撤出台湾，移往澎湖；接着又要求对“罗汉门、黄殿庄，朱一贵起事之所，应将房屋尽行烧毁，人民尽行驱逐，不许往来耕种。阿猴林山径四达，大木丛茂，宽长三四十里，抽藤、锯板、烧炭、砍柴、耕种之人甚多，亦应尽数撤回，篷厂尽行烧毁。槟榔林为杜君英起手之处，郎娇为极边藏奸之所，房屋、人民，皆当烧毁、驱逐，不许再种田园，砍柴来往”；[8]最后又提出更加严厉的措施，要求将“台、凤、诸三县山中居民，尽行驱逐，房舍尽行拆毁，各山口俱用巨木塞断，不许一人出入。山外以十里为界，凡附山十里内民家，俱令迁移他处；田地俱置荒芜。自北路起，至南路止，筑土墙高五、六尺，深挖壕堑，永为定界。越界者以盗贼论。如此则奸民无窝顿之处，而野番不能出为害矣”。[9]

这种消极的政策与当时民间如火如荼的开发行为相比完全是一种倒退行为，遭到蓝鼎元等人激烈反对。另外也由于这一需要修筑一千五百里界墙，挖掘一千五百里壕堑，耗费钱粮不下十万两的迁民划界的工程实在太过艰巨，难以实施，[10]最后只在“沿山各隘立石为界，禁民深入”。[11]不过南路琅峤一带的开垦却遭到禁止，垦民被逐出，原来垦熟的良田又被抛荒。[12]

三、《巡台录》所载雍正年间台湾“番”地开垦的政策

如上所述，《巡台录》为张嗣昌雍正十年至十三年在分巡台湾道任上地方施政方面所作所为的直接记录，其中保存了许多“番”地开垦方面的史料，将其与康熙时期相比，可以看出此一时期台湾“番”地开垦的政策已经发生了十分明显的变化。以下举其大端，作一论述。

（一）大甲西社“番变”后，采取措施，抚绥流民，恢复秩序，重建家园

雍正九年十二月，大甲西社发生“番变”，淡水同知张弘章走免，居民多被戕毙。次年“番变”扩大到沙辘、牛骂等社，围攻彰化县治，百姓奔逃，络绎于道。七月，福建陆路提督王郡与巡台御史觉罗柏修带兵入台镇压，北路一带备受战火摧残。彰化县治以南，居民房屋，十去七八；县治以北，自大肚、猫雾 直抵竹堑等处，几成灰烬。百姓寄聚于县治内外者，十之六七；散处于府市各处者，十之三四。事变中被焚房屋约有八千余间；被杀百姓约有二百余人；义民、衙役约三十余人。[13]就持续的时间与规模而言，此次动乱显然远远超过康熙末年的朱一贵事件，不过福建省督抚等官员的反应却与朱一贵事件之后迥然不同。雍正十年十一月，地方甫平，即檄令新任台湾道张嗣昌前往北路对被难民番，予以安抚绥辑。张氏于十一月二十八日轻车简从自郡城出发，十二月初二日抵达彰化之后，当即檄吊府库银二千两并县库前赏番银三百余两，对难民予以赈济。被焚房屋每间赈银二钱；被杀百姓每人赈银一两；义民、役衙每名赈银二两。[14]对于被害最惨的猫雾一保、半线半保以及淡属奇仑口各庄，省宪官员檄令开仓，按月赈给口粮。“每大口每月赈粟六斗；每小口每月赈粟三斗”，[15]使难民“糊口有资，种子有赖，不至于失所”。[16]在对难民进行安抚赈济的同时，还一再发布告示，

晓谕难民，尽速回庄，恢复生产，重建家园。兹引录相关告示如下：

照得彰化各庄社遭番肆虐，致尔等良民家被焚而身被杀，弃业逃难，散处郡城别邑地方，殊堪怜悯。兹幸大师征剿，凶番就擒，地方已获安堵，业经本道出示劝令归庄安业在案。兹本道恫念甫集哀鸿，亟宜绥辑，日来亲临邑治，见尔民番尚有未尽归庄，播迁流离，托身无地，更属可怜。除被杀兵民，现在捐银设醮超度，以慰幽魂；其房屋被焚，父兄、子弟被杀者，业经檄吊府库银两，并饬该厅、县查造数册，俟本道北巡回县之日，按间按名赈给，俾尔等归庄盖屋，栖身埋葬，以免流离失所外，合再示谕。为此示仰各难民人等知悉，尔等务须仰体婆心，遵照叠示，速赴本道行辕，领给银两，立刻回庄。整理安居，休养元气，永乐太平。切勿观望迟延，以致失时废业，有负皇上爱惜元元之至意。各宜禀尊毋违。[17]

诸如此类鼓励难民恢复生产，重建家园的积极措施，与觉罗满保在朱一贵事件之后提出的“迁民划界”主张不啻有天壤之别。

（二）福建及台湾地方官员劝垦“番”地的若干措施

从《巡台录》张嗣昌呈复其上司的禀文以及所提到的“特奉院宪严谕招耕”等字句中可以看出当时开垦“番”地的政策是由福建督抚等官员首先提出。其中一项所谓“宪发八则”的“番”地开垦方案主张：（一）开垦番地，每甲荒埔，承买之人给银五钱，官即给照为业；（二）开垦番地，分别社之大小，丁之多寡，每口给地一甲，将临山归番，近海归民；（三）已垦熟之地，于五钱之外量增价值；（四）开垦之后禁植竹果，令其照园纳租；（五）社饷应除、镖箭当追；（六）土番垦园请照民间下则田园之例，减半纳银；（七）社饷既免，革去通事，举充社长；（八）番埔广阔，于每十里募设饭店，栖宿店民等，并饬令张嗣昌与台湾府、县、厅官员会议答复。[18]

对于省宪上司的招垦谕令，张嗣昌等台湾地方官员均能予以认真贯彻，屡颁告示，晓谕民众，以推动垦务的进行。兹将其中一则告示引录如下：

照得富国必先于富民，富民莫大于辟野。若野无旷土，则民用恒舒，仓廪因此而盈；兵糈亦藉此而裕。……本道查台、凤、诸、彰四邑并淡防一厅，虽渐次举报开荒，然未垦之地尚多。究其不垦原委，有小民无力者；有业主互争者；更有地属番界，欲垦而不得者。以致肥沃之地，任其抛弃，甚属可惜。除严谕该府、厅、县留心区画，实力劝勉外，合行示晓。为此示仰所属士庶人等知悉，尔等有从前请荒，因彼此争界致未开垦者，许照前请四至，各赴县指禀，勘明定界，立可招耕。如有无力开垦者，不论业主小民，许尔赴厅、县，借给牛种籽粒，收成之后，照数还项。或有无主荒地，果查询确实，准赴厅、县禀垦。倘地属番界，可向该社通事、土官会仝番众，指定界址，或银或物，议定若干，务使番众心愿，立契成交，贴与番粟，然后仝通事、土官赍契赴县投税，立界请照开垦。照同安则例升科之后，除去社饷。苟非熟番界内之地，则不便妄请。至于前项无碍荒地，其可田者田，可园者园，必须因其地之所宜，毋使弃沃壤于荒芜。庶田野辟而民用足，方不负圣天子与院宪谆谆劝垦至意。各宜凛遵毋违。[19]

当然，台湾地方官员的劝垦努力并不仅仅停留于发布告示，晓谕百姓之上，而是有其实际具体的行动。针对台湾居民“多系内地而来，其中有力者，固不乏其人；而贫穷无措之户，比比皆是。即欲遵示开垦，牛种籽粒无所从出，势必坐视，仍然抛弃”的实际情况，张嗣昌本人以身作则，带头“倡捐银三百两，以助贫民家本之需”。[20]同时对“绅士、富民中或有好义乐善之人情愿捐资报垦者，计其数之多寡，详请旌叙，以示鼓励，以勸垦举”。[21]在张嗣昌等人的倡导之下，一时“报垦报捐，源源不绝”，[22]其田园共报垦近三万亩数，而官绅民所捐之银共有二千四百余两，谷共有五千九百余石。[23]其中籍隶龙溪县寄居台湾之贡生王绶，慨然捐谷三千石，以助贫民农事之用。[24]张嗣昌除将所捐谷石，饬行台湾府转移淡防厅收贮，以资拨给外，还详请上宪具题议叙，予以表彰。同时出示晓谕，“凡有请荒正实贫民，许其赴该承给衙门具领，买备牛只、农具、籽种，及时开垦，勿使别处花费，亦勿使该厅、县胥役捏饰扣尅”，[25]并责令台湾府督同厅、县须实心实力倡率劝导，以收实效，并将劝垦顷亩、发给资本、各花户缘由，不时具文报查。

（三）在“番”地招垦中，顾及民“番”双方利益，力求公平合理，以利开垦

雍正年间，彰化县、淡防厅以及诸罗县等所垦，皆系社“番”之地，非鹿场，即系牛埔。张嗣昌认识到如“番”情不愿，竟行招垦，势必滋生衅端，所以在“番”地招耕中，持慎重态度，一再强调“总使番、民两无偏枯，业佃均受利益，以垂久远”。[26]对其上司所提的不甚合理的规定，也

能因地制宜，据实直抒己见。如对“宪发八则”所提的“开垦番地，每甲荒埔，承买之人给银五钱，官即给照为业”，张氏就认为：“番社荒埔原有肥瘠不同，而价之高低视焉。计每甲之地垦田一十一亩，仅给价银五钱，勿论非番所愿，且启奸民强买之端。而肥瘠迥异，价值不分，亦非持平之议”，因此提议“凡有可垦之地，不必官为定价，听民自向番黎照值议价，两相甘愿，开明四至，呈官印契，给照报垦，庶得易于遵从”。[27]

对于“开垦番地，分别社之大小，丁之多寡，每口给地一甲，将临山归番，近海归民”，则认为“土番衣食惟田是赖，自应酌留地亩以资俯仰。但筹之目前，尤当谋于永久。若每口给地一甲，在现今数口固可有资，而将来生育繁衍，保无日给不足。况附山近海分别立界，在依山之番社可以照行。如台湾县之新港社，平坦近海，居民相错；凤山县之武洛、上下淡水等社，一派平阳；诸罗县之萧垅、湾里、麻豆、打猫、他里雾、柴里等社、彰化县之猫儿干、南社、三林、大突、马芝遴、阿束等社逼临海边，离山颇远，又焉能令其舍自有之业，而驱于无可归之山耶”？提议“为筹经久之策，莫若按其社之大小，人之多寡，酌留该番附近可耕可种之地，宁予有余，毋使不足，以裕将来生齿繁多之计。余仍听该番自行觅受。要在当官税契立石为界，不许侵占，均无庸执定临山近海之分，庶于汉番两得其宜”。[28]

对于“已垦熟之地于五钱之外量增价值”，则认为“已垦番地，有番黎自用工资垦熟者，有现贌汉民垦熟者。若照荒埔每甲五钱之外纵使再增五钱，是一十一亩之熟田，仅得价银一两，不特无如许贱田，且致势豪兜买，攘为利薮，似非善策”，提议：“应请将该番已垦熟田，如有愿卖者，照依时价售卖。其前贌与汉民垦熟之地，听令议找买价若干，即作绝卖，当官税契入册，给与为业。以杜业户借贌耕名色，致滋 占之弊。总使番汉情愿，庶可两无争执”。[29]

另外，清代沿用明郑“贌社”旧例，对“番”社征收社饷，其后，“番”民将鹿埔贌于汉民，承贌之户，每年既贴纳社饷、社粟，又行输纳正供，是“一牛两皮”，实负两税之苦。张嗣昌提议：“欲开垦其荒地，以增国赋，须当亟除其社饷，以服番心”；“无论番民，或田或园，并已经卖贌、未经卖贌，一概去其鹿饷名色，请照例升科，则汉人无重纳之鹿饷，番人有征粟之科则。……番知有催征之条，势必尽力南亩，以供课粟。自耕之外，余地间旷，或贌卖汉人，或招佃开垦，悉听其便。则荒芜之地，不数年不迫之开而自尽开矣”。[30] “至汉人以后欲贌卖番人之业，并从前承贌番地，既无贴纳鹿饷，应听其向番愿议贌卖，凭官立界税契为业。仍行出示晓谕，以甲化亩，准照同安则例输纳，则群乐首报升科”。[31]

另外，清初台湾土地开垦中，由于种种原因，田园的欺隐现象十分严重。浙闽总督高其倬曾经指出：“台湾初定之始，止台湾一县之地原有人户钱粮，故田土尚为清楚，其诸罗、凤山二县，皆系未垦之土，招人认垦。而领兵之官，自原任提督施琅以下皆有认占，而地方文武亦占做‘官庄’，再其下豪强之户，亦皆任意报占，又俱招佃垦种取租。迨后佃户又招佃户，辗转顶授，层层欺隐。按其赋税，每田一甲不过内地之十余亩，而纳八石有余之粟，似种一亩之田而纳十亩之粮，类若田少赋多；然究其递相欺隐亩数，则种百亩之地不过报数亩之田，实系田多粮少”。[32] 巡台御史索琳、尹秦也说：“开台之后，地方有司即照租征粮，而业户以租交粮，致无余粒，势不得不将成熟之田园，以多报少，欺隐之田竟倍于报垦之数”。[33] 对于欺隐之田园，张嗣昌亦建议：“出示立限一年，令其自行首报，宽其罪愆，免其以往之税，则百姓自不肯甘蹈陷匿。如此鹿饷一除，荒芜尽开，欺隐俱首，民食足而国赋增，于地方民番皆有裨益”。[34]

在当时“番”地开垦之中，汉“番”业佃之间经常因贌垦土地而产生各种纠纷，如何维护双方的合理权益，公平公正地处理此类纠纷案件，是保证“番”地开垦能否顺利持续进行的关键。《巡台录》记载了张嗣昌审理汉“番”之间因承贌土地产生纠纷的一个案例。

该案缘监生陈国辉之兄陈赞于康熙五十二年用银五十两，契买大突社番孩斗里等西北势荒埔一所，及赞故，由国辉承管，越二十年并未照台例贴纳社粟。至雍正十年始报出升科田十甲五分，计一顷十五亩五分。其余有已经开成田者，有未经开成者。雍正十一年，孩斗里等见从前所卖草地，顷亩过多，四至广而价极轻，又未议及贴纳社粟，遂赴彰化县以欺愚强占等事具告国辉。经彰化县令陈同善查讯，所执契内未载有贴纳社粟，又无土官图记，随以为假契而断令原价取赎，饷银移入孩斗里名下输纳。而陈国辉不愿领银。后适有巡台御史觉罗栢修北巡，孩斗里等沿途赴控，随批彰化县查报。该县录案呈详，仍批照断令陈国辉领银还业。各番以察院批定，即招林华、宋琼、吴振纶等承贌，立契公议正价银六百两，并贴纳社粟，将业付管。国辉以田已开成将半，不肯轻舍，随渡海赴宪辕以权吏枉民等事具控，即批由台湾道查报。张嗣昌即饬令彰化县将所争田内已垦若干，未垦若干，不堪垦者若干，共有若干，丈勘明白，绘画图形，并提解犯、证人等，验明契券，查阅图册，细加研讯。发现陈赞当日所贌之契原无假伪，但以当日之草地甚广，番性愚昧，陈赞仅用五十两之价而即贌六千亩之埔，又无贴纳社粟。近来番黎知识渐开，各不甘心。及验转贌林华等契券内，连猫士埔一所共载价银六百两，北势之地估银五百两，又定载第一年贴粟二百石，北势之地应估一百六十石；第二年四百石，北势之地应估三百四十石；第三年六百石，北势之地应估五百石。以后俱照五百石，按年贴纳。质之卖主、中见，俱众口一词。而贴纳番粟亦全台番社之通例。张嗣昌认为彰化荒埔每顷以该县前详定价银十五两计算，此项埔地共有六千余亩，除不堪开垦外，其有已垦成、未垦成并建房牛埔共四千余亩，约值银一千余两，即俱作荒埔算，亦值六百余两，适与林华等所用之价所多无几。即判令陈国辉除从前原价银五十两外，再缴出银四百五十两，发还孩斗里，并凑县库存银五十两，共五百两，付还林华等原价，其业仍归陈国辉掌管。番粟照前估数目每年五百石，自十一年为始，按年交纳。至陈国辉除十年报升十甲五分外，尚有一百零二甲九分未报。张嗣昌认为若不惩一儆百，无以劝将来，遂将国辉发学戒饬，以为海外欺隐者戒，并责令即行照亩额年数升科。其未垦处所，饬令速垦呈报，不得丝毫隐漏。如此则银业均不致两空，而番黎亦有资生。经张嗣昌当堂明白示谕，俱各伏首称愿，并无不平之鸣。[35]

四、雍正年间台湾“番”地开垦政策变化的原因

雍正年间台湾“番”地开垦政策的变化并非一时的偶然，而是有着一定的历史原因的。这一历史原因既有主观的，也有客观的。

（一）雍正年间台湾“番”地开垦政策变化的主观原因

雍正年间台湾“番”地开垦政策变化的主观原因，应该说与最高统治者的决策有直接关系。康熙时期，长年征战，对台湾的认识极为有限，以致郑克塽投降之后，朝中还出现了所谓的“弃留之争”。后虽采纳了施琅的建议，在台置府设县，派官治理，但对台湾的开发却并无长远规划，甚且将台湾的开发视为一种负担。康熙五十四年，闽浙总督范时崇及福建巡抚觉罗满保以“台湾应否开荒”具折请旨时，康熙皇帝在批示中却说：“台湾地方多

开田地，多聚人民，不过目前之计而已，将来福建无穷之害俱从此生。尔等会同细商，毋得轻率。”[36]最高决策者的态度既然如此，福建省及台湾地方的官员在台湾土地开发方面采取因循、保守的举措，乃至在朱一贵事件之后提出“迁民划界”等倒退的主张也就不足为奇了。

雍正年间，政局稳定，国家经过数十年的休息生养，人口繁多。开垦土地，发展农业生产，增加粮食供应已经成为朝廷的当务之急。雍正是一位极为重视农业生产的皇帝，在位期间实行了许多重农务本的政策。雍正二年二月，即举行已经停办达五十余年之久的耕耤礼。后来更下令推广，命各府州县设立先农坛，备置耤田，每年仲春亥日地方官举行耤田礼，使官员“存重农课稼之心”，农民“无苟安怠惰之习”。[37]同时，下令各州县官择老农之勤劳俭朴者，岁举一人，给以八品顶戴，以示奖励。[38]对于垦荒，雍正皇帝最为重视，登基不久即发布垦荒令：

> 朕临御以来，宵旰忧勤。凡有益民生者，无不广为筹度。因念国家承平日久，生齿殷繁，地土所出，仅可赡给，倘遇荒歉，民食维艰。将来户口日滋，何以为业？唯开垦一事，于百姓最有裨益。但向来开垦之弊，自州县以至督抚俱需索陋规，致垦荒之费浮于买价，百姓畏缩不前，往往膏腴荒弃，岂不可惜？嗣后，各省凡有可垦之处，听民相度地宜，自垦自报，地方官不得勒索，胥吏亦不得阻挠。至升科之例，水田仍以六年起科，旱田以十年起科，著永为定例。其府州县官能劝谕开垦地亩多者，准令议叙。督抚大吏能督率各属开垦地亩多者，亦准议叙。务使野无旷土，家给人足，以副朕富民阜俗之意。[39]

垦荒令下达后，各地陆续推行。雍正二年批准的“福建台湾各番鹿场闲旷地方可以垦种者，令地方官晓谕，听各番租与民人耕种”[40]的新规定，以及此后福建和台湾的地方官员开垦“番”地的种种积极措施与雍正皇帝的奖励垦荒政策有着直接关系。雍正七年再颁谕旨，劝令民间凡属闲旷未耕之地，皆宜及时开垦，以裕养育万民之计；并着令各省督、抚各就本地情形，细加筹划，转饬有司作劝导之法。“其情愿开垦而贫寒无力者，酌动存公银谷，确查借给，以为牛种、口粮，俾得努力于南亩。俟成熟之后，分限三年，照数还项；五、六年后，按则起科。……务使田畴日辟，耕凿惟勤”。[41]

除此之外，雍正年间还实行了两项对台湾土地开发有极大鼓励作用的措施，一是减轻台湾田园赋则；二是开放移民搬眷入台。

清初台湾上田每甲征粟八石八斗，中田七石四斗，下田五石五斗；上园每甲征粟五石，中园四石，下园二石四斗。此一科则，“计亩分算，数倍于内地之粮额”，[42]而为世人所诟病。雍正九年，福建总督刘世明以台属田园旧例按甲征粟，比内地科则较重为由，题请户部，要求把台湾田园照内地同安县地亩官、民、盐等则之例，按亩征收。后经户部议准：台湾报垦田园及自首升科者，俱以雍正七年为始，化甲为亩，照同安则例，分别上、中、下征收。上田每甲征粟二石七斗四升，中田二石零八升，下田一石七斗五升；上园照中田，中园照下田，下园每甲征粟一石七斗一升。[43]新则实行之后，自雍正七年报垦及自首升科的田园征纳的田赋尚不及旧垦田园的三分之一，业户的负担大为减轻，投资回报率增加，大大刺激了人们对土地拓垦的积极性。台湾许多有名的垦号在这一时期内相继组成，许多大型的水利工程在这一时期开凿修筑，台湾土地开垦以前所未有的速度推进，有的地区甚至出现了“竞垦”与“竞凿”的现象。[44]

清初定例：闽、粤人民往台垦种者，所有妻眷，一概不许携带。此一规定造成台湾汉人人口结构性别比例的严重失衡，经常引起社会动荡，而在台垦种的移民只能于岁终卖谷返回内地，置产赡家，春初又复之台，岁以为常。这种春季往耕，秋成回籍的候鸟式的迁徙，不利于台湾的开发和社会财富的积累，不利于社区的重建和经济的发展。雍正皇帝鉴于“台湾人民携带家口与否，历来众论不一”，下令新任福建总督高其倬到闽后详慎酌量，定议具奏。雍正五年七月，高其倬题请有限度开放台民搬眷入台的奏议，遭到九卿会议的否决。十年，张嗣昌到台抵任后，即禀请其上司“查阅部咨原案，似应再奏，尤望酌裁”。[45]同年，广东巡抚鄂弥达再次奏请台民凡有妻子在内地者，许呈明给照，搬眷入台，编甲为良。此建议经廷议后，终于得到批准。规定在台民人“有田产生业，平日安分循良”，又情愿携眷来台入籍者，可由地方官查实给照，准其回原籍，搬移入台。[46]开放人民搬眷入台对于大陆移民在台定居，对于社区的建设，对于地方财富的积累和经济发展有着重大而深远的意义。当然，这一切对于当时台湾土地开发的积极影响也是不言而喻的。张嗣昌的继任者尹士俍就指出：“自奉旨搬眷，郡城内外居民多有父母妻子之乐。凤、诸两邑颇拟郡治。即彰化、淡水僻在北壤，亦差异于昔。且遵旨开垦，田土日辟，民尽得周于利，渐皆安土重迁，为守分编户之氓矣”。[47]

（二）雍正年间台湾“番”地开垦政策变化的客观原因

台湾自入清之后，经过移民四十余年的辛勤开发，到雍正年间已经成为内地一大粮仓。每当晚稻丰稔，大有之年，“千箱万包，不但本郡足食，并可资赡内地。居民只知逐利，肩贩舟载，不尽不休”。[48]尤其是福建漳、泉二府，人多地少，向资台湾之米，以济民食。雍正年间定例，“凡正、二、三、四、五等五个月，每月从台湾拨米一万石，运赴漳、泉接济。……台米一到，价必渐落”。[49]除此之外，又应碾运兵眷米一万二千余石，又应碾运厦门提标、金门镇标兵米二万一千余石，合计应运米八万三千余石。[50]照一米二谷算，每年定例从台湾运至厦门的稻谷达到十六万六千余石，这其中还不包括民间运贩的数量。不仅福建本省仰赖台湾之米，有时邻省受灾，也需频频从台湾拨运米谷，平粜接济。如雍正元年冬季，浙江受旱，宁波等处民食维艰，闽省方面拨动福州、台湾二处米，三次共三万七千石，运往浙江平粜。二年春，浙江台州、温州等处食米不足，福建方面又派人委官往台运米二万石分送浙江缺米地方平粜。同年冬，浙江沿海被灾，闽浙总督等恐江西、湖广之米一时未能接济，遂先拨闽省仓谷碾米二万石，台湾仓谷碾米三万石，由海运赴宁波、绍兴二府，以应民食。[51]雍正十一年春，浙江台州府虫灾，米价腾贵。福建总督郝玉麟等调拨台湾凤山县仓谷十万石，运至厦门，以备浙商采买运赴台州粜卖，接济民食。[52]

由上可知，至少在雍正年间，台米已经成为闽、浙两省民食的重要接济来源，为了保障台米的供应，鼓励民众开垦“番”社旷地，扩大作物种植面积，当然是一种最为有效的办法。

又清初规定大陆移民渡台必须申领照单，禁止无照偷渡。然而，漳、泉内地无籍之民，无田可耕、无工可雇、无食可觅，一到台地，上之可以致富，下之可以温饱，一切农工商贾以及百艺之末，计工授直，比内地率皆倍蓰。大陆移民往往不顾禁令，采用种种方式渡海赴台。而且沿海内地，在在可以登舟；台地沙澳，处处可以登岸，守口官兵防不胜防。雍正七年，署台湾知府沈起元曾指出：“夫民之渡台，如水之趋下，群流奔注，而欲以轻法止之，是以只手而障崩堤，必不能矣”。[53]与康熙中相比，来台湾开垦的大陆移民人数已经大大增加，至雍正后期约有四十万人左右。[54]面对如此庞大的人群，大甲西社“番”变发生后，相关官员当然再也不可能像康熙年间那样采取封禁、驱逐等“划界迁民”的方法来处理了。

五、结　语

从《巡台录》中可以看出雍正年间官方对台湾“番”地开垦的政策是相当积极的；与康熙时相比，有了明显的变化。以往学界认为官方在清代台湾土地开发中持消极态度，对于民间的开垦不仅未给予支持协助，且多方留难限制的观点，并不完全符合历史事实。

当然，我们也必须看到，雍正年间台湾“番”地开垦政策的变化主要与雍正皇帝所实行的重本抑末政策和奖励垦荒等相关举措有很大关系，相对于台湾“番”地的开垦则并未制定长远的规划和明确的目标。在人治为主的封建社会，存在着人在政在，人去政息的可能。实际上，到乾隆年间台湾“番”地开垦政策又有新的变化。乾隆十年，福建布政使高山上疏，提出“民垦番地之宜永行禁止”的建议。对当时台湾生齿日繁，各“番”尚有余地——如烧羹寮、东方木、楠仔仙等处，议者以为“番”地置之无用，不若任民佃垦，以为生聚之资。高山却认为“断不可行”！[55]其理由有以下几点：其一，台阳一岛海外孤悬，聊为边界藩篱，倚作东隅屏障；原非欲驱内地游手之民，而使之就食于彼也。官斯土者，止宜令静谧安全，初不必为辟草开阡之计；其二，以土番有尽之地，供汉民无厌之心，得尺得寸、日垦日侵，不特番与民争，且将使民与民争；不特台地之民与民争，且将使内地之民日与台民争。盖始以民为番佃，而熟番之地民多占争；迨熟番之地既开，势必渐入生番地界，而民多戕杀；其三，垦令一行，台民俱相趋而谋佃种。海外之民方争夺无已，而内地之民闻风踵至，偷渡觊觎，有何底止！安能遍给！是垦获之利无多，而争竞之害甚大。况利犹俟诸异日，而害恐即在目前；未得其利，先受其害：夫岂宁辑番民之道乎！其四，就令番地尽报升科，亦无补于国家之经费；而况无穷之衅由此而生，是民垦番地之于国计民生，均非至计。[56]高山因而提出将民垦“番”地“永行禁止”，并建议饬令台湾地方官于各社“番”地详加查勘；除已经报垦之地亩外，其余未垦草地无论多寡及现系何“番”掌管，均应听该“番”将来渐次自行耕种。总不许佃民再贌开垦，以杜争端。[57]

究其实质，高山主张将民垦“番”地永行禁止，主要是担心引起争竞，影响社会治安，不便于官方的管理，颇有因噎废食之嫌。

从《钦定大清会典事例》的相关内容来看，高山的这一题请似乎很快就得到朝廷的批准，该会典“户部·田赋·开垦”条下载：“十一年题准：闽省台地绵亘二千余里，近山有水之处皆属膏腴，人力易施，种植之获，倍于内地。嗣后内地民人如有私买番地者，告发之日，将田归番，照律计亩治罪；荒地减一等，强者各加一等。其有潜入生番界内私垦者，照律严惩。”[58]雍正年间台湾“番”地开垦的一些积极政策至此终于划上了句号。

注释：

[1] 郭廷以：《台湾的开发和现代化（一六八三——一八九一年）》，薛光前、朱建民主编：《近代的台湾》，台北：正中书局，1977 年，第 136 页。

[2]《署福建总督郝玉麟恭请圣裁折》，雍正十年八月二十八日，《雍正硃批奏折选辑》，台北：台湾大通书局，1984 年，第 236－237 页。

[3] 刘良璧：《重修福建台湾府志》，台北：台湾大通书局，1984 年，第 353 页。许毓良：《张嗣昌〈巡台录〉的史料价值》一文称张嗣昌乾隆四年（1739 年）调补四川盐茶道（《台湾文献》第五十五卷第三期第 166 页），时间有错误。

[4]《条陈台湾事宜文》，季麒光：《蓉洲诗文稿选辑·东宁政事集》，李祖基点校，香港：香港人民出版社，2006 年，第 178 页。

[5] [6] 周钟瑄：《诸罗县志》，台北：台湾大通书局，1984 年，第 110 页，第 110－111 页。

[7]《条陈经理海疆北路事宜》，陈瑸：《陈清端公文选》，台北：台湾大通书局，1984 年，第 16 页。

[8]《复制军经理台疆书》，蓝鼎元：《鹿洲全集》，蒋炳钊等点校，厦门：厦门大学出版社，1995 年，第 551 页。

[9]《复制军迁民划界书》，《鹿洲全集》，第 556－557 页。

[10] 蓝鼎元《复制军迁民划界书》中谓：“台地自北至南，一千五百余里……其隘口不止百计。每口伐木挽运，百夫亦须三、五日。计用人夫，不下三、五万。……一千五百余里之界墙，一千五百余里之濠堑，大工大役，海外仅闻；计费钱粮不下十万两。将给之自官，则无可动支之项；将派之于民，则怨声四起，必且登时激变”；而且迁出的数万户居民也难以安置。

[11] 连横：《台湾通史》，北京：商务印书馆，1983 年，第 49 页。

[12]《番俗六考》之南路琅峤十八社附载云“琅峤诸社隙地，民间多种植田亩，今有司禁止，悉为荒田”。黄叔璥：《台海使槎录》，台北：台湾大通书局，1984 年，第 158 页；又王瑛曾：《重修凤山县志》卷三“风土志”载“琅峤社乔木茂盛，长林蓊荟，鱼房海利，货贿甚多。原听民往来贸易，取材采捕。六十年台变，始议：地属窎远，奸匪易匿，乃禁不通”，台北：台湾大通书局，1984 年，第 65 页。

[13] [14]《报明难民》，张嗣昌·尹士俍撰：《巡台录·台湾志略》，李祖基点校，香港：香港人民出版社，2005 年，第 8－10 页。

[15] [16]《饬行遵照》，《巡台录·台湾志略》，第 10－11 页。

[17]《再行晓谕》，《巡台录·台湾志略》，第 7 页。

[18] [27] [28] [29]《饬行会议》,《巡台录·台湾志略》, 第 30 – 33 页。

[19]《特行劝垦》,《巡台录·台湾志略》, 第 55 页。

[20] [21]《特筹劝垦》,《巡台录·台湾志略》, 第 57 – 58 页。

[22] [23] [26]《折复宪批》,《巡台录·台湾志略》, 第 67 – 68 页。

[24] [25]《特筹劝捐》,《巡台录·台湾志略》, 第 60 – 61 页。

[30] [31] [34]《饬查地利》,《巡台录·台湾志略》, 第 18 – 19 页。

[32]《浙闽总督高其倬奏闻事折》, 雍正四年十一月初八日, 《雍正硃批奏折选辑》, 第 112 – 114 页。

[33]《巡台御史索琳、尹秦访陈台郡田粮利弊折》, 雍正五年八月十二日, 《雍正硃批奏折选辑》, 第 42 – 44 页。

[35]《权吏枉民》,《巡台录·台湾志略》, 第 58 – 60 页。

[36]《闽浙总督范时崇奏谢御批台湾开荒并丁粮入亩事折》, 康熙五十四年五月十一日,《康熙朝汉文朱批奏折汇编》第六册, 北京: 档案出版社, 1985 年, 第 192 页。

[37]《十通·清朝通典》, 卷 44, “礼吉·耤田”, 台北: 新兴书局, 1965 年, 典第 2270 页。

[38] 中国人民大学清史研究所编:《清史编年》第四卷雍正朝, 北京: 中国人民大学出版社, 1991 年, 第 61 页。

[39]《清世宗宪皇帝实录》(一), 雍正元年四月二十六日乙亥, 北京: 中华书局影印, 1985 年, 第 137 页。

[40]《清会典台湾事例》, 台北: 台湾大通书局, 1984 年, 第 43 页。

[41]《谕劝开垦》(雍正七年), 刘良璧:《重修福建台湾府志》, 台湾文献丛刊第 74 种, 第 27 – 28 页。

[42]《巡台御史索琳、尹秦访陈台郡田粮利弊折》, 雍正五年八月十二日, 《雍正硃批奏折选辑》, 第 43 页。

[43] [47] 尹士俍:《台湾志略》, 李祖基点校, 北京: 九州出版社, 2003 年, 第 32 页, 第 43 页。

[44] 李祖基:《清代前期台湾的田园赋则》,《台湾研究集刊》, 1991 年第 2 期。

[45]《折复事宜》,《巡台录·台湾志略》, 第 3 – 5 页。

[46]《明清史料》戊编第二本, 台北: “中研院” 历史语言研究所, 1953 年, 第 107 页。

[48] 黄叔璥:《台海使槎录》, 台北: 台湾大通书局, 1984 年, 第 51 页。

[49]《福建巡抚毛文铨奏闻事折》, 雍正四年二月初四日,《雍正硃批奏折选辑》, 第 7 页。

[50]《署福建总督吏部左侍郎史贻直奏酌通福兴泉漳四府之积谷以免浥耗以实仓储折》, 雍正七年八月初二日,《雍正硃批奏折选辑》, 第 219 – 221 页。

[51] 关于雍正元年、二年福建拨运台米赴浙江平粜之事, 请参见《雍正硃批奏折选辑》第 18 – 23 页福建巡抚黄国材的相关奏折。

[52]《福建总督郝玉麟、福建巡抚赵国麟拨运仓谷接济邻省折》, 雍正十一年三月初二日,《雍正硃批奏折选辑》, 第 245 – 247 页。

[53] 沈起元:《条陈台湾事宜状》,《清经世文编选录》, 台北: 台湾大通书局, 1984 年, 第 2 – 6 页。

［54］尹士俍《台湾志略》载乾隆初年台湾各厅、县汉人共有53 915户，男女454 899丁口。参见李祖基：《论尹士俍〈台湾志略〉的史料价值——以社会经济史为例》，台湾《台湾文献》（南投），第五十四卷第四期，第1－30页。

［55］［56］［57］高山：《陈台湾事宜疏》，乾隆十年，《清奏疏选汇》，台北：台湾大通书局，1984年，第39－44页。

［58］《清会典台湾事例》，第44页。

（作者为厦门大学台湾研究院教授、博士生导师）

官府、通事与游民：清代台湾番汉关系中的角色分析

周典恩

台湾少数民族在清代被大陆移民统称为“番”，依据是否遵服教化，输纳番课，又分为“熟番”与“生番”。其中，“熟番”即后来所谓的“平埔族”，主要居住在台湾西部沿海平原、盆地、近山台地以及宜兰平原等地；“生番”即“高山族”，散居在险峻的中央山脉和狭长的东部纵谷。有清一代，来自闽粤两省的大陆移民与台湾少数民族之间经济文化交流频繁，双方共同谱写了一幅番汉互动的历史画卷。关于清代台湾番汉关系的内容，学界已多有研究，笔者不再赘述。本文主要是对清代台湾番汉关系有重要影响的三个角色进行分析，它们分别是官府、半官方的通事以及民间的游民。

一、官府：无力的调控者

清政府作为台湾的统治者，按理应该完全有能力掌控番汉关系的发展走向。然而，由于它的愚昧和浅识，不顾当时的社会环境，盲目推行有悖于民间经济文化交流的族群政策，结果反而使自己处处被动，以至于不得不经常根据番汉关系的发展情势而被迫修正策略。从初期的“划界封禁、隔绝族群”到后来的“以番制汉、以熟制生”，清廷的族群政策对台湾番汉关系的调控始终收效甚微。

（一）划界封禁、隔绝番汉

在清朝统治者心目中，台湾虽是个“得之无所用”的弹丸小岛，却向来是海盗渊薮、汉人反清复明的大本营。故而，平台之初，清廷一方面颁布禁令，严格限制大陆移民渡台；一方面在台推行族群隔离政策，严防“番汉勾结”。

清廷的族群隔离政策严格意义上可分为“防范”与“隔离”两个层面。“防范”主要是针对业已杂居一处的汉人与熟番，阻止他们相互接触、融合。平台初期，清廷严禁汉人租赎番人的土地，规定“台湾奸民私赎熟番埔地者，依盗耕本律问拟；于生番界内私垦者，依越渡关塞问拟，田仍归番”。[1]对于番汉通婚现象，官府也尽力阻挠，议定“汉民不得擅取番妇，番妇亦不得牵手汉民。违者，即行离异。汉民照民苗结亲例，杖一百离异；土官、通事照民苗结亲媒人减一等例，各杖九十；地方官照失察民苗结亲例，降一级调用。其从前已娶，生有子嗣者，即行安置为民，不许往来番社，以杜煽惑生事之端”。[2]“隔离”，即人为修筑界线将生番隔绝在汉人与熟番的生活场域之外。康熙六十一年（1721 年）朱一贵之乱时，闽浙总督觉罗满保曾有划界封禁之议：“台、凤、诸三县山中居民，尽行驱逐，房舍尽行拆毁，各山口俱用巨木塞断，不许一人出入。山外以十里为界，凡附山十里内民家，俱令迁移他处；田地俱置荒芜。自北路起，至南路止，筑土墙高五、六尺，深挖濠堑，永为定界。越界者以盗贼论。如此则奸民无窝顿之处，而野番不能出为害矣”。[3]觉罗满保所提议的驱逐居民，拆毁房舍，高筑土墙，深挖濠堑等隔离措施，工程甚为浩大，在现实中根本无法施行。同年，福建巡抚杨景素奏请在逼近生番处，立石为界，越者有禁。清廷采纳了他的建议，沿着中央山脉的山脚，自南而北竖立五十多个界石碑，构筑“番界”，并规定“偷入番境及偷越生番地界者，杖一百，偷越深山抽藤、猎鹿、伐木、采稷者杖一百，徒三年”。[4]对于失察的地方官吏也给予相应的处罚：“如民人越界垦地、搭寮、抽藤、吊鹿及私挟货物擅出界外者，失察之该管官降一级调用，该上司罚俸一年，若有贿纵情弊，该管官革职，计脏治罪”。[5]

其实，“立石为界”所构筑的“番界”，只不过是在番汉交界线上竖立数十个石碑，以示标记而已，况且“若遇斜曲、山溪之处，量界既难，移那亦易”。如此番界隔绝番汉的效果可想而知。鉴于汉人越界拓垦频繁，生番溢出番界猎头不断，乾隆二十六年（1761 年），闽浙总督杨廷璋奏请彻底清厘番界，以溪地和山根为依托，挑挖深沟、堆筑土牛，重新构筑条“土牛沟”作为番界，并于生番出入处设立隘寮，加强防守。然而，“土牛沟”和隘寮也依然难以杜绝汉人越界私垦，生番溢出滋事。此后清廷一再重申划界之令，且被迫将“番界”不断向近山地区推移的事实表明：官府的族群隔离政策执行得相当被动与无奈，并且远没有达到预期的隔绝效果。

（二）以番制汉、以熟制生

清廷族群隔离政策之最终目的是要达到“汉人总不与熟番交接，熟番总不与生番交接，各安生理，彼此不相干，自然无事”。[6]对于番界之外的生番，隔离政策也许会起到些隔绝效果。但在番界之内，熟番与汉人交错杂居，两者经济文化密切相连，彼此关系错综复杂，殊难划清。

乾隆九年（1744 年），福建布政使高山发现：界内熟番的土地已多为汉人占据，界外至山脚的平地是番汉杂处，而生番则基本上都远居内山。他随后向朝廷奏议，不妨巧妙地利用这种族群分布特点，以界外平地作为熟番的保留地，形成生番与汉人之间的隔绝地带，即“生番在内，汉民在外，熟番间隔于其中”。高山在奏疏里同时建议利用熟番的力量节制生番，“番性不驯，难与汉民一例弹压，而生番负嵎依谷，尤非官所能制。臣愚以为以官治番，不若以番治番。盖熟番与汉民虽情意稍通，终不若生番与熟番之族类相合，欲治生番，自应即其同类而节制之”。[7]高山所提议的“以番制汉、以熟制生”策略，经清政府廷议后，准予付诸施行。乾隆二十至三十年间，清廷重新清厘番界，挖筑土牛沟，设立隘寮，拨派熟番壮丁守卫，并将番界沿线的埔地拨予隘丁，作为守隘劳役的回报与隘番口粮来源。[8]乾隆五十三年（1788 年），林爽文事变平定后，大将军福康安奏请设立“番屯制”，将随同官军打仗的熟番壮丁招募为屯丁，协防营汛以卫地方，并酌拨近山未垦埔地以资养赡。此议经闽浙总督伍拉纳筹划后，于乾隆五十五年（1790 年）开始实行。官府于全台 93 个熟番族社中，挑选 4000 人担任屯丁，在南北两路设大小 12 屯，置番千总二员，番把总四员，每屯各设番外委一员。大屯四处，每处 400 人，小屯 8 处，每屯 300 人。养赡埔地只得由屯丁自行耕种，免其纳赋，不给月饷，屯丁出缺，即挑其子弟充补，承受田亩。如有私行租贌、典卖者，按例治罪，追价充公。[9]

但是，“番屯制”并未能实现高山所期望的“生番在内，汉民在外，熟番间隔于其中”的族群分布格局。因为养赡埔地通常都较为偏远，加之熟番屯丁要承担繁重的守隘任务，根本没有时间和能力去耕种。所以，清廷迫于无奈只得改变初衷，允许屯丁招徕汉佃垦耕养赡埔地。如此一来，熟番的养赡埔地迅速为蜂拥而来的汉人所租贌，番汉杂居现象更为普遍，官府的汉人、熟番与生番三层分布格局的构想也随之破灭。

嘉庆年间汉人移民拓垦宜兰平原时，清廷虽依然维持着“族群隔离”

与“以番制汉”的族群策略，但台湾知府杨廷理在执行上显然已不那么认真，他不仅将东势的“无主荒地”划分成块，付予漳、泉、粤三籍汉人垦耕，而且连作为熟番保留地的“加留余埔”与“加留沙埔”也允许汉人租贌。这意味着此时台湾地方官员在面对势不可挡的民间经济文化交流浪潮时，已默认了番汉间的正常交往。到了同治十三年（1874 年）“牡丹社事件”后，清廷开始意识到开发台湾的重要性，于是着手改变原来的消极政策，实施“开山抚番”，但此时清廷已陷入内外交困之中，很难在台湾的治理上有所作为。

二、通事：双重作用的媒介者

通事，即中国古代的翻译官。清廷平复台湾后，承袭旧制，在归化番社设立通事，“或数十家为一社，或百十家为一社，社各有通事，听其指挥”。[10]清代台湾的通事多为民间通晓“番语”，熟悉“番情”的“有力之人”，他们经官府认可后，代表政府在番社内贯彻政令，征收番饷、派拨差役，具有半官方身份。这些通事除了上达番情，下传官旨，在番民和政府之间起沟通作用外，还利用其特殊的身份，积极参与台湾的社会公共事务。在番汉关系方面，通事凭借其熟悉番汉双方语言与风俗的优势，居中牵线搭桥，促使番汉合作，并耕共处；同时又因少数通事行为不轨，横征暴敛，引发番汉冲突。其中前者居于主要地位，后者并非主流。

（一）促进番汉并耕共处，化解社会动乱

台湾的番人在与汉人接触之前主要以打猎、捕鱼为生，兼以原始的游耕旱作农业，土地利用率甚低，而清代蜂拥渡台的汉人，亟需获得土地垦耕。然而，荒埔多是番人的猎场，汉人若要拓垦，须事先征得他们的许可。在此情势之下，通事便居中牵线搭桥，让汉人以缴纳番租或贴纳番饷的方式，租贌番人的土地垦耕。事实上，通事在番汉间的土地租贌事宜上起着至关重要的作用。因为可垦荒埔的信息往往要靠通事传递给渡海前来寻求土地垦耕的大陆移民；官府是否颁发垦照给垦民，通常以通事的勘查为准；租贌契约的签订，必须以通事为中人，或加盖其印戳方有效。可以说，番汉间几乎每次土地租贌协议的达成都与通事有或多或少的关联。由是观之，清代台湾土地贌耕现象之所以如此普遍，通事居中推动是个重要原因。

通事除了作为媒介者，促使汉人贌耕熟番的荒埔外，他们自己有时也直接与番社土目合作，招佃垦耕，广置田产。例如，岸里社总通事张达京于雍正十一年（1733 年）与土官潘敦仔合约，以“割地换水”的形式，换取大片荒埔的垦耕权。他随后回到原籍招募大批乡民前来拓垦，终成富甲一方的大通事。再如，淡水社通事赖科、大甲社通事林秀俊等都积极招佃垦耕，成为一方豪强。[11]通事的参与和推动，使得具有不同文化基因的番汉能够互相协作，共耕并处，各尽所能、各得其利，加快了台湾的开发速度。

台湾素有“三年一小反，五年一大反”之说，此言虽不免夸张之嫌，但清代台湾社会变乱频仍却是事实。每当动乱发生时，数以万计的无辜百姓惨遭杀戮，产业被毁，社会经济萧条。清廷驻台讯兵数量少，素质低，难以平乱，而从大陆征调官兵却因路途遥远，不仅延误时机，而且劳民伤财。所以，清政府倾向于借助熟悉地形的熟番力量镇压动乱，而要说服熟番参与平乱，惟有通事才能做到。据考证，清代几乎每次熟番参与平乱，都是通事居中斡旋促成。例如，康熙三十八年（1699 年）春，吞霄社番变，官兵征剿不克，最后在骁勇善战的岸里社番助剿下才将事变平息，而游说岸里社土目率众参加平乱的就是通事。[12]再如，雍正九年（1731 年），大甲西社首魁林武力连结仔篱社等数社作乱，岸里社通事张达京曾积极引导岸里番兵追随官兵进剿。通事招引熟番力量，协助官兵平定事变，对于化解社会动乱，维系番汉和睦共处的局面具有一定作用。

（二）酿造祸端，引发番汉冲突

不容否认，清代台湾通事中不乏作奸犯科、游手好闲之徒，他们视番民为俎上之肉。康熙年间入台采硫的郁永河对通事盘剥番民的情形有所记载：“仍沿包社之法，郡县有财力者，认办社课，名曰社商，社商又委通事伙长辈，使居其中，凡番人一粒一毫，皆有籍稽之。射得麋鹿，尽取其肉为脯，并收其皮。……然此辈欺番人愚，朘削无厌，视有不异己物；平时事无巨细，悉呼番人男妇孩稚，供役其室无虚日，且纳番妇为妻妾，有求必与，有过必挞，而番人不甚怨之。……然又有暗阻潜挠于中者，则社棍是也。此辈皆内地犯法奸民，逃死匿身于辟远无人之地，谋充伙长通事，为日即久，熟识番情，复解番语，父死子继，流毒无已。彼社商者不过高邪卧郡邑，催饷纳课而已。社事任其播弄，故社商有亏折耗费，此辈坐享其利。社商率一二岁更易，而此辈虽死不移也。此辈正利番人之愚，又甚欲番人之贪，愚则不识不知，攫夺惟意；贪则易于迫挟，力不敢抗，且时时诱陷之”。[13]郁氏虽可能言过其实，但清代因通事横征暴敛或行为不轨而激起的“番变”确有数起。例如，康熙三十八年（1699年）的吞霄社事变便是因通事黄申“征派无虚日”所引发。《诸罗县志》载：“通事黄申贌社于吞霄，征派无虚日，社民苦之……阴谋作乱。会番当捕鹿，申约计日先纳钱米而后出草，雾等鼓众大躁，杀申及其伙十数人，……”。同年内北投社发生的冷冰事件起因于汉人主帐金贤强娶番女，“主帐，番社通事管出入帐者……麻里即吼有女，字主帐金贤，贤将娶之，其父怜女之幼也，弗与。告贤曰：俟长以归汝。贤缚丈人于树而挞之，麻里即吼以？冷冰而泣。冷冰故凶悍，怒，率众射杀贤，诸与贤善者皆杀之”。[14]乾隆十六年（1751年）发生的内凹庄、柳树湳兵民事件是南北投社通事三甲唆使生番猫里眉、福骨、眉加腊等番社溢出杀人所致。其事件经过如是：雍正七年（1729年）有汉人简经，业医，娶北投社女子为妻，向北投社葛买奕贌得北投社公共埔地，土名大吼凹仔，又名内凹庄，雍正九年（1731年）起，协议每年纳五百石租谷予番，并代纳社番丁银二百零七两五钱。复于雍正十三年（1735年）另占土名“旧社”公共埔地，年需加纳租谷九十石。乾隆二年（1737年）清廷上谕番饷改造民丁征收后，每名番丁改纳银四钱，截至乾隆十二年（1747年）止，总计简经所欠租谷六千石，未还减免丁饷银一千余两。南北投社通事三甲，汉名葛第夫，于乾隆十二年赴台湾府告追，不料简经仅偿还谷一千石，仍占田欠租。三甲索讨无果，积忿难释，乾隆十六年（1751年）十一月，唆使通事叶福，勾结万丹坑隘口生番老茅，游说埔里、猫里眉、福骨、眉加腊等社生番，约定日期，出草杀人。十二月八日，大肆焚杀内凹庄，杀赖、白二姓男妇22名，并焚附近民庄，旋袭柳树湳营盘，杀兵丁7人。[15]不过，清代台湾通事引发的番汉冲突事件次数甚少，影响不大，并没有对番汉民众的生命财产和社会安定造成严重危害。

三、游民：困苦中的麻烦制造者

游民，顾名思义，四处游荡、居无定所之人。清代台湾社会游民甚多，以致于成为一个严重的社会问题。《问俗录》曰：“台湾一种无田宅、无妻子、不士不农不工不贾，不负戴道路，俗指谓罗汉脚。嫖赌、摸窃、械斗、树旗、靡所不为。曷言乎罗汉脚也？谓其单身，游食四方，随处结党，且衫裤不全，赤脚终生也。大市村不下数百人，小市村不下数十人”。[16]文中的“罗汉脚”是清代台湾历史上一个专用于指称游民的名词。

游民阶层对台湾的社会治安与族群关系造成深刻影响。游民因无固定职业，他们在生活无着落时，往往就鼠窃狗盗、拦路抢劫，甚至移尸图累，强行勒索。嘉庆二十二年（1817年）的《奉宪严禁罗脚恶习碑记》对游民危害社会的行径有所描述：“冤有不事生业赌□□徒，绰号‘罗汉脚’，结党成群，日为流丐，夜行鼠窃，身穷计生，靡所不为。暮夜之间，且将病毙丐尸抬背殷实之家，或丢田头、园尾、街卫、路巷、或移吊园头树木，籍尸吓骗，以致地保到地查视，不肯收埋，需索分肥，为害不浅”。[17]游民迫于生计所干的种种勾当，严重侵扰了民众的日常生活，危害了社会治安。

游民有时还故意挑拨族群矛盾，煽动族群冲突，以便从中渔利。陈淑均在《噶玛兰厅志》中说：“闽粤分类之祸，起于匪人。其始小有不平，一闽人出，众闽人从之；一粤人出，众粤人和之。不过交界虑摅禁争狠，而闽粤头家，即通信于同乡，备豫不虞。于是台湾械斗，传闻淡北，遂有一日千里之势。匪人乘此，播为风谣，鼓动全台。闽人曰：‘粤人至矣！’粤人曰：‘闽人至矣’，结党成群，塞隘门，严竹围，道路不通，纷纷搬徙。匪人即从此焚其庐舍，抢其家资。哭声遍野，火光烛天，互相斗杀，肝脑涂地”。[18]游民除了煽动族群之间的械斗外，还直接参与械斗。例如，道光十三年（1833年）在竹堑一带，漳、泉、粤三籍都雇佣游民防守村庄，这些游民“不受约束，互相攻庄，至散时勒价不遂，肆行焚烧”。[19]

游民不仅在汉人社区内鼠窃狗偷、煽造事端，有时也窜进番社内行凶作恶，制造麻烦。清代台湾番汉之间时而发生的侵垦霸耕纠纷，有不少其实就是汉人游民所为。例如，乾隆五十三年（1788年）游民范阿添等盘踞岸里社，“窥番愚暗，籍逆乱蹂躏之后，勾潜逸匪。私朦番田，谋词架控，先发制番，霸耕舞弊，难以枚举”。[20]嘉庆十八年（1813年）三月彰化县石冈地区的山顶社竟然因不堪汉人游民抬尸株累而逃散搬迁殆尽，以致于彰化知县不得不出具示谕，安抚社民。[21]

游民生活在清代台湾社会的最底层，他们无亲无故，无依无靠，只得“游食四方，风餐露宿”，其中，不少人“流落疲病，卒于路旁”，甚为悲惨。为了生存下去，他们干些偷鸡摸狗，拦路抢劫，甚至移尸图累的勾当。然而，他们的这些行径严重扰害了民众的日常生活，破坏了番汉间的和睦共处关系。正因为游民有如此境遇与举动，我们可称之为“困苦中的麻烦制造者”。

四、结　语

由上述可见，官府、通事与游民在清代台湾番汉关系中充当的角色不同，影响力也各有所异。官府作为番民与汉人的统治者，力图从宏观上对番汉关系进行调控。但由于官府出于防范汉人之目的，一味在台推行旨在阻碍番汉间经济文化交流的族群隔离政策，结果导致其在番汉关系处理上显得颟顸无能，始终处于被动应付的地位。

通事虽是由民间自然衍生，但因获得官府的认可，也具有半官方的身份。通事熟悉番汉双方的语言与风俗，并且在番社中一般都有较高的威望。通事所具备的条件使得他们有能力在番汉关系中承担起本应由官府履行的责任。他们牵线搭桥，促使番汉合作，并耕共处，增强彼此经济文化交流；招佃垦耕，加快台湾开发速度；招纳熟番力量，化解社会动乱；等等。通事的这些行为在某种意义上说，是在领引民间力量与保守的官方进行较量。当然，由于通事良莠不齐，其中不乏作奸犯科、游手好闲之徒，这些人肆意盘剥番民，给番汉关系造成负面影响，同时也给通事群体自身带来污名。不过，就历史事实来看，清代通事引发的番汉冲突次数甚少，影响不大。通事对番汉关系中的正面作用要远大于负面作用。游民作为台湾社会中的弱势群体，他们的处境令人同情。不过，他们因生活所迫而干的偷鸡摸狗，拦路抢劫，甚至移尸图累勾当，却严重破坏了番汉间的和睦相处关系。其实，清代台湾番汉间不时发生的番租纠纷、侵垦霸耕等小规模族群冲突，绝大部分都是游民所引发。可以说，游民的不义行径使得整个汉民族在清代台湾开发史中背上了欺压台湾原住民的骂名。

总之，在清代台湾番汉关系处理上，官府表现得相当被动与无能；通事影响最大，且多为正面作用；游民则纯粹是麻烦制造者。

注释：

[1]《清代台湾大租调查书》，台湾文献丛刊第152种，台北：台湾银行经济研究室，1963年，第321页。

[2] 范咸：《重修台湾府志》，台湾文献丛刊第105种，台北：台湾银行经济研究室，1961年，第214页。

[3] 蓝鼎元：《东征集》卷3《覆制军迁民划界书》，台湾文献丛刊第12种，台北：台湾银行经济研究室，1958年，第40页。

[4]《清会典台湾事例》，台湾文献丛刊第226种，台北：台湾银行经济研究室，1966年，第168页。

[5]《钦定大清会典事例》，第629卷，嘉庆二十五年刻本，第8页a－9页b

[6] 台湾国学文献馆：《台湾研究资料汇编》，台北：联经出版社，1993年，第1942页。

[7]《清奏疏选汇》，台湾文献丛刊第256种，台北：台湾银行经济研究室，1968年，第41页。

[8] 柯志明：《番头家：清代台湾族群政治与熟番地权》，台北："中央研究院"社会学研究所，2001年，第57页。

[9] 温振华：《汉人社会的建立》，见洪庆峰主编：《台中县大甲溪流域开发史》，台中：台中县立文化中心，1989年，第144页。

[10] 黄叔璥：《台海使槎录》卷8《番俗杂记》，台湾文献丛刊第4种，台北：台湾银行经济研究室，1960年，第169页。

[11] 周典恩：《清代台湾拓垦中的族群关系研究》，博士学位论文，厦门大学人类学研究所，2007年，第192页。

[12] 尹章义：《台湾北部拓垦初期"通事"所扮演之角色与功能》，《台湾开发史研究》，台北：联经出版事业股份有限公司，2003年，第218页。

[13] 郁永河：《裨海纪游》，台湾文献丛刊第44种，台北：台湾银行经济研究室，1959年，第22页。

[14] 周钟瑄：《诸罗县志》卷12《杂记志》，台湾文献丛刊第141种，台北：台湾银行经济研究室，1962年，第278－280页。

[15] 洪敏麟编：《草屯镇志》，南投县草屯镇：草屯镇志编纂委员会，1986年，第899－900页。

[16] 陈盛韶：《问俗录》卷六《鹿港厅》，南投市：台湾文献委员会，1997年，第129页。

[17] 何培夫编：《台湾地区现存碑碣图志·高雄市、高雄县篇》，台北：台湾分馆，1995年，第117页。

[18] 陈淑均：《噶玛兰厅志》卷五（上）《风俗·土习》，台北：大通书局，1961年，第194页。

[19]《清宣宗实录》，卷231，道光八年正月癸亥，第17页。

[20] 陈炎正：《清代台湾垦务纠纷之初探——以岸里社为例》上，《台湾源流》1996年第2期。

[21] 周典恩：《清代台湾拓垦中的族群关系研究》，第201页。

（作者为安徽大学社会学系副教授）

日据时期台湾移民问题初探

陈小冲

数百年来，台湾历史与移民问题始终有着密不可分的联系。早期台湾自不必说，这个美丽的岛屿就是依靠来自大陆闽粤地区的移民与少数民族一同开发起来的。日据时期，台湾的殖民地地位及殖民当局实施“将台湾拉开中国而与日本相结合”的两岸隔离政策，使得台湾的移民问题出现了新的时代特征：即从历史上自西往东的单向度移民，朝着多维方向移民的态势发展，且随着日本在台殖民统治的终结，移民群体又各归原位，终点重回起点。本文拟就此台湾移民史上的特殊一页进行初步探索。

一、从北向南：日本对台移民

台湾是近代日本的第一块殖民地，殖民地性质决定了台湾将成为日本的投资场所、原料来源地和商品倾销地。与此同时，日本帝国主义的对外扩张及解决国内人口问题的需要，也使得台湾成为其对外移民的重要目标。1895年福泽谕吉在《台湾永远之方针》中呼吁：“（台湾）现在既然归入我国版图，便不容许照旧交付蛮民手中，应自内地大举移民开发富源，……自蛮民手中褫夺开辟以来的野蛮事业，加以文明方式的新创意，无疑可获取惊人的发展。”[1]在实际的执行层面，台湾总督府也将向台湾移民作为在台施政的重要内容之一。民政局长水野遵在其提交总督的行政计划书中提出：从日本内地向台湾移民，有利于开发台湾的资源，大量日本人的进入势将改变台湾的人口结构，有利于强化日本在台湾的统治基础，且藉由日本人的统治优势逐步消弭日台间之种族隔阂，达成同化台湾人的目标。[2]在具体地点的选择上，人口相对稀少、早期历史上被称为后山的东台湾若干河谷冲积平地成为移民的首选安置地点。

1942 年日人吉武昌男曾将日据时期日本向台湾移民历史划分为以下四

个时期：（1）1906－1908 年为初期私营移民时期；（2）1909－1917 年为花莲厅内官营移民时期；（3）1917 年的台东厅内私营移民时期；（4）1933 年后的现期官营移民时期。[3] 这一划分基本上能够概括区分出各个时期的不同特点。早期的私营移民零散而无秩序，迁徙者或离散或旋即返回日本国内，很快就失败了。官方接手移民事项后，于花莲厅先后设置三个日本人移民村——吉野村、丰田村和林田村，建设了移民指导所、医疗所、神社、小学校、警察派出所、道路、水圳水道、轻便铁路、防兽栅栏等等设施。据 1923 年的统计，吉野村有移民 330 户，1752 人，耕地 1149 甲；丰田村有移民 179 户，879 人，耕地 708 甲；林田村有移民 164 户，687 人，耕地面积 645 甲。主要生产品为米、甘薯、烟叶、花生、蔬菜等，吉野村依靠接近花莲港街提供蔬菜产品而优于其他二村。[4] 移民的来源地主要为日本福冈、德岛、熊本、香川、山口及佐贺等县。[5]

1915 年，台湾总督府又将日本内地人移民事业交付私营，由台东制糖株式会社负责。该移民事业获得了官方的援助。[6] 设置的移民村有鹿野、旭、鹿寮和池上。农业移民的迁入，一方面有利于制糖会社更方便地自官府获取大片土地，另一方面也有利于会社本身对甘蔗原料的需求。如旭村就主要种植甘蔗，辅之以陆稻、甘薯和蔬菜。1931 年，官营移民再度兴起，此次官营移民的重点转移至台湾西部，台中、台南、高雄等地均先后设置了秋津村、荣村、日出村、丰里村等等官营移民村，此外还有若干私营移民村和自由移民村。东台湾地区仍有官营移民村的新设，典型的代表是 1937 年位于台东街的敷岛村。移民主要来自日本滋贺、长野等县，农作物以稻作、蔬菜、甘薯、花生为主。

后期日本人对台移民史上较具意义的是 1936 年所谓“国策会社”——台湾拓殖株式会社（简称台拓）的建立。该会社除了遂行日本国策，向华南及南洋扩张日本势力之外，移民事业也是其自创设就肩负的使命之一。《台湾拓殖株式会社之事业概要》规划：“为使健全之内地人定居于岛（台湾岛）内农村，本会社根据台湾总督府之计划，于今后十年期间，得国库之补助，将在官有未垦集团地十八个地点上建设二十个移民村（面积为一万七千余甲；户数约三千五百户，人口约一万七千人），以有助于内地—台湾之融洽和睦。”“本会社针对移民将提供移住费及其他必要的资金”。[7] 由于台拓为官民合资株式会社，其所经营的移民严格地说不能直接视为“官营移民”，但台拓的国策会社性质决定了其移民事业仍属于“准官营移民”

的范畴。[8] 1945 年日本战败投降后，在台日本人移民随之被悉数遣返回国，终点复归起点。概括来看，日据时期台湾日本人移民的大致情形有如下表：

表一　日据时期台湾的日本人移民村　　单位：甲、户、人

村名	位置	设立年度	总面积	户均面积	户数	人口	部落别
台中州							
秋津村	北斗郡沙山庄草湖	1932/36	881.400	5.65	156	882	东口、中丿平、南ケ原、山北、川边、川和
丰里村	北斗郡北斗街西北斗	1936/37	494.000	4.15	119	634	大桥、福住、川上、七星、丰平、宫北
鹿岛村	北斗郡北斗街田尾庄、埤头庄	1937/38	531.200	4.15	128	669	八、九、十、十一号
香取村	北斗郡北斗街埤头庄	1940	368.180	4.15	89	425	
八州村	北斗郡沙山庄汉宝园	1941	587.000	5.30	55	279	
新高村 *	南投郡名间庄	1938	115.000		16	54	
昭和村 *	大甲郡清水街	1938	94.000		15	50	
台南州							
荣村	斗六郡莿桐庄虎尾郡虎尾街	1935	471.550	5.15	88	372	东园、西园、中园、尾园
春日村	虎尾郡虎尾街	1937/38	322.630	5.15	53	193	松园、竹园、梅园
高雄州							
日出村	屏东郡九块庄	1935	125.000	5.0	24	123	日出
千叶村	屏东郡里港庄	1936	325.000	5.0	100	564	上里、中园、川北、下平
常盘村	屏东郡九块庄盐埔庄	1936	500.000	5.0	65	384	青原、中富、丰平
花莲港厅							
吉野村	花莲港街	1910	1270.000	4.72	268	1523	宫前、清水、草分
丰田村	花莲港郡寿庄	1913	724.000	4.04	176	916	太平、山本、山下
林田村	凤林郡凤林街	1914	766.000	4.43	173	787	南岗、中野、北林

续表

村名	位置	设立年度	总面积	户均面积	户数	人口	部落别
瑞穗村＊＊	凤林郡瑞穗庄	1933/38	207.000		41	184	玉苑、瑞原、宫の里
上大和村＊＊	凤林郡凤林街	1937					
山岔村＊＊	玉里郡玉里街	1935					
台东厅							
敷岛村	台东郡台东街	1937	246.000	4.15	57	289	1、2、3、4号
旭村＊	台东郡台东街	1916	331.038	1.6	23	170	丰里、宫滨
鹿野村＊	关山郡鹿野庄	1915	1067.872	1.6	37	234	上坪、宫前、中坪、下坪
鹿寮＊	关山郡鹿野庄	1917	694.076		6	40	

资料来源：郑全玄：《台东平原的移民垦拓与聚落》（东台湾丛刊之三），东台湾研究会出版，台北，2002年版，第114页。＊为私营移民＊＊为自由移民

二、自西往东：大陆对台移民

台湾历史上数百年来都一直是大陆闽粤移民的迁徙目的地，早自荷兰殖民统治时期开始闽粤移民就不顾海洋凶险，一波又一波横渡黑水沟来到台湾，艰辛垦拓、建设美丽新家园。台湾人口从早期的数万人，增长到1811年的190余万人[9]，尤其是近代“开山抚番”政策实施后，两岸往来人为藩篱被打破，台湾人口到了光绪末年虽已渐达饱和状态，但直到清末不论是闽粤移民或是季节性劳工，仍源源不绝地来到台湾。

然而，1895年日本对台湾的殖民统治，打乱了台湾社会正常的历史发展进程。根据《马关条约》的规定，台湾居民在两年的国籍选择期过后仍旧留下者，除了总督府认定的少数人外，都成为了所谓的“日本国民”。另一方面，日本殖民者还颁布了《清国人入境台湾条例》，严厉限制大陆民众、特别是劳苦大众渡台，历史上延续下来的闽粤人民传统移民模式基本破局。[10]日据之后来自大陆的民众也从历史上正常的移民变成为所谓“外国人”，居留台湾的大陆民众被定位为所谓的“华侨”，即侨居者。众所周知，台湾是日本殖民者凭借侵略战争和不平等的《马关条约》占据的，其对台湾的统治和台湾的殖民地地位，昭示的是一种非正常的隶属关系。撇开这一特殊背景，我们认为日据时期台湾的“华侨”其实就是历史上闽粤移民的

变相存续。

表二　日据时期赴台大陆移民（华侨）状况（1905－1942 年）　　单位：人

项目 年份	入台数	返回数	滞台数	项目 年份	入 台数	返回数	滞台数
1905	4482	3910	572	1906	4771	3495	1276
1907	4700	4170	530	1908	4956	4276	689
1909	5878	4168	1710	1910	6539	4846	1694
1911	6078	4622	1456	1912	6972	5290	1682
1913	6837	6050	787	1914	6080	5736	344
1915	6718	6323	395	1916	6092	5876	216
1917	6657	5056	1601	1918	7636	6339	1297
1919	8745	6466	2279	1920	10625	7061	3564
1921	15566	10549	5017	1922	11207	9528	1679
1923	10500	8778	1722	1924	10359	9260	1099
1925	10943	8072	2871	1926	13847	9766	4081
1927	15227	12121	3106	1928	15569	12915	3653
1929	18165	15075	3090	1930	20290	16126	4164
1931	14266	18751	－4485	1932	12777	14537	－1760
1933	15278	12625	2653	1934	18997	12805	6192
1935	23849	18240	5569	1936	17416	14435	2981
1937	9409	27878	－18469	1938	75	527	－452
1939	541	265	276	1940	500	551	－51
1941	474	329	145	1942	591	550	41

资料来源：涩谷长纪、松尾弘：《台湾之华侨》，《台湾经济年报》，昭和 18 年版，第 428－429 页；吴文星：《日据时期在台华侨之研究》，学生书局，台北，1991 年版，第 148－149 页。

上引表格基本上反映了日据时期大陆民众的赴台状况，从中我们可大致得出以下几个特点：第一，长期以来大陆民众赴台之往返数目并不相匹配，绝大部分年份赴台者多于返回者。也就是说，每年几乎都有一定数目的大陆民众滞留台湾。这当中有部分人是在其他年份返回，不过应该也有一些人是滞台不归、沉淀下来的，这些人即便其身份上为侨居者的“华侨”，但实际意义上仍等同于早期的闽粤移民。第二，日据时期大陆民众赴台明显划分为几个阶段，1919 年前属于缓慢增长期，1920 年后赴台人员攀上五位数，1935 年达到最高峰的 23849 人；而返回的人数则在 1937 年奇峰突起般地直线上升，达到 27878 人，净回流 18469 人，这与卢沟桥事变爆发中日进入全面战争状态密切相关。1938 年之后，两岸人员往来在台湾人口移动中的地位几可忽略不计，特别是大陆赴台人员更是如此，如 1938 年赴台者为 75 人，其中劳工仅为 2 人，1942 年赴台者为 591 人，其中劳工仅为 5 人。因此 1920、1937 为日据时期大陆移民赴台历史上的两个最重要的时间节点。第三，赴台大陆民众中以劳苦大众占绝大多数。1919 年赴台 8745 人，其中劳工为 6597 人，1929 年赴台 18165 人，其中劳工则为 10895 人，1936 年赴台 17416 人，劳工人数就达 12065 人。统计数字显示，劳工平均占大陆赴台人数的 60% 以上，有的年份则高达近 80%，如 1921 年赴台者 15566 人，劳工为 11954 人，其比例占了 77%。至于大陆移民的原籍地方面，来自福建的劳工占据了赴台人员的绝大多数，这与历史上台湾移民本来就是以闽人为主有着一脉相承的关系。再予细分则福建省内以漳泉、闽侯、惠安为主，广东省以潮阳为主，浙江省以瑞安、平阳为主。到台之后的职业分布上，制茶工几全为泉州人，人力车夫原为漳州、泉州人，后被兴化人取代，鞋匠以漳泉人居多，福州人占据了大部分的厨师、理发师和豆腐贩子的职位。此外来自福州地区的木材工人也为数不少，后来温州人也占了一部分。裁缝工多福建人，杂役分属福州、温州、江西人，渔夫为汕头、泉州人，等等。在前往台湾的航线方面，出口港为厦门、福州、汕头，而以厦门为主；登陆口岸为淡水、基隆、台南、高雄。不过，1930 年后福州出港者超越了厦门占首位，而基隆登岸者则占了 80% 左右，与早期大陆移民登陆台湾路径均有所不同。[11]

1945 年台湾光复后，滞留台湾的原所谓“华侨”恢复了作为中国国民自然移民台湾的身份，在之后的历史发展进程中，该等移民的归宿如何？在战后究竟是作为本省人抑或是外省人而存在？这是一个颇具趣味的问题，有待日后资料齐备的基础上作进一步探讨。

三、由东朝西：台湾对外移民

一直以来，谈到台湾移民问题的时候，映入人们眼帘的都是历史上一批批闽粤民众东渡台湾海峡的情景。这种自西往东的人流，是台湾移民的主要方向。然而，日据时期的另一股人流却常常被人们忽视，这就是由东朝西的台湾对外移民，这是近现代台湾移民史上发生的一个特殊现象。

其实，较大规模的台湾人口来到大陆在早期台湾历史上就曾出现过。如三国吴国黄龙二年（公元230年），卫温、诸葛直率军“浮海”到达“夷洲”，得数千夷洲人而还。但这只是战利品或者说是人口掠夺活动，与移民无关。[12]荷据、郑氏、清代各个时代也有不少民众在海峡两岸来来往往，此时由台湾前来大陆的民众，也只是正常的返乡之旅，而非台湾居民迁徙大陆地区。到了日据时期，台湾被从中国分割出去成为日本的殖民地，台湾人成了所谓的“日本国民”和“本岛人”。但是，撇开日本殖民地属民这一名份上的外壳，从台湾移民史的大范畴而言，我们认为这实际上也只是台湾对大陆的移民而已。

表三　日据时期台湾人赴大陆华南地区人数统计（1910－1942）（单位：人）

年份	总数	厦门	福州	汕头	广东	香港	上海
1910	2041	1906	100	20	—	15	—
1911	1888	1591	169	44	—	84	—
1912	1937	1581	226	37	—	71	22
1913	1863	770	941	121	—	27	4
1914	1718	717	829	123	—	24	25
1915	1752	1412	302	23	—	8	7
1916	1913	1407	443	32	—	22	9
1917	2722	2244	337	107	1	43	23
1918	2836	1987	516	188	—	122	23
1919	2643	1598	658	211	2	174	—
1920	2021	1233	371	118	15	239	45
1921	3063	2129	642	78	—	111	103
1992	3766	2482	840	87	2	129	226
1923	3482	2513	574	64	35	84	212
1924	3622	2330	702	67	79	215	229
1925	3886	2681	580	142	72	123	288
1926	4453	3164	760	167	7	139	216
1927	4561	4210	192	74	85	—	—
1928	4679	4058	236	126	259	—	—
1929	6417	3847	1187	227	833	290	—
1930	6994	4992	838	366	603	195	—
1931	8480	6630	834	431	483	102	—

续表

年份	总数	厦门	福州	汕头	广东	香港	上海
1932	7704	5840	841	427	488	108	—
1933	10477	7491	1597	451	578	105	255
1934	11864	8757	1675	135	700	151	446
1935	21275	15700	3276	338	1255	185	471
1936	8198	5411	1400	111	892	—	384
1937	12414	8456	1318	225	1644	—	708
1938	7756	5192	51	202	1715	—	596
1939	1987 *	10211	5206	80	3362	—	1011
1940	7629	1379	3466	5	2040	—	730
1941	5326	1985	3114	2	—	—	935
1942	4391	1360	2369	—	542	—	—

资料来源：卞凤奎：《日据时期台湾籍民在海外活动之研究（1895－1945）》，乐学书局，台北，2006年版，第117－119页。* 该年厦门等地数字合计大超总数，疑误，或为18960？

一如上表标题所示此乃华南地区的统计数字，但我们认为它基本上还是能够反映出当时台湾民众前赴大陆的大致情况。因为华南地区是台湾籍民的集中地，其他地方虽然也有台湾籍民的存在，譬如北京、南京、东北（伪满洲国）等地，但人数与华南地区不可同日而语，故上表数字在覆盖面上虽有缺憾，亦无甚大碍。从中我们看出，厦门乃是台湾籍民的集中居留地，只是在日据时代末期略有改变，福州的人数有所超过，而台湾籍民前来大陆的高潮则是在1930年代。

在大陆的台湾籍民有着曲折复杂的发展历程，早期的台湾籍民中据信不良籍民占了不少的数量，早在1897年总督府派驻厦门收集情报的泽村繁太郎即报称："（厦门之籍民）多半包藏野心，当涉及金钱借贷、房屋买卖、盗难诉讼等案件时，时常向领事馆提出些虚构诈伪之案件，企图借着日商之威势，向中国人牟取暴利，造成领事馆的极大麻烦。"[13] 在厦门，还出现了黑社会的籍民团体，发生了诸如台纪事件、台探事件等等轰动一时的涉黑刑事案件，凭借的则是作为"日本籍民"所享受的治外法权和领事保护，厦门著名的"十八大哥"便是其典型代表。[14] 厦门旭瀛书院教谕冈本要八郎也说："台湾人来厦门者多以'日商'之名义从事鸦片、赌博等事业。"[15] 资料显示，日本人还有意利用不良籍民来挑拨两岸人民的感情。[16] 不过，1920年代后情形有了较大的改观，学生、医生、会社职员等正当职业者人数占了大多数，大陆民众对台湾籍民的观感也发生了微妙的转变，如《台湾民报》报道："近年来在厦门幸得有一部分医师银行员及商人等，和其他有相当职业的人出面和中国人交际，颇使中国的有识者得理解台湾人真相，……中国人的态度，和以前便大不相同，从前骂台人为坏痞，现在却不骂了，这真是可喜的现象。"[17]抗战时期，爱国将领李友邦领导的台湾义勇队也针对部分为非作歹的台湾籍民进行了批判，获得了广大祖国民众的理解。

除了对大陆的移民，台湾籍民也零星扩散到了南洋各国。此外，亦有为数不少的台湾人到日本内地学习、工作和生活，他们在当时的台湾对外移民中也应占有一席之地。1945年日本帝国主义战败投降，中国政府将各地台湾人送返台湾，这一特殊移民形态始告结束。[18]

按照社会学的定义，移民依其涵盖的范围不同而分为国际移民和国内移民两大类型，广义上泛指迁往国际或国内某一地区长期或永久居住的人，或是较大数量的、有组织的人口迁移。日据时期的台湾移民乃是特殊时代的特殊移民，在日本的殖民统治下，海峡两岸关系及台湾与日本的关系发生了180度的移位，前者转换为中国与日本殖民地之间的关系，相反地，后者却被定位为日本内地与台湾岛之间的关系，属于"国内"关系。这使得日据时期台湾移民问题变得复杂化，日本向台湾的移民成为国内移民，大陆对台移民及台湾对外移民却成了国际移民，这是特殊时代造成的事实扭曲，所幸随着日本殖民统治的终结而复归正常轨道。

注释：

[1] 陈逸雄译：《福泽谕吉的台湾论说》，台湾《台湾风物》第41卷第1期，1991年3月。

[2] 陈锦棠编译：《日本据台初期重要档案》，台湾省文献会1968年版，第143页。

[3] 吉武昌男：《台湾的农业移民》，《台湾经济年报》昭和17年版，第547页。

[4] 花莲港厅编：《花莲港厅势》，花莲港厅大正12年版，第24－25页。

[5] 花莲港厅编：《花莲港厅势》，花莲港厅昭和4年版，第17页。

[6] 郑全玄：《台东平原的移民垦拓与聚落》（东台湾丛刊之三），台湾东台湾研究会2002年版，第58页。

[7]《日据时期台湾拓殖株式会社文书中译本》（第一辑），台湾省文献委员会1997年版，第44页。

[8] 林玉茹：《军需产业与边区政策：台拓在东台湾移民事业的转向》，台湾《台湾史研究》第15卷第1期，2008年3月。

[9] 陈孔立主编：《台湾历史纲要》，九州出版社1996年版，第140页。

[10] 陈小冲：《试论日本据台与闽粤移民之中挫——以清国人入境台湾条例为中心》，《台湾研究集刊》2009 年第 3 期。

[11] 陈小冲：《日本殖民统治台湾五十年史》，社会科学文献出版社 2005 年版，第 387 - 388 页。

[12]《三国志》卷 47 孙权传。后之《隋书》亦有类似记载。

[13]“总督府”公文类纂，转引自王学新：《厦门黑帮籍民的形成与发展（1895 - 1937）》，收入氏编《日据时期籍民与南进史料汇编与研究》，台湾“国史馆”台湾文献馆 2008 年版，第 606 页。

[14] 卞凤奎：《日据时期台湾籍民在海外活动之研究（1895 - 1945）》，台湾乐学书局 2006 年版，第 152 页。

[15] 王学新编译：《日据时期籍民与南进史料汇编与研究》，台湾“国史馆”台湾文献馆 2008 年版，第 146 页。

[16] 戴国煇：《日本殖民地支配与台湾籍民》，收入王晓波编：《台湾的殖民地伤痕》，台湾帕米尔书店 1985 年版，第 257 页。

[17] 台湾《台湾民报》昭和 3 年 12 月 9 日。

[18] 汤熙勇：《脱离困境——战后初期海南岛之台湾人的返台》，台湾《台湾史研究》第 12 卷第 2 期，2005 年 12 月。

（作者为厦门大学台湾研究中心副教授）